DROIT INTERNATIONAL OUVRIER

LEÇONS

professées à la Faculté de droit de l'Université de Paris

en Février 1912

PAR

ERNEST MAHAIM

PROFESSEUR A L'UNIVERSITÉ DE LIÈGE
CORRESPONDANT DE L'ACADÉMIE ROYALE DE BELGIQUE

LIBRAIRIE
DE LA SOCIÉTÉ DU
RECUEIL S[illegible]
22, Rue [illegible]
L. LAROSE & L. [illegible]

LE

DROIT INTERNATIONAL OUVRIER

DU MÊME AUTEUR

Études sur l'association professionnelle. Liége, Imp. Vaillant-Carmanne, 1890, 1 vol. in-8.

L'Association internationale pour la protection légale des travailleurs. Son histoire. Son but. Son œuvre (*Revue économique internationale,* octobre 1904).

La Conférence de Berne concernant la protection ouvrière (*Ibidem,* juin 1905).

La protection ouvrière internationale : la Convention de Berne et l'Assemblée de Genève (septembre 1906) (*Ibidem,* novembre 1906).

L'Association internationale pour la protection légale des travailleurs à Lucerne (28-30 septembre 1908) (*Ibidem,* novembre 1908).

La session de Lugano de l'Association internationale pour la protection légale des travailleurs (septembre 1910) (*Ibidem,* janvier 1911).

La protection légale des travailleurs. Lecture faite en la séance publique de la Classe des lettres et des sciences morales et politiques de l'Académie Royale de Belgique, le 3 mai 1911. Bruxelles, Hayez, 1911, 1 br. in-8.

Les abonnements d'ouvriers sur les lignes de chemins de fer belges et leurs effets sociaux (Mémoires de l'Institut de sociologie Solvay, n° 11). Bruxelles, Misch et Thron, 1910, 1 vol. gr. in-8.

LE
DROIT INTERNATIONAL OUVRIER

LEÇONS

professées à la Faculté de droit de l'Université de Paris

en Février 1912

PAR

ERNEST MAHAIM

PROFESSEUR A L'UNIVERSITÉ DE LIÉGE
CORRESPONDANT DE L'ACADÉMIE ROYALE DE BELGIQUE

LIBRAIRIE
DE LA SOCIÉTÉ DU
RECUEIL SIREY
22, Rue Soufflot, PARIS-5e
L. LAROSE & L. TENIN, Directeurs

1913

33.765. — Bordeaux, imprimerie Y. Cadoret, 17, rue Poquelin-Molière.

AVANT-PROPOS

Le Conseil de l'Université de Paris m'ayant fait le grand honneur de m'inviter à donner, à la Faculté de droit, une série de leçons sur une matière de mon enseignement, j'ai choisi celle du Droit international ouvrier. Il me paraissait intéressant d'en parcourir, même rapidement, tout le domaine actuel, afin d'en donner une vue d'ensemble et d'en faire voir l'unité.

Le public a semblé accueillir ma tentative avec faveur. Des collègues et des amis ont insisté pour que je publie ces leçons. Il n'était pas possible de le faire dans la forme où elles furent données. Je les ai donc rédigées après coup, avec quelque développement.

Je suis le premier à en reconnaître l'imperfection et les lacunes. Bien des chapitres demanderaient à être approfondis et rattachés plus solidement à la doctrine et à la jurisprudence du droit international. Je n'ai pas, cependant, différé de les livrer à la publicité, de peur de leur faire perdre leur caractère : ces leçons n'ont pas la prétention d'être un traité.

Je saisis cette occasion pour remercier mes collègues, et tout particulièrement leur vénéré doyen, M. Paul Cauwès, de l'accueil qu'ils m'ont réservé. Ils ont tout fait pour que je ne me sente pas trop un étranger parmi eux, pour me faire oublier que j'étais si peu digne d'occuper une chaire de cette grande Faculté de droit, illustrée par tant de gloires.

La jeunesse universitaire aussi, cet intelligent et vibrant auditoire de Paris, a eu pour moi des élans d'amabilité dont je garde un souvenir reconnaissant.

Mon vœu est que ce petit livre en soit le témoignage.

E. M.

Cointe, 11 août 1912.

INTRODUCTION

L'expression « droit international ouvrier » est récente. On la chercherait en vain dans les classiques du Droit des gens, même moderne, et du Droit international privé.

Elle ne remonte pas au delà de 1906 : au lendemain des Conventions de Berne, M. B. Raynaud, alors chargé de cours à la Faculté de droit de l'Université de Dijon, fit paraître sous ce titre une suite d'études couvrant presque tout le domaine que nous allons parcourir (1).

Depuis lors, l'expression a pris droit de cité dans la langue juridique. On la rencontre couramment dans le *Journal de droit international privé* de M. Clunet, dans la *Revue de droit international privé et de droit international pénal,* fondée par M. Darras, et sous la plume de plusieurs auteurs, par exemple de M. Paul Pic (2).

Le rapprochement des mots « droit international » et « ouvrier » étonnera au premier abord. Le droit international évoque le monde aristocratique de la diplomatie, les grandes questions qui affectent les intérêts généraux des États. On n'aperçoit pas tout de suite comment il peut être « ouvrier » ou s'occuper spécialement des ouvriers.

(1) B. Raynaud, *Droit international ouvrier.* Paris, Rousseau, 1906, 1 vol. in-8, 167 p.

(2) V. *Traité de législation industrielle,* 3e édit., p. 108 et *passim.*

Nous aimons à croire qu'on n'y verra pas, cependant, un caprice d'auteur en quête de nouveauté, ou une faiblesse envers un courant d'idées à la mode.

C'est bien la question ouvrière, ou ce qu'on est convenu d'appeler la question sociale, qui s'infiltre dans le droit international. Cette alliance de mots est un signe des temps. Voici le travailleur émigrant, l'estropié de l'usine, l'empoisonné des industries qui tuent, la femme et l'enfant qui travaillent, voici l'*ouvrier* pour tout dire, qui entre dans le salon doré des diplomates et qui s'impose à leur attention comme il s'est imposé à l'attention de tous les gouvernements, de tous les hommes d'Etat, de tous les partis.

Rolin-Jaequemyns, appréciant dans la *Revue de droit international et de législation comparée,* la Conférence de Berlin de 1890, l'appelait du « Socialisme dans le droit international » et souhaitait « que les choses n'allassent pas plus loin.». Alphonse Rivier, à propos du même événement, craignait « de voir ainsi transporter dans le domaine du droit des gens certaines utopies qui, jusqu'à présent, ne peuvent exercer leurs ravages que dans quelques législations nationales » (1). C'était écrit en 1896.

On trouverait la même répulsion auprès d'autres internationalistes.

Et pourtant, il faut se rendre à l'évidence : c'est bien ce socialisme-là, ce sont bien ces utopies-là qui sont entrés dans le droit international, et qui vont s'y développer.

Comment pourrait-il en être autrement?

Le droit vivant et réel ne connaît pas les cloisons que nous élevons, dans la science, entre disciplines distinctes :

---

(1) *Principes du droit des gens,* t. I, p. 362.

si la « question ouvrière » a pénétré dans le droit public, et dans le droit administratif, et dans le droit pénal, et dans le droit civil même, et dans la procédure, c'est qu'elle agite la conscience juridique tout entière. Comment le droit international y serait-il resté étranger?

Pour montrer qu'il devait en être ainsi, il suffit de rappeler, d'une part, la nature sociale du droit, et, d'autre part, les relations modernes d'Etat à Etat.

Nous n'en sommes plus à voir dans le droit des principes abstraits, immuables, supérieurs et antérieurs aux sociétés, principes qui nous seraient révélés par les juristes, grâce à je ne sais quelle intuition, quelle inspiration purement rationnelle. C'est un internationaliste, Pradier-Fodéré, qui écrivait encore en 1885 : « Le droit n'est pas une création arbitraire de la volonté; il est antérieur à la constitution des Etats, à l'organisation des différents pouvoirs sociaux; les Codes le déclarent mais ne le créent pas, il existe virtuellement et indépendamment de toute expression extérieure. De même que le cercle existait et que les rayons en étaient égaux avant que le premier compas eût tracé une circonférence, de même les principes dirigeants des actions existent indépendamment des tentatives faites par les législateurs pour les formuler » (1).

Il est bien exact que le droit ne doit pas être confondu avec la loi et, en ce sens, ces paroles sont vraies. Mais l'image du cercle implique une conception tout à fait fausse du droit : elle le représente comme un ensemble de purs principes, une sorte de métaphysique que le juriste doit s'efforcer de découvrir, la loi de proclamer,

---

(1) *Traité de droit international public, européen et américain*, t. I, p. 29.

le juge d'appliquer. De là à considérer le droit comme immuable, éternel, absolu, il n'y a qu'un pas.

Or, s'il y a une vérité aujourd'hui indéniable, c'est que le droit change, varie, évolue. Pour plusieurs raisons, d'ordre différent. Tout d'abord, la vie sociale lui présente des objets, des problèmes nouveaux. Le droit aérien naît sous nos yeux, du fait de l'aéroplane et du dirigeable. Inventions et habitudes nouvelles donnent naissance à des formes juridiques difficilement assimilables aux précédentes. La location d'un coffre-fort dans une banque est un contrat; mais est-ce un dépôt ou un louage? Question qui embarrasse la jurisprudence.

Mais ce n'est pas seulement ainsi que le droit change. Les groupements au sein desquels se forment les coutumes se modifient incessamment. Dans un livre original et suggestif, M. Jean Cruet a fait remarquer avec justesse qu'il y a dans la société « une série de cercles juridiques à l'intérieur desquels les *intéressés* se font à eux-mêmes leur droit : les coutumes, lorsqu'il se forme des coutumes, n'émanent pas de la « volonté générale » ou du « consentement unanime » de la nation, elles sont élaborées par et pour chaque catégorie sociale. Il y a des coutumes commerciales, des coutumes industrielles, des coutumes rurales, des coutumes foncières, des coutumes parlementaires, des coutumes administratives, des coutumes civiles... : les coutumes commerciales naissent des rapports des commerçants entre eux avec leurs clients, les coutumes du travail des rapports entre patrons et ouvriers, etc... » (1). De sorte qu'il suffit de la formation de nouveaux groupes sociaux, cristallisations variées autour de nouveaux intérêts, pour que des règles juridiques nouvelles apparaissent.

(1) *La vie du droit et l'impuissance des lois.* Paris, 1908, p. 169.

Et n'est-ce pas là l'incessante transformation des inépuisables combinaisons de la vie sociale même ?

Ce n'est pas tout. Le droit change parce que les idées changent. Sentiments, goûts et croyances en général varient, même dans un groupe social, dans un peuple, dans une fraction du peuple. C'est le fond d'où sort notre notion du juste et de l'injuste, du moral ou de l'immoral, de ce qui doit être. Le sentiment de l'honneur, l'esprit de corps, le goût de l'indépendance, l'aspiration vers l'ordre et la tranquillité, toutes les croyances religieuses sont de puissants mobiles de conduite, et par conséquent des générateurs de l'idée de droit. Y a-t-il rien de plus variable, d'époque à époque, de groupe à groupe ? De là des variations dans la « mentalité » d'une population, d'une race, qui lui font changer l'ordre d'importance ou l'échelle des valeurs sociales ; de là des répercussions continuelles dans l'éthique et le droit.

Ainsi le droit vit, se développe, avec la vie sociale elle même, dont après tout il n'est qu'une face.

Rien n'est plus évident, de nos jours, que la transformation de nos idées juridiques marchant de pair avec la transformation de la vie sociale tout entière.

A cent ans de distance, notre monde n'est plus le même. L'industrie moderne, avec la création et l'extension du prolétariat, avec la formation d'énormes agglomérations urbaines, avec l'étonnant progrès des moyens de communication — pour ne citer que les plus saillantes différences — a changé la face et l'allure de la vie sociale, la nature et la répartition des fortunes, et modifié les groupements, les affinités, les rapports des hommes entre eux. Ne croyons pas que tout cela est resté sans influence sur nos idées morales, et notamment sur les plus agissantes d'entre elles, les idées juridiques : à chaque progrès matériel, notre sensibilité morale s'éveille, s'affine, s'enrichit, à certains égards, et nous dicte une conduite différente de celle de nos aïeux. Nous avons rayé du Code civil l'article **1781**, qui faisait primer l'affirmation du maître ou du patron sur celle du domestique ou de l'ouvrier, parce qu'il révoltait notre conscience juridique. Nous avons donné aux ouvriers le droit de coalition et la liberté syndicale que leur refusait la Convention nationale, parce que nous avons compris que c'était la justice. On multiplierait ainsi à volonté les exemples de l'évolution moderne du droit.

Mais nulle n'est plus importante, significative et générale que celle qui s'affirme dans ce qu'on appelle « la législation du travail » ou les « lois ouvrières », ou « protection légale des travailleurs » (1). Sidney Webb a écrit : « De toutes les inventions du XIXe siècle en matière d'organisation sociale, la législation du travail est le plus largement répandue. Le début du XXe siècle la trouve régnant sur un plus vaste territoire que la bibliothèque publique ou la caisse d'épargne. Elle a peut-être une portée plus grande même que l'école primaire ou l'agent de police (2) ». En effet, ce mouvement législatif a conquis successivement tous les Etats de l'ancien et du nouveau monde, en étendue et en profondeur. Car ce qui est plus remarquable peut-être que sa diffusion, c'est sa pénétration dans les esprits. Tout le monde admet aujourd'hui la légitimité

---

(1) J'ai consacré à ce sujet le discours que j'ai prononcé à la séance publique de la Classe des Lettres et des Sciences morales et politiques de l'Académie royale de Belgique, le 11 mai 1911. J'y fais, dans la suite, plus d'un emprunt.

(2) Préface à HUTCHINS et HARRISON, *History of factory legislation*. London, 1903, p. 5.

de l'intervention de la loi dans le règlement du travail. Les partis conservateurs mêmes s'ingénient à l'étendre, et l'on ne discute plus que la mesure de cette intervention.

La protection légale des travailleurs est née avec le régime capitaliste moderne et a grandi avec lui.

Elle apparaît en Angleterre aussitôt après la grande révolution industrielle du XVIIIe siècle, avec l'avènement de la machine et de la fabrique. Du jour, en effet, où le régime de la liberté absolue — du patron — a pu s'établir dans le contrat de travail, il a donné lieu à des abus tellement criminels que la conscience publique s'est révoltée. La première loi est ce modeste Act du Parlement de 1802 qui demandait que les enfants — il y en avait de six ans — ne travaillassent pas plus de douze heures par jour (1). Cette loi n'est d'ailleurs à

---

(1) 42 George III, c. 73 : « Health and Morals of Apprentices Act, 1802 ». Il portait : La durée journalière du travail des « apprentis » devait être limitée à douze heures. Le travail de nuit (des apprentis) devait être graduellement réduit et supprimé en 1804. Les apprentis devaient recevoir l'instruction : lecture, écriture, arithmétique ; on devait donner un vêtement à chacun d'eux par an. Les fabriques devaient être blanchies à la chaux deux fois par an, et en tout temps convenablement ventilées ; des dortoirs différents devaient être aménagés pour les apprentis de sexe différent, et pas plus de deux enfants ne devaient partager un lit. Les apprentis devaient assister aux services religieux au moins une fois par mois. En réalité, il s'agit moins d'une loi protectrice du travail que d'une extension de la loi « des pauvres » de la reine Élisabeth sur les apprentis des paroisses. En effet, la loi ne s'appliquait qu'aux enfants — sans limitation d'âge — placés par les paroisses (notamment de Londres) censément en « apprentissage » dans les nouvelles fabriques. Ces enfants étaient logés, nourris et vêtus aux frais des employeurs ; mais ils subissaient de mauvais traitements et leur vie était un enfer. On a des mémoires du temps et des témoignages sans nombre. — L'Act fut adopté sans opposition. Le Gouvernement était présidé par le premier Sir Robert Peel, lui-même propriétaire de filatures, où il reconnaissait naïvement que des abus considérables existaient. V. HUTCHINS et HARRISON, *op. cit.*, p. 16 et suiv. ; ALFRED (= S. KYDD), *History of the factory movement*, 1857, p. 15 et suiv.

citer que parce qu'elle marque l'éveil de la conscience juridique : elle ne fut jamais exécutée, l'application en ayant été laissée aux juges de paix, qui devaient désigner parmi eux deux inspecteurs. La législation resta lettre morte jusqu'en 1833, année où fut instituée une inspection d'État, indépendante des autorités locales.

De même que l'Angleterre avait précédé les autres nations dans l'industrialisme, de même elle les avait devancées dans la protection légale. La première loi protectrice sur le continent est la « régulative » prussienne de 1839 sur le travail des enfants. En France ce sont les écrits de Villermé (1) qui ont donné l'éveil. La première loi sur le travail des enfants date du 22 mars 1841. Puis vinrent les deux décrets de 1848 dont l'un, celui du 9 septembre, limita à douze heures la durée journalière du travail des ouvriers adultes dans les fabriques. Mais faut il rappeler que toutes ces lois ne furent pas appliquées ?

En Belgique, pays à coup sûr précoce et avancé dans la concentration industrielle, on trouve une évolution plus brisée. Dès 1843, une enquête administrative révèle une situation déplorable des classes ouvrières. Les rapporteurs — des fonctionnaires — proposent, en 1848, un projet de loi qui contenait tous les éléments de la protection légale. L'opinion publique, il est bon de le dire, ne resta pas indifférente. Des réclamations et des pétitions émanant d'autorités communales et provinciales, d'industriels même, amenèrent Rogier à présenter, en 1859, un projet de loi portant réglementation

(1) Notamment son *Tableau de l'état physique et moral des ouvriers employés dans les manufactures de coton, de laine et de soie.* Paris, 1840, 2 vol.

du travail des femmes et des enfants, création d'une inspection du travail, le repos dominical, le règlement d'atelier. Ce projet resta dans les cartons de la Chambre. Mais de nouvelles pétitions d'industriels et de conseils communaux, des vœux de congrès et de l'Académie de médecine provoquèrent, en 1869, un grand débat à la Chambre où s'affirma l'opposition résolue du Gouvernement, conduit par Eudore Pirmez et Frère Orban, à toute intervention législative, même en faveur des enfants. Il faut arriver aux troubles de 1886 pour voir se modifier l'attitude des classes dirigeantes. La grande commission du travail de 1886 fit un certain nombre de propositions, d'où est sortie la série, ininterrompue depuis lors, des lois de protection ouvrière. La première loi sur le travail des femmes et des enfants est du 13 décembre 1889.

Ailleurs, depuis longtemps, on avait dépassé l'étape de la protection des « mineurs ». On sait qu'en Angleterre, la loi de 1847, qui limitait à dix heures par jour la travail des femmes dans l'industrie textile, entraînait en fait la limitation du travail des hommes. Le *Factory and Workshop Act* de 1878 est la première loi générale s'appliquant aux fabriques et ateliers de toutes les industries. En 1891, pour la première fois, la loi réglemente les conditions d'hygiène du travail à domicile. Lé *Factory and Workshop consolidation Act* du 17 août 1901 est un véritable code en 163 articles. La loi du 21 décembre 1908 limite à huit heures la durée du travail souterrain dans les mines de houille. Celle du 20 octobre 1909 (*Trade Boards Act*) institue des conseils d'industrie ayant le pouvoir de déterminer un salaire minimum dans les industries à domicile. Enfin, la loi du 29 mars 1912 (*Coal mines minimum wage Act*) qui mit fin à la grande grève des ouvriers mineurs, donne à des comités de district le pouvoir de fixer le salaire minimum des ouvriers mineurs.

En Allemagne, c'est la Confédération de l'Allemagne du Nord qui, en 1869, rédigea la première loi efficace. La loi de l'Empire de 1878 renforça la protection des femmes et des enfants et institua l'inspection du travail. Celle du 1er juin 1891 (*Gewerbeordnung*) autorisa la réglementation du travail dans les ateliers et renferma, pour la première fois, une limitation générale de la durée du travail des femmes.

En France, nous avons rappelé les décrets de 1848. En dehors de la loi du 2 novembre 1892, qui étendait la protection des femmes et des enfants, celle du 30 mars 1900 (la loi Millerand-Colliard) introduisit, par paliers, la journée normale de dix heures dans les établissements où travaillent à la fois des ouvriers adultes et des femmes. Au moment où nous écrivons ces lignes, la Chambre des députés est saisie d'un projet de loi établissant la journée de dix heures pour tous les ouvriers industriels.

En Suisse, dès le 23 mars 1877, une loi fédérale, remplaçant diverses lois cantonales, a décrété la journée normale de onze heures pour tous les ouvriers adultes des fabriques.

On trouve même, dans des pays conservateurs comme l'Autriche et la Belgique, des lois limitant le travail des adultes : la loi autrichienne du 27 juin 1901 et la loi belge du 31 décembre 1909 instituent la journée de neuf heures dans les mines de houille.

Ces quelques indications ne se rapportent qu'à la réglementation de la durée du travail. Mais si l'on pense à toute la protection légale, police de l'industrie, droit du contrat de travail, assurances ouvrières, droit d'association, on ne peut s'empêcher d'être frappé de l'importance du mouvement législatif contemporain en ce domaine. Il n'y a pas de jour, on peut dire, où un nouveau problème ouvrier n'est posé devant quelque parlement. Il n'y a pas de gouvernement qui ne soit engagé dans ce vaste mouvement. Non seulement l'Europe, mais les deux Amériques, l'Australie, le Japon sont entraînés. Est-ce trop dire qu'un ordre juridique nouveau s'élabore dans l'humanité tout entière?

C'est que, dans le monde entier, les changements survenus dans la vie sociale exercent, avec plus ou moins d'intensité, leur influence. Sur les groupes sociaux d'abord : partout, il se forme une classe d'ouvriers industriels qui prend plus ou moins conscience de son existence, de son importance, de sa force. Sur les idées ensuite : la présence seule d'une large section de la société ainsi groupée par des besoins, des manières de vivre, des sentiments propres, doit nécessairement éveiller dans l'ensemble des idées nouvelles. Ce sont celles-ci qui provoquent des modifications juridiques.

S'il me fallait indiquer la plus générale et la plus saisissante, je dirais que c'est la conception de la liberté qui évolue. Dans toute la protection légale, je vois la réalisation d'une notion plus vraie, plus concrète, plus progressive de la liberté de l'ouvrier.

Il vaut la peine d'exposer brièvement ce point de vue.

Il est difficile de donner une définition exacte de la liberté politique. Mais tout le monde tombera d'accord que le centre de la notion peut être caractérisé en disant que « la liberté consiste essentiellement à *faire ce qu'on veut* ». C'est le jeu de la volonté, voire du caprice, du citoyen. Or, cette volonté ne serait évidemment sans obstacles que si l'homme était isolé. Dès qu'il y a société, le fait seul que plusieurs volontés seront présentes en fera des obstacles réciproques — à moins d'admettre que, par on ne sait quelle harmonie préétablie, elles ne désireront jamais ensemble le même objet, ou seront toujours l'une à l'autre complémentaires, ce qui est vraiment illusoire. Dès lors, la volonté de l'un limite nécessairement la volonté de l'autre. C'est pourquoi il est de toute impossibilité de garantir, de recommander comme une politique universelle *la liberté* en général. La notion de liberté, en matière politique, est nécessairement relative. Qu'on passe en revue toutes les « libertés » consacrées par nos constitutions modernes. On verra qu'il n'y en a pas d'absolue, c'est-à-dire qui ne limite celle d'autrui. Vous ne pouvez « aller et venir » par les rues et chemins en toute liberté sans gêner terriblement la liberté des autres : c'est ainsi que la liberté de l'automobile restreint sérieusement celle du piéton. Vous ne pouvez sans restriction aucune exprimer votre pensée (1) sans causer tort et dommage, ou faire obstacle à la pensée contraire. La liberté complète de réunion, celle d'association ne pourraient s'exercer sans en annihiler beaucoup d'autres. La liberté absolue du travail est inimaginable.

Si la notion de liberté est relative, il faut, quand on

(1) A première vue, il semble que la liberté de conscience échappe à cette restriction. N'est-on pas libre de croire ce que l'on veut, sans rien imposer au voisin. Cependant, à la réflexion, il est clair qu'il n'en est rien. Tout *culte* tend à l'universalité, à la « catholicité » et il se trouvera toujours quelque croyant assez fanatique pour être blessé de la simple présence des non-croyants. Un blasphème proféré devant un homme religieux le « blesse », l'offense. La plupart des cultes n'admettent pas le *libre* examen : ils trouvent que cette liberté porte atteinte à la leur. En ce qui concerne les expressions de la pensée en dehors de la religion, il est plus rare que la liberté de l'un soit la contrainte de l'autre; mais c'est une pure question de sensibilité. Un savant s'exaspère aux manifestations de l'ignorance. En un certain sens, la liberté de l'ignorance et de l'*indifférence* est un terrible obstacle à la liberté de la science.

emploie ce mot, indiquer la relation qui le détermine, sinon il n'a plus de sens. On est pour la liberté de quelqu'un, pour la liberté de quelques-uns, d'une classe, d'un groupe, ou plus exactement pour la liberté de certaines volontés appliquées à certains objets, mais on n'est pas, on ne peut pas être pour la liberté de tous et en tout.

On aperçoit, dès lors, pourquoi l'anarchie ne serait pas un régime de liberté, et pourquoi la loi, en imposant des contraintes et des obstacles à certaines activités, en libère d'autres. Si nous avons quelque liberté individuelle, c'est qu'un vaste système de contraintes légales retient et contient des volontés adverses.

De sorte que le droit n'est la liberté qu'à la condition de choisir judicieusement la série des volontés qu'il convient de favoriser. C'est une illusion bien funeste que de croire toute abstention du législateur favorable à la liberté. L'abstention, le silence, l'inaction, sont parfois les complices des pires contraintes. Inversement, il faut des lois, des contraintes et des prohibitions pour assurer la liberté. Nous en avons une preuve éclatante dans l'article **1780** du Code civil, qui dit : « On ne peut engager ses services qu'à temps ou pour une entreprise déterminée ». Cette prohibition, cette défense, est nécessaire pour éviter tout simplement le retour à l'esclavage. Personne ne partage plus aujourd'hui l'opinion de Justus Möser, ce jurisconsulte allemand du XVIIIe siècle, qui s'insurgeait contre cette atteinte à la liberté (1). Pour nous, elle en est au contraire la garantie.

---

(1) V. Justus Möser, *Patriotische Phantasiën*, t. IV, 62, *Der Freikauf;* et t. V, 40, *Der arme Freie*. A vrai dire, il s'agissait du servage. Il considérait comme un empiétement intolérable sur la liberté personnelle que de prétendre interdire à quelqu'un de se vendre comme esclave.

Ces notions trouvent dans le domaine du travail une application immédiate. A propos de la protection légale des petits enfants, il s'est trouvé des ministres pour la repousser, au nom de la liberté « de droit naturel » du père de disposer de son enfant (1). Quand il s'agit des adultes, femmes et hommes, on rencontre encore aujourd'hui des théoriciens pour invoquer la liberté de la manière suivante. On dit : à la base de notre régime économique se trouve la liberté du contrat. C'est la caractéristique et la gloire des temps modernes d'avoir substitué à la réglementation d'autorité du régime des corporations la libre détermination de l'individu. Il est libre de choisir son métier, libre de choisir son patron, libre d'accepter ou de refuser les conditions du travail qui lui sont offertes, libre de mettre un terme à ses services. La loi qui s'interpose entre ces volontés libres est une intruse.

Il y a là deux idées singulières. La première est une foi aveugle dans le jeu des intérêts antagonistes. On nous convie à assister en spectateur, comme le public d'une représentation sportive, à la lutte du patron et de l'ouvrier, parce qu'on assure qu'il est bon, qu'il est sain, que le plus fort reste vainqueur. La bataille des intérêts est ainsi érigée en une espèce de jugement de Dieu, infaillible et sacro-saint. Faut-il dire que c'est là un pur postulat qui nous vient des Physiocrates dont la foi ardente dans l'ordre providentiel de la nature a survécu aux doctrines ?

La seconde idée, c'est que l'abstention est la justice même, la non-intervention, l'impartialité par excellence. Cela pourrait se soutenir si l'on était certain que les parties engagées sont de force égale. Mais c'est une

(1) M. Pirmez, à la Chambre belge, 15 janv. 1869. V. *Annales*, p. 261.

véritable illusion, si l'on est, à l'avance, assuré que l'une des parties est toujours inférieure à l'autre. Or, c'est une banalité de dire que l'ouvrier n'est pas, dans le louage de travail, sur un pied d'égalité avec son cocontractant. Adam Smith écrivait déjà en 1776 : « Il n'est pas difficile de prévoir laquelle des deux parties doit, dans toutes les circonstances ordinaires, avoir l'avantage dans le débat et forcer l'autre à accepter ses conditions » (1). Nous ne referons pas ici cette démonstration (2).

Mais nous insisterons sur le caractère illusoire du prétendu « contrat de travail ». Sans doute, il y a, dans la forme, du moins, un accord de volontés entre le patron et l'ouvrier. Mais il est faux de le comparer à une vente de marchandise, comme celle qui se fait entre commerçants. Le rapport de l'ouvrier avec son employeur dans l'industrie moderne est un rapport de soumission (3). Il consent — parce qu'il ne peut pas faire autrement — à faire, dans les limites des usages, ce qu'on lui commandera. Mais de discussion, de marchandage, de conditions débattues, il n'y en a point. Dès lors, il est tout à fait erroné de déclarer la lutte égale et loyale. C'est pourquoi l'abstention, en face de

(1) V. *Wealth of Nations*, liv. I, chap. VIII, édit. Nicholson, p. 27.

(2) A côté de tous les arguments si souvent exposés : que le patron a des réserves et peut attendre, qu'il a plus de connaissances, d'habileté dans la discussion, etc., il y a une cause de différence sur laquelle on n'insiste guère et qui, à mon avis, a une importance capitale. C'est que le patron sait d'ordinaire à quel point l'ouvrier a besoin de lui, tandis que pour connaître la mesure dans laquelle le patron désire ses services, il faudrait que l'ouvrier connût les livres, l'état des affaires du patron. De sorte qu'il y a là, si l'on veut, deux joueurs, dont l'un a son jeu tout ouvert, tandis que l'autre cache soigneusement le sien. Est-il étonnant que celui-ci gagne la partie ?

(3) Quand il y a vraiment un contrat, c'est généralement un contrat d'*adhésion*. Mais il faut pour cela que l'ouvrier ait au moins une connaissance sérieuse des obligations du patron.

cette lutte où le vainqueur est désigné d'avance, signifie lui assurer la victoire ; prendre l'attitude du spectateur dans semblable débat, c'est, en réalité, garantir la liberté de l'employeur, c'est lui livrer l'employé.

C'est ce que — confusément — les classes légiférantes ont compris. De là la protection légale qui tend à enlever au patron capitaliste son privilège séculaire, et à donner quelque liberté à l'ouvrier.

Passons en revue les principales formes de cette protection, et nous y retrouverons toujours, au fond, le même esprit.

Elle soustrait d'abord les enfants, la fleur des générations futures, à une exploitation littéralement homicide. Si l'industrie n'a plus la liberté de tuer les petits enfants, c'est qu'on entend donner à ceux-ci la liberté de vivre. La loi dit à l'employeur, aux parents insoucieux de leurs devoirs, qu'il y a quelque chose de plus important que de produire des biens à bon marché, que d'ajouter quelques sous au gain du ménage : c'est le développement, c'est la vie du citoyen futur, c'est l'avenir de la race. Dans beaucoup de pays aussi — pas encore en Belgique — la prohibition du travail infantile est liée à l'obligation de l'instruction — nouvelle atteinte à la liberté du père de famille — qui repose sur cette idée très juste qu'un homme d'aujourd'hui qui n'a pas reçu le minimum de lumières que donne l'instruction primaire n'est pas libre.

Puis, c'est au travail des femmes que la loi met une limite, dans la même pensée de conservation sociale. Jules Simon a écrit : « Protéger l'enfant sans protéger la mère est un non-sens ».

Nous avons compris depuis que les mêmes préoccupations légitiment la protection des pères. Les lois sur les industries « dangereuses, incommodes et insalubres » n'ont pas d'autre but, et si l'on a mis des bornes à la faculté d'empoisonner lentement ou brusquement et d'estropier, c'est pour suppléer à la liberté défaillante de l'ouvrier, et pour préserver de la détérioration physique la génération présente et celle de demain.

On a généralisé ces mesures dans les lois sur la sécurité et l'hygiène des ateliers, qui renferment des prescriptions doublement précieuses, d'une part, en ce qu'elles ordonnent directement, d'autre part, en ce qu'elles conseillent et suggèrent ; les mesures de sauvegarde et de prévention des accidents qui deviennent la règle dans les ateliers modernes n'ont-elles pas pour effet de conserver la vie et la liberté à l'ouvrier ?

Après la sécurité physique, c'est la sécurité morale de la vie qui est le but des lois diverses sur les assurances ouvrières. Il ne faut pas grand effort de réflexion pour voir ici encore le gain de la liberté. Est-il contrainte morale plus terrible que celle de l'angoisse que donne l'insécurité du lendemain? Nombre de nos prolétaires vivent sous ce rapport dans une crainte perpétuelle qui rappelle celle du primitif : l'accident qui les prive de leurs bras, la maladie qui leur enlève leurs forces, l'invalidité qui les immobilise, la vieillesse qui les met à la charge de leurs enfants, le chômage qui annihile leurs bonnes volontés, tout cela fait trembler l'ouvrier qui a souci du lendemain, de lui-même et des siens. Les multiples systèmes d'assurances, ceux du moins qui sont efficaces, font de cette vie de crainte et d'instabilité une vie normale, comparable à celle du bourgeois qui a des réserves.

Il y a toute une partie de la législation du travail où le souci du législateur est bien intéressant : c'est celle qui organise juridiquement le louage de travail lui-même. Il a fallu arriver aux dernières années du

XIXe siècle pour voir la loi déterminer avec précision la nature du contrat, l'étendue des obligations réciproques, la manière dont elles prennent fin et indiquer les dispositions d'ordre public qui s'imposent aux deux parties. Les lois sur les règlements d'ateliers, celles relatives à la rupture du contrat sont du même ordre. Il s'agit de mettre de la clarté dans les engagements et d'assurer le consentement au moins formel des contractants. Ainsi, de nouveau, une liberté, essentielle à coup sûr, est assurée : celle qui protège contre l'arbitraire et le caprice, celle qui permet de rendre efficaces la parole donnée, l'engagement pris.

Comment pourrait-on nier que les lois sur le paiement des salaires et sur le mesurage d'ouvrage sont des lois de liberté ? Les fraudes du truc-system, celles dues au mauvais mesurage de l'ouvrage, condamnées depuis la Bible, survivent dans un régime où le travailleur n'a ni les moyens ni l'audace de faire valoir son droit. Ici encore, le protégé, c'est le libéré.

La loi qui a rendu facultatif le livret d'ouvrier a-t-elle fait autre chose que de rompre une servitude ?

Le droit de coalition, concédé tardivement, ne fait que consacrer la première liberté, celle de la disposition de la personne, en même temps qu'il est la garantie, la sauvegarde suprême de toutes les autres.

On peut en dire autant du droit d'association qui soulève aujourd'hui tant de controverses et tant de difficultés, précisément parce que nous n'avons pas résolu le problème du choix des libertés à protéger. Nulle part on ne voit mieux que la liberté n'est que relative et que l'abstention législative est une protection déguisée. Si la loi interdit l'association professionnelle, elle protège à coup sûr l'employeur, parce qu'elle lui livre l'ouvrier sans défense. Qui niera que l'association est vraiment pour le travailleur le seul moyen de s'assurer, dans sa lutte pour le bien-être, un minimum de liberté? Mais, d'autre part, nous voyons bien que la liberté de l'association, de son côté, ne peut être illimitée : la « tyrannie » syndicale peut s'exercer soit envers les membres de l'association, soit envers les non-syndiqués, et voici que le législateur ne peut se retrancher dans l'abstention : il doit choisir entre le droit individuel du membre de syndicat et ses obligations de sociétaire, entre le droit au travail du « sarrasin », du « jaune », du « renard » et le droit du syndiqué et du gréviste. Il y a plus. L'association professionnelle tend à étendre son action dans deux directions : elle veut embrasser des fonctionnaires — et le conflit s'élève entre la volonté des travailleurs et la volonté collective; elle tend à régler, par le contrat collectif de travail, les conditions de gagne pain de tout un métier, c'est-à-dire de personnes qui ne sont pas membres du syndicat. Nous n'avons pas à chercher en ce moment la solution de ces problèmes, mais il nous suffit de constater que la meilleure des solutions sera celle qui parviendra à faire régner la plus grande somme de liberté concrète. Quoi qu'il en soit, d'ailleurs, il est hors de doute que l'association réalise, là où elle est vivace et saine, la force des faibles, la liberté des opprimés.

La limitation générale de la durée du travail quotidien est encore discutée. On la refuse aussi, au nom de la liberté : il serait intolérable d'arracher son outil des mains d'un homme adulte. Et pourtant, c'est bien ici encore que la contrainte légale réalise la liberté. Si le travail, le travail imposé, dirigé par d'autres, est une loi de la vie sociale, n'est-il pas vrai que ce qui fait le prix de l'existence, c'est le loisir? Je ne dis pas l'oisiveté, mais l'heure où « l'on fait ce que l'on veut ». La longue journée sans aurore et sans crépuscule — parfois sans soirée — c'est l'esclavage et le tombeau. C'est tout espoir enlevé d'une culture supérieure. La journée courte, c'est la possibilité d'un développement, d'une ascension, je ne dis pas vers un idéal d'intellectualité qui est bien loin de la plupart des ouvriers, mais vers un jeu plus complet, plus riche et plus varié des facultés. C'est ce sentiment qui me paraît être au fond des aspirations ouvrières auxquelles répond la protection légale, et c'est bien, à ne pas s'y tromper, l'éveil d'une délivrance, le début d'une ère de liberté nouvelle.

Pour tout résumer, il me paraît évident que, dans tous les pays, la législation du travail est occupée à définir le minimum d'existence d'un homme civilisé : santé protégée, loisir garanti, assurances sociales généralisées, y compris les pensions de vieillesse — un symbole bien significatif de l'idée moderne — association libre, contrat collectif de travail, tout cela, qui est d'aujourd'hui et non de demain, ne constitue t il pas ce minimum que la solidarité sociale se reconnaît devoir au citoyen? Cela est si vrai, que les derniers pas de la législation protectrice montrent que nous sommes conduits fatalement à prendre des mesures directes pour la réalisation de ce postulat : le minimum de salaire garanti aux ouvriers mineurs anglais et aux ouvriers à domicile est une indication précise qu'on entre dans cette voie. Un article du *Times*, du 12 juin 1874, disait déjà que « le but ultime de la législation des fabriques est de prescrire les conditions d'existence en dessous desquelles la population ne peut tomber ». Cette formule est vraie aujourd'hui pour l'ensemble de la législation protectrice du travail.

Ce vaste travail interne de révision des valeurs sociales,

qui s'opère dans toutes les nations du globe, ne peut manquer d'avoir une influence sur les relations d'État à État. Les gouvernements qui sont aux prises avec les problèmes ouvriers, qui subissent la pression des partis et des classes, qui se reconnaissent des devoirs nouveaux vis-à-vis du prolétariat sont ceux qui se trouvent en face les uns des autres dans les relations internationales.

Or, l'influence des groupes sociaux ou d'intérêts prédominants se fait toujours sentir dans les rapports extérieurs des États. Les traités en portent la trace. Quand on étudie les Actes du Congrès de Vienne, par exemple, on est stupéfait de voir la place qu'y tiennent encore les dynasties et les maisons régnantes. Avec le XIXe siècle, c'est l'homme d'affaires, le commerçant, le financier qui devient prépondérant. On le sent derrière les actes diplomatiques, dictant sa volonté, faisant la paix et la guerre, et ces actes ont de plus en plus pour objet les affaires : commerce, industrie, ouverture de débouchés, grands travaux publics, sphères d'influence, c'est-à-dire d'exploitation financière et autre. Voici maintenant des « traités de travail ». C'est l'ouvrier qui apparaît. A côté des intérêts mercantiles, il y a l'intérêt du travailleur comme sujet de l'État à l'extérieur des frontières, ou du travailleur national vis-à-vis du travailleur étranger. Il y a même davantage : il y a l'intérêt de l'État tout entier au progrès général et universel de la protection légale des ouvriers.

Cet intérêt nouveau de l'État est, à mon sens, la marque indéniable d'un progrès dans la conscience juridique commune des nations. A ce titre, il prend place à côté des autres conquêtes du droit international. Au début du XIXe siècle, c'est, par exemple, l'éveil des devoirs des civilisés vis-à-vis des sauvages qui fait abolir la traite. Le principe de non-intervention et le droit des nationalités, c'est le progrès de la reconnaissance des personnes juridiques qui constituent les États; les multiples conventions qui donnent naissance à tout ce « droit administratif international », comme l'appelait Rivier, que constituent les unions internationales marquent un progrès de l'interdépendance des États qui resserre la société des nations; les conventions sur les droits d'auteurs, les brevets, les marques de fabrique sont l'indice d'une conception plus élevée de la propriété; la Convention de Genève et toutes celles sur le droit de la guerre, c'est le progrès de nos sentiments d'humanité en général; les admirables conventions de La Haye sur des matières de droit international privé proviennent d'une idée plus haute de la souveraineté de l'État et des droits de l'étranger.

Le droit international ouvrier n'est rien d'autre, à mon avis, que la manifestation d'un semblable progrès dans la conception de la fonction de l'État. Il s'y agit, d'un bout à l'autre, du double problème de l'étendue des devoirs de l'État et de l'étendue de sa souveraineté.

Que devons-nous à nos nationaux ouvriers, soit à l'étranger, soit vis-à-vis d'ouvriers étrangers? Que devons-nous et que pouvons-nous au regard des ouvriers étrangers qui se trouvent sur le territoire? Telles sont les deux faces d'une seule et même question qui domine tout le droit international ouvrier et lui donne son unité.

On aperçoit immédiatement pourquoi il s'agit d'une partie du droit international. On ne conteste plus aujourd'hui que le droit qui règle des conflits de lois au sujet des intérêts privés des citoyens soit bien du droit international (1). Il en est de même du droit qui fait

---

(1) V. Lainé, *Introduction au droit international privé,* t. 1, p. 7 et suiv.

l'objet de cette étude : c'est l'État qui est en cause, c'est sa souveraineté qui est en jeu, dans le règlement des intérêts privés des ouvriers dont il s'occupe, et ce sont les États aussi qui sont en cause dans les traités de travail généraux.

Il y a donc, dans le droit international ouvrier, du droit international privé et du droit des gens. Les questions qu'il étudie paraîtraient disparates si on ne les voyait reliées entre elles par le devoir même de protection légale que se reconnaît aujourd'hui l'État vis-à-vis de ses nationaux et vis à-vis des étrangers.

Si l'on nous demande maintenant une définition du droit international ouvrier, nous dirons que c'est : *cette partie du droit international qui règle les relations des États entre eux au sujet de leurs nationaux ouvriers*.

Le contenu en est aisé à déterminer.

Il s'occupera d'abord de l'établissement des ouvriers ou, si l'on veut, de l'émigration ouvrière, en se demandant quelles sont les règles juridiques qui déterminent les devoirs de l'État 1° vis-à vis des ouvriers étrangers sur son territoire, et 2° vis-à-vis de ses ouvriers à l'étranger. Le droit d'établissement, le droit au travail de l'étranger, les conflits de la main-d'œuvre indigène avec la main d'œuvre étrangère, la protection hors du territoire au national ouvrier émigré, rentrent dans ce cadre.

Admis à travailler, l'étranger sur le territoire est il soumis ou est-il admis, et dans quelle mesure, à la protection ouvrière? Les diverses parties de la législation du travail : police de l'industrie, assurances sociales, droit d'assistance, d'association, doivent être examinées, au point de vue des droits de l'étranger et à celui des droits du national à l'étranger.

Enfin, l'État ne doit-il pas à sa population ouvrière et à sa population en général, de consolider, de garantir les principes de protection déposés dans sa législation en se liant par des traités — bilatéraux ou multilatéraux — avec les autres États?

De là, les divisions de notre étude. Une première partie traitera de l'établissement de l'ouvrier à l'étranger. La seconde, de l'ouvrier étranger vis-à-vis des lois protectrices du travail. La troisième, des traités de travail.

PREMIÈRE PARTIE

L'établissement de l'ouvrier à l'étranger.

CHAPITRE PREMIER

L'ouvrier étranger sur le territoire national.

Le droit de venir travailler, et notamment de venir travailler de ses mains, sur le territoire d'un État autre que celui auquel on appartient dépend, d'une manière générale, de la capacité juridique que cet État reconnaît aux étrangers.

Quand la législation, comme le Code civil italien (1), assimile en principe l'étranger au national au point de vue des droits *civils*, il ne peut y avoir le moindre doute que l'étranger ait le droit de travailler, car celui qui jouit des droits *civils* jouit à coup sûr des droits publics proprement dits, dans lesquels rentre le droit de travailler.

On sait que le Code Napoléon est moins généreux. Son article 11 fait dépendre la jouissance des droits *civils* d'une réciprocité diplomatique. L'interprétation

---

(1) Article 3 : « L'étranger est admis à jouir des droits civils attribués aux citoyens ».

traditionnelle fait revivre la distinction du droit romain entre le *jus civile* et le *jus gentium* (1). Elle exclut les étrangers des droits purement civils, réservés aux Français, et leur concède les autres. Heureusement le nombre des droits civils proprement dits est extrêmement restreint et ils n'ont guère d'importance pratique, de sorte que ceux qui relèvent du *jus gentium* suffisent amplement dans l'exercice ordinaire de la vie civile (2).

A coup sûr, le droit de travailler n'a jamais été considéré, même par les commentateurs les plus rigoureux de l'article 11, comme un des droits civils réservés aux nationaux. Il appartient à l'étranger, dès qu'il est admis à séjourner sur le territoire, parce qu'il est un attribut de la personne humaine, soit comme rentrant dans le *jus gentium* au même titre que le droit de se marier ou d'être propriétaire, soit comme rentrant dans le *droit naturel*, soit comme étant — et c'est la meilleure solution à mon sens — un droit public au

(1) V. Baudry-Lacantinerie et Houques-Fourcade, *Traité de droit civil, Des personnes*, t. I, 3e édit., 1907, n. 632 et suiv.

(2) M. A. Weiss ne range plus, parmi les droits dont la jouissance n'appartient en principe qu'aux seuls Français, que : 1° le droit de prélèvement prévu par l'article 2 de la loi du 14 juillet 1819, remplaçant l'article 726 du Code civil; 2° le droit pour le débiteur de se soustraire à la contrainte par corps en opérant la cession de biens (C. civ., art. 1268); 3° le droit de participer aux affouages; 4° le droit, pour le défendeur domicilié à l'étranger, d'invoquer à son profit la règle *Actor sequitur forum rei* (C. civ., art. 14); 5° le droit pour le demandeur d'assigner devant le tribunal français de son propre domicile le défendeur étranger (C. civ., art. 14); 6° le droit de plaider comme demandeur en matière civile sans être soumis à l'obligation de fournir la caution *judicatum solvi* (C. civ., art. 16); 7° le droit réciproque pour le défendeur d'exiger de son demandeur étranger la caution *judicatum solvi* (C. civ., art. 16). On accorde généralement à l'étranger tous les droits de famille, y compris le droit d'adoption et tous les droits patrimoniaux réels et personnels, ainsi que les droits intellectuels (littéraires, industriels et commerciaux). V. Weiss, *Traité théorique et pratique de droit international privé ; t. II : Le droit de l'étranger*, p. 179 à 388. En Belgique, la jurisprudence considère encore l'adoption comme un droit civil proprement dit.

sens large, comme la liberté d'aller et de venir, la liberté de conscience, etc.

M. Weiss dit très justement : « S'il est pour l'homme un droit naturel, après celui de vivre, c'est assurément le droit de chercher dans son travail, dans l'exercice d'un commerce, d'une industrie, d'une profession quelconque, les ressources indispensables à sa subsistance et à celle de sa famille. Ce droit appartient aux étrangers en France comme il appartient aux Français ; il ne pourrait, sans une odieuse tyrannie, leur être entièrement refusé » (1).

Il ne faut pas hésiter, en présence de tant de tendances restrictives et prohibitives, à proclamer qu'il y a là, pour chaque État, un devoir positif international. C'est le droit des gens qui veut qu'un État moderne ne s'isole plus, ne ferme plus absolument ses frontières : l'isolement complet équivaut à la mise hors la Société des nations. C'est encore le droit des gens qui ne permet plus aux États modernes les pratiques de brigandage des seigneurs féodaux, pour qui les étrangers étaient sans droits. Or, dans le minimum des droits qu'il faut leur accorder, doit se trouver nécessairement le droit de travailler, parce que c'est le droit de vivre.

Mancini avait déjà proclamé ce principe en disant — avec une terminologie un peu différente de celle que nous emploierions — que « l'État faillirait à son but et à sa raison d'être si, au lieu de reconnaître, de respecter, de garantir les droits et les libertés inoffensives des individus, il les méconnaissait ou les limitait. Or, de même que l'individu a le droit d'exercer sa liberté, tant qu'elle ne blesse pas la liberté des autres, on doit reconnaître

(1) V. *Traité théorique et pratique de droit international privé*, t. II, p. 124.

que c'est un droit vrai et parfait, non seulement vis-à-vis des citoyens d'un même État, *mais aussi vis à-vis du reste du genre humain,* parce que la conservation et la garantie des libertés de chaque homme ne peut avoir d'autre limite rationnelle que cette même protection et garantie des libertés juridiques accordées à tous les autres ». Il ajoutait aussi que les codes « ne créent pas les droits et les libertés de l'homme, mais ont le devoir de les reconnaître, dans une juste mesure, *même pour les étrangers.* S'ils ne le font pas, ils violent les droits de la justice et en même temps le *droit des gens,* parce que chaque Etat a intérêt à assurer le droit et les libertés légitimes de ses membres et à les faire respecter par les autres peuples » (1).

Si nous insistons ainsi sur cette obligation de droit des gens, c'est qu'on paraît plus d'une fois oublier qu'elle est le point de départ et le principe. Les restrictions qu'elle comportera, sous la forme du droit d'expulsion, du droit de limiter ou de réglementer l'immigration, etc., ne devront être admises que d'une manière exceptionnelle.

Le droit positif, d'ailleurs, consacre ces principes.

C'est ainsi qu'en France on considère que le décret des 2-17 mars 1791, qui abolit les corporations et établit la liberté du travail, fait encore partie du droit public et s'applique aux étrangers.

Il en est de même en Belgique. Le décret en question y a été rendu applicable lors de la réunion à la France, et l'on n'a jamais pensé à exclure les étrangers de son bénéfice. Il n'a pas été reproduit dans notre

(1) Cours de droit international professé à l'Université de Turin, dans *Journal de droit international privé,* 1874, p. 230, cité par Weiss, *Traité* t II, p. 2.

constitution ; mais l'article **128** porte : « Tout étranger qui se trouve sur le territoire de la Belgique jouit de la protection accordée aux personnes et aux biens, sauf les exceptions établies par la loi ». C'est ce texte qui accorde aux étrangers le droit d'acquérir et d'aliéner des biens matériels. Dès lors, comment n'auraient-ils pas le droit de « vendre » leur main-d'œuvre, de « louer » leurs services, de disposer de ce que Turgot a appelé la plus sacrée des « propriétés »?

La plupart des législations des États civilisés contiennent des principes semblables.

Mais si l'on peut dire ainsi qu'en général le droit de travailler est reconnu comme un des attributs de la personne humaine, il n'en arrive pas moins que ce droit est soumis à des restrictions plus ou moins sévères, tirées du droit de conservation de l'État.

Tout d'abord, il est des législations qui subordonnent l'établissement de tout étranger, soit à certaines formalités, soit à une autorisation. Ce sont simplement des mesures de police, variables de pays à pays, dictées par la défiance et le besoin de sécurité. Le droit international n'a évidemment aucune objection à y faire : chaque État est maître d'organiser comme il l'entend la défense de ses éléments essentiels.

Citons quelques exemples de lois de ce genre. La loi russe exige un passeport de tout étranger, passeport qui doit se combiner avec un permis de séjour.

Aux Pays-Bas et dans les États scandinaves, l'étranger de passage n'est pas astreint à avoir un passeport, mais l'établissement est subordonné à un permis de séjour.

La loi belge du **2** juillet **1856** exige de l'étranger qui établit sa résidence une simple déclaration à l'administration communale.

De même, le décret français du 2 octobre 1888 oblige l'étranger non admis à domicile, qui se proposera d'établir sa résidence en France, à faire à la mairie une déclaration portant sur son état civil, celui de ses père et mère, femme et enfants, sa nationalité, le lieu de sa naissance, sa profession et ses moyens d'existence (1).

Tous les États ont des législations du même genre qui se justifient par la nécessité primaire de la sûreté du territoire.

Le droit d'expulsion est de même nature. Sans doute, il ne faut pas en faire un principe. Il ne prime pas le devoir d'accueillir l'étranger inoffensif : c'est un éminent juriste du droit public allemand qui a dit : « Tolérer les étrangers qui vivent pacifiquement et conformément aux lois, est un devoir basé sur le droit international » (2). Mais tout le monde admet que l'Etat est juge du point de savoir si le séjour de l'étranger offre un danger. L'Institut de droit international, en 1892, a adopté un règlement du droit d'expulsion qui en énumère les motifs légitimes. Parmi ces motifs, il n'y en a aucun qui vise la qualité d'ouvrier proprement dit. Et pourtant, nous aurons l'occasion de voir plus loin comment des gouvernements peuvent se servir du droit d'expulsion pour intervenir abusivement dans le louage de travail. C'est pourquoi il convient de rappeler la parole de Rolin-Jaequemyns : « Tous les motifs légitimes d'expulsion se résument en ces mots : l'intérêt *public* du pays d'où l'expulsion est

---

(1) V. Weiss, *Traité théorique et pratique de droit international privé*, t. II, p. 103.

(2) Paul Laband, *Le droit public de l'Empire allemand*, trad. C. Gandilhon, t. I, p. 243.

faite » (1). L'intérêt public et non l'intérêt privé de quelques-uns.

Si l'État a le droit d'expulser individuellement les criminels, les vagabonds, les mendiants, les candidats à l'assistance publique, les individus dangereux pour la sûreté publique en général, on comprend qu'il puisse, à l'avance, leur interdire l'accès du territoire. On arrive ainsi tout naturellement à la réglementation de l'immigration.

Nous ne pouvons songer à examiner ici dans leur ensemble le droit et la politique de l'émigration en général. Mais de cette vaste question, qui embrasse tant de problèmes difficiles de sociologie, d'économie politique et de droit, nous devons aborder au moins une face : celle du protectionnisme ouvrier, mouvement qui se propage avec une redoutable intensité et une étonnante diversité dans tant de pays industriels (2).

On sait que c'est dans les colonies anglaises et aux États-Unis que le « refoulement » des ouvriers étrangers est pratiqué de la façon la plus systématique. On s'en est pris d'abord aux immigrants de couleur, Chinois, Hindous, Polynésiens, Japonais. Mais l'exclusion atteint maintenant les ouvriers de race blanche, et le mouvement tend à s'accentuer non seulement dans les pays où il a pris naissance, mais en Europe. Il y a là un phénomène de la plus haute gravité dont il serait difficile de méconnaître

---

(1) G. Rolin-Jaequemyns, *Le droit d'expulsion des étrangers, Revue de droit international et de législation comparée*, t. XX, p. 499.

(2) Au moment où nous corrigeons les épreuves de ces pages, paraît le n° 3 de la 2e année (1912) du *Bulletin trimestriel de l'Association internationale pour la lutte contre le chômage* (rédacteur en chef, M. Max Lazard). Il est consacré au chômage et aux migrations ouvrières. On y trouve de nombreuses et précieuses études sur l'émigration des ouvriers, parmi lesquelles il faut mettre hors pair un rapport étendu de M. le Dr E. Ferenczi, de Budapest, rempli de renseignements et de suggestions dignes d'attirer l'attention.

l'importance pour l'avenir de l'humanité tout entière.

La période de rigueur et de malveillance à l'égard de la main-d'œuvre étrangère correspond, dans les pays neufs, à un certain stade de leur développement. Au début, on y attire, au contraire, les ouvriers, et toute espèce d'ouvriers. Les métropoles subventionnent les immigrants de race blanche quand elles n'y envoient pas de force leurs criminels : les *convicts* en Australie. Les colonies attirent la main-d'œuvre de toute race, même d'Asie et d'Afrique. Ce régime qui fut, pendant toute la première moitié du XIXe siècle, celui des États-Unis et de l'Australie, est encore celui des républiques de l'Amérique du Sud : elles entretiennent des agents de recrutement en Europe, emploient de gros crédits à subventionner les immigrants, à leur accorder de multiples faveurs, en accumulant les promesses. La loi fédérale du 29 avril 1907 au Brésil, par exemple, accorde à tous les blancs le passage gratuit en troisième classe, le débarquement gratuit des personnes et des bagages, les soins et l'assistance médicale jusqu'au départ pour l'intérieur du pays, le transport gratuit par chemin de fer aux lieux de destination, etc.

Cette politique d'attraction s'est même exercée longtemps en faveur des individus de race jaune, surtout dans les pays que l'émancipation des esclaves avait privés de main d'œuvre : à l'île Maurice, aux Antilles anglaises, à Cuba par exemple (1). On la retrouve même en Australasie et aux États Unis (traité de 1864 avec la Chine).

Mais à cette période, succède celle de l'indifférence, puis celle de l'hostilité contre la main-d'œuvre étrangère. Tout d'abord contre les Asiatiques. Dès 1855, l'État de

---

(1) V. Paul Leroy-Beaulieu, *De la colonisation chez les peuples modernes,* t. I, p. 202-218, 251, 257; t. II, p. 597.

Victoria imposait une taxe de 10 liv. st. aux propriétaires de navires pour chaque Chinois importé, mesure qui fut imitée par les autres États australiens. Abrogée par suite d'une intervention du gouvernement anglais, elle fut reprise et renforcée à partir de 1884 (Queensland).

Quand, en 1901, la Confédération australienne eût inscrit dans sa constitution le droit de légiférer souverainement en matière d'immigration, elle en usa pour interdire formellement l'entrée des travailleurs chinois et polynésiens (*Alien immigration restriction Act,* 1901, amendé en 1905, et *Pacific Island labourers Act* de 1901).

Aux États-Unis, c'est en 1852 qu'on trouve la première tentative d'exclusion (1) : l'Assemblée législative de Californie établit une taxe mensuelle de quatre dollars pour chaque étranger employé dans les placers ; mais à cette époque, la Cour suprême déclarait ces mesures inconstitutionnelles. Le traité de 1868 (*Burlingame treaty*), qui stipulait l'interdiction de l'immigration non spontanée et prenait les premières mesures restrictives de l'importation organisée de la main-d'œuvre étrangère, marque en réalité le début de la politique fédérale, qui aboutit en 1882 à la première loi d'exclusion. Elle était bien nettement dirigée contre la main-d'œuvre chinoise, puisqu'elle interdisait l'entrée du territoire de l'Union à tous les Chinois qui ne seraient pas fonctionnaires, marchands, membres de l'enseignement ou qui ne voyageraient pas pour leur plaisir, qui ne seraient pas dûment autorisés par leur gouvernement et munis de certificats d'identité par les consuls américains des ports d'embarquement.

Il faut dire que cette loi avait d'abord reçu le *veto* du

(1) V. Mary Roberts Coolidge, *Chinese Immigration*. New-York, 1909, p. 55 et suiv.

président Arthur. Le 17 novembre 1880, un traité avait été signé avec la Chine, autorisant le gouvernement des États-Unis à « suspendre » ou à « limiter » l'entrée des ouvriers chinois quand il penserait que leur présence sur le territoire « menacerait d'affecter les intérêts ou l'ordre public du pays ». Le Congrès en avait immédiatement profité pour « suspendre » l'immigration chinoise pendant vingt ans, et organiser un système rigoureux d'enregistrement des Chinois. C'est ce Bill que le président Arthur ne voulut pas sanctionner, trouvant qu'une suspension de l'immigration pendant vingt ans n'était pas « raisonnable. » Il finit par admettre dix ans : c'était le terme de la loi du 6 mai 1882.

En 1886, la Chine ouvrit de nouvelles négociations, au cours desquelles elle admit l'exclusion pendant vingt ans des coolies aux États-Unis. Un traité signé le 12 mars 1888 par les représentants des deux États ne parvint à être ratifié ni par le Sénat des États-Unis ni par le gouvernement chinois. Aussi, le 1er octobre 1888, une loi nouvelle prohibait formellement l'entrée des ouvriers chinois, et le retour de ceux qui avaient quitté momentanément le territoire.

Le traité du 8 novembre 1894, négocié à la demande de la Chine, abrogea nominalement cette loi; mais il n'accordait guère comme concession à la Chine que de limiter l'exclusion à dix ans, de permettre le retour aux Chinois ayant laissé femme ou enfants, ou ayant une propriété de 1.000 dollars au moins, aux États-Unis. L'enregistrement des Chinois était ordonné, et en somme toutes les mesures précédentes confirmées.

Dans l'entre-temps, le Geary Act de 1892 avait exigé des Chinois établis la preuve que leur présence était régulière et menacé de la déportation ceux qui ne pouvaient la justifier.

Quand arriva le terme de dix ans prévu par la loi de 1892, de nouvelles propositions de lois furent faites au Sénat. Elles aboutirent à la loi du 29 avril 1902, qui remettait en vigueur les lois existantes jusqu'à ce qu'un nouveau traité fût négocié. Mais la Chine finit par se lasser de conclure des arrangements où elle n'avait aucun avantage, et, sur son refus de proroger le traité de 1894, le Congrès vota la loi du 27 avril 1904, confirmant toutes les lois en vigueur. La législation restrictive fut étendue aux possessions insulaires, et l'immigration de Chinois de ces îles aux États-Unis, ou d'un groupe d'îles à un autre, fut prohibée. C'est cette loi qui est encore en vigueur.

Chose curieuse, ce sont les mesures restrictives à l'égard des Chinois qui ont provoqué une nouvelle immigration de jaunes, qui paraît singulièrement plus mal commode à refréner : celle des Japonais. Insignifiante avant 1900, elle a augmenté rapidement depuis. On évalue à 100.000 le nombre de Japonais vivant actuellement aux États-Unis (1), nombre qui atteint et dépasse peut-être celui des Chinois (2). Les mêmes sentiments d'hostilité se sont fait jour à leur égard, surtout sur la côte du Pacifique, et les mêmes réclamations sont adressées par les États de l'ouest au gouvernement fédéral. Cependant, on ne peut plus alléguer contre les Japonais les mêmes arguments que contre les Chinois : loin de vivre retirés, dans des quartiers à part, ils aiment à se mêler à la population yankee, à en adopter les mœurs, à apprendre l'anglais, bref, à s'assimiler. En outre, on ne peut dire qu'ils se contentent toujours de salaires inférieurs : protégés par

(1) J. Jenks and Jett Lauck, *The immigration problem*. New-York, 1912, p. 222.

(2) *Ibid.*, p. 215.

des unions très puissantes, ils savent obtenir de leurs employeurs des salaires aussi élevés, parfois plus élevés que les Américains. Le gouvernement de Washington se trouve aussi dans un tout autre embarras, vis-à-vis de l'empire nippon, puissance militaire de premier ordre, que vis-à-vis de la pauvre et faible Chine. On conçoit donc qu'aucune loi générale d'exclusion n'ait pu être votée malgré la demande des États du Pacifique. Il n'y a pour le moment qu'un article de la loi générale du 20 février 1907, qui autorise le Président à refuser l'admission à tout étranger faisant usage de passeports délivrés pour les possessions insulaires, la zone du canal ou tout autre pays que les États-Unis, afin d'entrer sur le territoire de l'Union. Le Président a, par une proclamation du 14 mai 1907, exclu ainsi « les ouvriers japonais et coréens, qualifiés ou non, qui ont reçu des passeports pour aller au Mexique, au Canada ou aux îles Hawaï et viennent de là aux États-Unis » (1).

Dans l'exclusion des ouvriers de races jaunes, se mêlent des motifs économiques et des motifs psychologiques particuliers. Il est même difficile de savoir dans quelle mesure l'hostilité instinctive de race et l'aversion pour des gens d'autre comportement physique, de mentalité, de moralité, de coutumes et de goûts si différents, s'unissent à la crainte de la concurrence.

Celle-ci apparaît, au contraire, toute vive, dans les mesures d'exclusion prises, à l'égard des immigrants de tout genre, par la loi du 20 février 1907.

Elle commence par imposer une taxe de quatre dollars à tout étranger abordant sur le territoire des

(1) *Ibid.*, p. 321. Le gouvernement japonais a, d'ailleurs, consenti à mettre des obstacles à l'émigration d'ouvriers japonais aux États-Unis.

États-Unis, sauf à ceux venant de ou ayant séjourné un an au Canada, à Terre-Neuve, à Cuba ou au Mexique (section 1).

Puis elle porte : « section **2** : Ne seront pas admises à pénétrer aux États-Unis les catégories suivantes d'étrangers : les personnes idiotes, imbéciles, faibles d'esprit, les épileptiques, les aliénés et les personnes qui ont été aliénées au cours des cinq années antérieures; les personnes qui ont eu deux ou plus de deux attaques d'aliénation mentale à un moment quelconque dans le passé ; les indigents ; les personnes qui paraissent devoir constituer une charge publique; les mendiants professionnels ; les personnes atteintes de la tuberculose ou de maladie contagieuse, répugnante ou dangereuse ; les personnes, non comprises dans les catégories ci dessus énumérées, chez lesquelles il sera constaté, par un certificat émanant du médecin chargé de les examiner, quelque insuffisance mentale ou physique de nature à les empêcher de gagner facilement leur vie ; les personnes qui ont été reconnues ou qui s'avouent coupables d'avoir commis une faute contre l'honneur ou tout autre crime ou délit de nature infamante; les polygames ou les personnes qui déclarent approuver la pratique de la polygamie; les anarchistes ou les personnes qui admettent ou prêchent la destruction, par la force ou par la violence, du gouvernement des États-Unis ou de tout gouvernement, ou de toutes formes légales, ou l'assassinat des fonctionnaires publics; les prostituées ou les femmes ou filles venant aux États-Unis dans le dessein de se prostituer ou en vue de toute autre fin immorale; les personnes qui font métier ou tentent d'introduire des prostituées ou des femmes ou filles en vue de les livrer à la prostitution ou en vue de toute autre fin immorale ; les personnes dénommées ci-après « ouvriers engagés par contrat », qui ont été amenées ou encouragées, à l'aide d'offres ou de promesses d'emploi ou à la suite de contrats oraux, écrits ou imprimés, explicites ou tacites, à se transporter aux États-Unis en vue de s'y livrer à des travaux de tous genres, exigeant ou non une habileté professionnelle; les personnes qui, dans le délai d'un an à dater de l'époque de leur demande d'admission aux États-Unis, ont été expulsées comme ayant été amenées ou encouragées à se rendre aux États-Unis dans les conditions ci-dessus; toute personne dont le billet ou le passage a été payé par une autre personne, ou dont le voyage s'est effectué aux frais d'une autre personne, à moins qu'il ne soit formellement et manifestement établi que cette personne n'appartient à aucune des catégories de personnes exclues en vertu des dispositions qui précèdent et que le billet ou passage n'a été payé, directement ou indirectement, par aucune corporation, association, société, municipalité et par aucun gouvernement étranger; tous enfants âgés de moins de seize ans non accompagnés de leurs père et mère ou de l'un d'eux, suivant la décision du Secrétaire d'État du commerce et du travail et dans les conditions prévues par les règlements qu'il aura élaborés le cas échéant » (1).

Nous avons voulu reproduire ce texte, pour lui laisser tous ses caractères de naïveté (aveu d'une faute contre l'honneur), d'abitraire (personnes paraissant devoir constituer une charge publique, insuffisance mentale ou physique empêchant de gagner facilement la vie) et de rigoureux exclusivisme.

De l'ancien renom de l'hospitalité américaine, on a voulu pourtant sauver l'apparence en ajoutant qu'au-

(1) V. *Bulletin de l'Office international du travail,* 1907, p. 77.

cune disposition de la loi « n'implique l'exclusion de personnes convaincues d'avoir commis un délit purement politique, sans caractère infamant, si ces personnes sont, par ailleurs, reconnues dignes d'être admises sur le territoire des États Unis ».

L'exclusion des ouvriers « engagés par contrat » est mitigée par l'avant-dernier alinéa de la section 2, qui permet d'introduire aux États-Unis « des ouvriers qualifiés, s'il est impossible de trouver aux États-Unis des ouvriers de la profession inoccupés », restriction qui prête évidemment à l'arbitraire le plus complet.

Enfin, la loi prend la précaution de dire que ne rentrent pas dans le concept *ouvriers* : les acteurs, artistes, conférenciers, chanteurs, ministres de tout culte, professeurs de collèges ou séminaires, les personnes appartenant à une profession savante reconnue, ou les personnes employées exclusivement comme serviteurs attachés à la personne ou à la famille.

Si rigoureuses que soient les dispositions de la loi, elles paraissent devoir être encore renforcées prochainement par l'exclusion de ceux qui ne savent pas lire. Un amendement dans ce sens fut adopté par le Sénat en 1907, visant « toutes les personnes âgées de plus de seize ans et physiquement capables de lire, qui ne peuvent pas lire l'anglais ou toute autre langue, exception faite toutefois pour la femme, les enfants au-dessous de dix-huit ans, les parents et grands-parents ayant plus de cinquante ans, d'un immigrant admis ». Mais, après de copieux débats, l'amendement fut ajourné, jusqu'à ce qu'une commission de neuf membres ait étudié tout le problème de l'immigration. Elle s'est livrée à un travail considérable d'information et d'enquête (1), et son président, le sénateur Dillingham,

(1) La Commission a fait de nombreux voyages en Europe, à bord de

de Vermont, a déposé, le 7 août 1911, un bill tendant à réviser la loi de 1907, qui paraît exprimer l'opinion des commissaires. Ce bill contient la disposition reproduite plus haut relative à l'exclusion des illettrés, et elle est même aggravée, parce qu'elle exige la lecture et l'*écriture* (1).

Pour comprendre l'occasion et les motifs de cette législation, il faut rappeler que l'immigration des Européens aux États-Unis a changé profondément de caractère dans ces dernières années. On peut dire qu'au moment de l'indépendance, les Treize États étaient peuplés d'individus appartenant à des races très proches — à l'exception des huguenots français — : c'étaient des Anglo Saxons, des Allemands et des Scandinaves. Jusqu'en 1880, la Grande-Bretagne, l'Irlande, la France, l'Allemagne et la Scandinavie fournissaient plus des trois quarts de l'immigration totale. L'Europe orientale, centrale et méridionale en fournissait moins d'un pour cent. Aujourd'hui, c'est l'inverse qui se produit. Voici, pour 1911, un classement des immigrants des nationalités qui en comportent le plus grand nombre.

Sur un total de 878.587 immigrants admis en 1911, ce qui représente une année moyenne, puisque de 1901 à 1910 le total des immigrants était de 8.795.386, il y en avait, venant de :

---

navires d'émigrants, et en Amérique. Elle a étudié plus du huitième des écoliers, 50 p. 100 des salariés dans certaines industries, 300 communautés industrielles, distribué 750.000 fiches individuelles. Elle a publié quarante-deux volumes sous le titre de : *Reports of the Immigration Commission*, Washington, Government printing office, 1911.

(1) V. J. Jenks and Jett Lauck, *op. cit.*, p. 340.

Italie.	182.882,	soit 20,8 p. 100
Autriche-Hongrie.	159.057	— 18,1 —
Russie (y compris la Pologne russe) .	158.721	— 18,1 —
Angleterre, Ecosse et Galles.	73.384	— 8,3 —
Amérique britannique	56.830	— 6,5 —
Allemagne.	32.061	— 3,6 —
Irlande.	29.112	— 3,3 —
Grèce	26.226	— 3,0 —

Les autres pays d'Europe n'atteignent pas 3 p. 100. Près des deux tiers de l'immigration venaient donc de l'est et du sud de l'Europe, en y comprenant les pays balkaniques.

En rapprochant ces chiffres de ceux publiés par le bureau de statistique en 1904 (1), on obtient le tableau frappant que voici :

Pays d'origine.	Total des immigrants de 1821 à 1902.	P. 100	En 1911 Total.	En 1911 P. 100.
Autriche-Hongrie . . .	1.316.914	6,5	159.057	18,1
Angleterre et Galles. .	2.739.937	13,4	73.384	8,3
Allemagne	5.098.005	24,9	32.061	3,6
Irlande	3.944.269	19,3	29.112	3,3
Italie	1.358.597	6,7	182.882	20,8
Norvège et Suède . . .	1.334.931	6,6	34.730	3,8
Russie, Pologne	1.106.362	5,4	158.721	18,1

On le voit, le courant de l'immigration ne s'alimente plus aux mêmes sources. De là d'incontestables difficultés au point de vue de l'assimilation. Les nouveaux venus apprennent plus difficilement la langue du pays (2); ils comptent parmi eux un plus grand nombre d'illettrés (3); ils vivent agglomérés dans les grandes villes et les centres industriels, dans des logements surpeuplés

(1) Cités par L. Hall, *Immigration and its effects upon the United States*. New-York, 1903, p. 39.

(2) Sur 246.673 émigrants et fils d'émigrants observés par la Commission, 53,2 p. 100 seulement savaient l'anglais.

(3) 17 p. 100 en moyenne sur 290.059 individus nés à l'étranger, mais 44 p. 100 parmi les Italiens du sud, 54 p. 100 parmi les Portugais.

et dans des conditions d'hygiène et de moralité très inférieures à celles des indigènes. Beaucoup ne prennent et ne sauraient prendre part à la vie nationale. Ils vivent en dehors, en marge de la culture du pays, en parasites, en exploités, en misérables irrémédiablement condamnés à un niveau inférieur de vie. La proportion des gens sans éducation professionnelle est de 60 p. 100 parmi les « nouveaux » immigrants contre 25 p. 100 parmi ceux de l'ancienne immigration (1). On leur reproche par-dessus tout de se contenter de bas salaires, de déprimer le marché du travail des métiers non qualifiés (2) ; il est hors de doute que la nouvelle législation a été inspirée par le protectionnisme le plus étroit et le plus violent des organisations ouvrières.

Pour apprécier convenablement ces mesures au point de vue qui nous occupe, il faudrait être à même de juger impartialement les faits qui sont allégués de part et d'autre, et qui sont souvent contradictoires. Les principes sont clairs. Il est certain que l'État puise dans son droit de conservation la faculté d'arrêter toute immigration qui lui paraît pernicieuse au développement du pays. La vraie question est de savoir si l'immigration actuelle est pernicieuse.

Je ne suis pas de ceux qui rejettent *a priori* comme négligeable ou fallacieux l'argument de la dépression du niveau de vie. M. G. Prato, dans son livre sur *Le protectionnisme ouvrier* (3), en fait très bon marché. Pour lui, les hauts salaires obtenus par les ouvriers américains sont « extravagants » et, d'une manière

(1) D'après une statistique portant sur la période de 1899 à 1910, v. *Bulletin de l'Association internationale contre le chômage,* III, 1912, p. 498.

(2) V. J.-W Jenks et W. Jett Lauck, *The immigration problem,* 1912, appendices.

(3) G. Prato, *Le protectionnisme ouvrier,* traduct. Bourgin, Paris, 1912.

générale, les hauts salaires « déterminent dans les classes ouvrières un genre de vie où les dépenses somptuaires de nature nuisible dépassent fréquemment celles qui servent à l'amélioration intellectuelle ou morale, et ainsi, par une conséquence nécessaire, les exigences de ces ouvriers quant aux horaires, rétributions, etc. ne font que croître, tandis que diminue, en même temps que leur ardeur au travail et leur bon vouloir, l'utilité que peut tirer d'eux l'entrepreneur » (1). Vraiment, il est assez singulier de voir reprocher à des ouvriers de gagner au delà de leurs besoins rationnels et de leur faire un crime de dépenses « somptuaires » qui dépassent ce que le moraliste bourgeois leur permet. Je conçois très bien, pour ma part, que l'ouvrier défende contre la concurrence étrangère même cette part supplémentaire du salaire.

Mais la mission de l'État ne se limite pas aux intérêts de la classe ouvrière, si respectables, si importants qu'ils soient. C'est l'intérêt général qu'il doit avoir en vue, et non seulement pour le présent, mais pour l'avenir. Sous ce rapport, il faut reconnaître que l'immigration, même d'ouvriers de qualité et de niveau social inférieurs, peut avoir son utilité. Il s'opère, en effet, une sélection et une division du travail dont les effets avantageux sont indéniables. Partout où des étrangers de ce genre sont introduits, ils sont occupés à des travaux que délaisse la classe indigène. C'est le cas notamment des Chinois et des émigrants européens aux États-Unis, des Italiens et Belges en France, en Suisse, en Allemagne. M. G. Prato rappelle avec justesse que Henry Fawcett avait prophétisé l'évolution actuelle à cet égard : il est possible « de voir un jour les races

(1) PRATO, *op. cit.*, p. 72.

inférieures s'emparer, pour le bénéfice de la civilisation progressant, des besognes les plus humbles, graduellement abandonnées par les travailleurs des peuples les plus évolués et les plus cultivés, destinés à former une aristocratie ouvrière qui serait capable d'imprimer une impulsion continue et progressive à la vie industrielle » (1). Ainsi, l'on peut dire que la politique prohibitionniste arrête le développement économique du pays. Nombreux sont les Américains qui reconnaissent que l'immigration a fait la richesse de la nation (2).

Seulement, il ne suffit pas d'envisager, au point de vue des devoirs de l'État, le côté purement économique. Les immigrants ne peuvent rester, d'une manière permanente, dans la situation de classes ou de races inférieures. Il faut qu'ils aient accès à la culture, à la civilisation moderne. Cela implique à leur égard toute une politique qui semble avoir été négligée et qu'on sera obligé de suivre un jour. Les immigrants ne doivent pas être abandonnés, sur le territoire, aux intérêts en lutte. *Ils doivent à leur tour être protégés et notamment en leur qualité d'ouvriers.*

Il me semble qu'aux États-Unis la fermeture brutale des frontières aux ouvriers immigrants est tout simplement l'aveu des classes dirigeantes de n'avoir pas su prendre les mesures nécessaires pour l'assimilation et l'élévation graduelles des arrivants. On commence seulement, par exemple, à établir à l'intérieur du territoire des centres officiels d'information et de protection des immigrants ; on pense à en surveiller la distribution dans les divers États et à ne pas en laisser le soin

(1) H.-W. Fawcett, *The economic position of the british labourer*, London, 1865, p. 254, cité par Prato, *op. cit.*, p. 252.

(2) V. Prato, *op. cit.*, p. 72.

au seul hasard de la réclame des employeurs. Ce n'est qu'une toute petite partie d'une tâche énorme qui incombe à l'État importateur de main-d'œuvre. Si l'on reproche, par exemple, aux nouveaux venus la congestion des agglomérations urbaines (1), les conditions antihygiéniques de vie, etc., n'est-ce pas que la législation en retard ou mal appliquée tolère précisément des conditions de vie qui ne sont plus humaines?

En un mot, la fermeture des frontières ne libère pas l'État de soins et de mesures de protection positive à l'intérieur, et, si ces mesures sont suffisantes, il pourra finir par ouvrir ses frontières, même aux ouvriers engagés par contrat.

Rien ne nous révolte davantage que cette exclusion des ouvriers engagés à l'avance. Mais il faut bien dire que, s'il y a des mesures justifiées, ce sont bien celles qui doivent être prises contre l'importation de la main-d'œuvre *organisée* par les employeurs dans un but de lucre. Sous des formes modernes, plus perfectionnées et masquées, nous avons encore une espèce de traite en pays civilisés. Nous avons nos négriers. Ils ne tuent plus, ils ne vendent plus strictement le bétail humain, mais c'est tout comme. Qu'ils importent des « briseurs de grèves », ou simplement des troupes de primitifs, ignorants et faméliques, leur but est le même, et c'est leur pur intérêt mercantile. Ils s'inquiètent peu du niveau de vie, de la moralité, de la culture de leur clientèle. Ils ne demandent, au contraire, qu'une chose, c'est une population docile et vivant dans les

---

(1) « Il n'y a point de doute que..... la congestion de nos villes n'est pas due entièrement à l'immigration », dit R. Watchorn, *The truth about immigrants (Metropolitan Magazine,* juin 1909), résumé par Prato, *op. cit.*, p. 178.

conditions d'une race inférieure (1). Y a-t-il rien de plus légitime que de mettre à leur commerce les restrictions que commande la protection de la personne humaine? C'est ce qu'essaie de faire brutalement et sans distinction l'exclusion des ouvriers « engagés par contrat ».

Mais par sa généralité même, cette prohibition est injuste. On paraît s'en être rendu compte même au sein de la Commission de l'émigration américaine : « Il semble probable que, dans certains cas, notre gouvernement a trop rigoureusement appliqué notre loi sur le travail par contrat, de telle façon que des individus ont été exclus, dont les services dans certains genres d'emplois auraient été distinctement avantageux au pays ». Parmi les amendements proposés par la Commission à la loi de 1907, il s'en trouve un autorisant le Secrétaire du commerce et du travail à déterminer des catégories d'emplois pour lesquels les engagements de travail seraient admis. Peut-être faut il voir là l'indice d'une perception plus juste et plus saine des devoirs auxquels nous avons fait allusion plus haut (2).

Nous nous sommes attardé à l'exemple du protectionnisme ouvrier des États-Unis parce qu'il est le plus frappant par son ampleur et sa rigueur. Mais il faut dire qu'il n'est pas le seul.

On retrouve des législations restrictives du même ordre en Australie. L'*Immigration restriction Act* de la Commonwealth (1901) exclut toutes les catégories d'indésirables visées par l'Act des États-Unis, et, en outre,

---

(1) Malgré les restrictions mises à l'immigration, il est certain que cette politique est suivie de propos délibéré par les grands industriels américains, notamment dans les industries métallurgiques. La vaste enquête entreprise par le *Pittsburg Survey* est sous ce rapport singulièrement instructive.

(2) V. J.-W. JENKS et W. LAUCK, *op. cit.*, p. 338.

« les personnes qui, sur la demande d'un fonctionnaire, refusent d'écrire sous la dictée et de signer en sa présence un passage de cinquante mots *in extenso* dans une langue européenne désignée par lui » (1). Cette loi a été rendue plus rigoureuse encore par les articles complémentaires votés en 1905 : *Contract Immigrants Act Emigration restriction amendment Act*. La Nouvelle-Zélande a une législation tout aussi draconienne.

Il en est de même des colonies anglaises de l'Afrique du sud : la colonie du Cap a codifié ses lois dans l'*Immigration Act* du 22 décembre 1906; celle de Natal en 1903 et en 1906; le Transvaal en 1907, la Rhodésie du sud en 1904 (2).

Les lois du Canada, de 1906, 1907 et 1908, sont un peu plus modérées. L'interdiction des illettrés fut votée par le Parlement local de la Colombie britannique en 1908. Mais elle fut déclarée inconstitutionnelle par la Cour suprême du Dominion (3).

En Europe, il n'y a point de législation semblable à celle des États-Unis et des colonies anglaises, mais il est incontestable que le protectionnisme ouvrier a fait, dans certains États, des progrès récents.

Bien qu'en apparence la loi anglaise du 11 août 1905 (*Aliens Act*) ne contienne pas de restriction touchant les ouvriers, il n'y a pas de doute qu'elle a été inspirée par des motifs de protectionnisme. Son auteur, M. J. Chamberlain, annonçait explicitement que ce n'était que le premier pas dans cette voie (4). Le projet fut combattu par toute l'opposition libérale et quelques députés ouvriers. L'occasion en avait été une crise de chômage

(1) Cité par Prato, *op. cit.*, p. 130.
(2) V. Prato, *ibidem*, p. 140 et suiv.
(3) *Ibidem*, p. 145.
(4) V. Prato, *op. cit.*, p. 221.

et de paupérisme à Londres, où l'on avait constaté la présence d'un grand nombre d'immigrants incapables de gagner leur vie. Les avocats du projet la représentèrent comme un remède à cette situation.

L'Act interdit l'entrée du pays (1) :

1° A ceux qui n'ont pas de moyens de subsistance. Dans la pratique, cela se borne à exiger pour tous les passagers de pont la preuve qu'ils possèdent une certaine somme d'argent (125 francs).

2° A ceux que leur état d'incapacité physique destine à tomber à la charge du public, tels que les individus atteints d'aliénation mentale ou d'imbécillité.

3° Aux condamnés de droit commun tombant sous le coup de l'extradition.

4° Aux expulsés.

La loi a pris soin, d'autre part, d'excepter expressément de la première catégorie l'individu qui prouve « qu'il cherche seulement à entrer dans ce pays soit afin d'éviter des poursuites exercées pour des motifs d'ordre politique ou religieux ou à raison d'un crime politique, soit pour échapper à des peines prononcées pour les mêmes motifs, soit pour fuir des persécutions de nature à mettre en péril sa vie ou sa liberté par suite de ses croyances religieuses » (2). Ainsi est sauvegardée l'antique hospitalité politique de l'Angleterre.

Le texte de l'Aliens Act ne contient évidemment rien de contraire au droit des gens. Il ne sort pas du cadre tracé par la résolution de l'Institut de droit international en 1897 (3). Mais on peut se demander s'il n'est

(1) V. N. W. Sibley et Alf. Elias, *The Aliens Act*, London, 1906. — V. aussi des mêmes auteurs, *Le droit d'asile en Angleterre depuis la loi sur les étrangers, Journal de droit international privé*, Clunet, 1907, p. 29.

(2) *Ibidem*, p. 32.

(3) V. *Annuaire de l'Institut*, 1898, et L. Olivi, *L'immigration au point*

pas un acheminement vers la politique prohibitionniste. Devant la commission d'enquête de 1902, nombre de *trade unions* ont affirmé leurs tendances hostiles aux ouvriers étrangers (1), et leur pression peut finir par imposer une révision de la loi pour l'introduction d'une clause contre les ouvriers engagés par contrat, clause présentée déjà en 1905 et rejetée seulement à la chambre des Lords (2).

Il est bon d'ajouter, cependant, que la loi paraît exécutée sans trop de rigueur, puisque, sur près de 500.000 individus débarqués dans le Royaume-Uni en 1911, on n'en a refoulé en tout que 949, dont 751 pour manque de ressources (3).

Sur le continent, l'échange de main d'œuvre entre nations prend, grâce aux facilités de communication, une intensité inconnue dans le passé. Les différences qui existent dans le taux d'augmentation de la population et plus encore les nécessités grandissantes de l'industrie et le délaissement de l'agriculture créent des courants de migration, non seulement à l'intérieur de chaque pays, mais hors des frontières. Naturellement aussi, l'émigration est plus souvent temporaire : ce sont les migrations saisonnières d'ouvriers agricoles, c'est aussi l'émigration quotidienne de districts-frontières.

Il y a aujourd'hui, dans les États de l'Europe, des pays importateurs de main-d'œuvre, comme la France, la Suisse, l'Allemagne, le Danemark et des pays expor-

---

de vue international et les délibérations de l'Institut de droit international. Revue de droit international et de législation comparée, t. XXX, p. 415.

(1) *Report of the Royal Commission on alien immigration*, t. I. London, 1903, p. 45 et suiv.

(2) Prato, *op. cit.*, p. 224.

(3) V. *Sixth Annual Report of H. M. Inspector under the Aliens Act, 1905, for the year 1911*. London, Wyman, 1912, cd. 6169.

tateurs, comme l'Italie, la Belgique, la Russie, l'Autriche-Hongrie. Leurs législations n'ont pas les mêmes tendances, mais les problèmes que nous avons vu se poser aux États-Unis se retrouvent ici (1).

Nous ne connaissons pas de loi continentale européenne contre les « indésirables ». Mais l'action de la police et l'expulsion individuelle en tiennent lieu.

En Suisse, par exemple, M. Prato assure que les excès de pouvoir de la police à l'égard des ouvriers étrangers, à l'occasion de grèves ou de désordres quelconques, sont fréquents et rendent leur situation en tout temps précaire. « Il arrive que, dans certaines parties de la Confédération, les gendarmes qui parcourent la frontière ont le droit absolu de renvoyer, à leur volonté, les immigrants les plus pauvres, sans que les malheureux aient une voie de recours ouverte auprès d'aucune autorité » (2). Malgré les réclamations des ouvriers indigènes, il n'y a pas dans les lois de disposition directement hostile aux ouvriers, mais tout étranger doit se munir d'un permis de séjour valable pour une période de un à douze mois, aisément révocable et sujet à une taxe qui peut se monter jusqu'à 20 francs (canton du Tessin).

En Allemagne, la situation est, à certains égards, semblable, mais, à d'autres égards, fort différente. D'une part, il est bien vrai que la législation ne porte

---

(1) L'antagonisme des points de vue s'est révélé d'une manière éclatante entre les délégués allemands d'une part et les délégués autrichiens et hongrois d'autre part aux sessions de Berlin, en 1909, et de Budapest, en 1910, des Associations économiques de l'Europe centrale. V. *Verhandlungen der mitteleuropäischen Wirtschaftsvereine in Berlin*, Berlin, 1909, et *idem in Budapest*, Budapest, 1910. Il y en a une analyse au *Bulletin de l'Association internationale pour la lutte contre le chômage*, 1912, n. 3, p. 369 et suiv.

(2) Prato, *op. cit.*, p. 199.

pas trace de protectionnisme ouvrier. Les organisations ouvrières n'ont guère d'influence ni sur les parlements, ni sur les gouvernements. Mais les polices des États particuliers usent de l'expulsion individuelle avec une rigueur inflexible (1). D'autre part, des mesures administratives récentes ont montré que, loin de faire prévaloir les intérêts de la classe ouvrière indigène contre la main-d'œuvre étrangère, l'autorité allemande se met au service des patrons importateurs d'ouvriers étrangers.

En effet, l'ordonnance du ministre de l'Intérieur de Prusse, en date du 4 décembre 1908, est venue généraliser l'ordonnance du 21 décembre 1907, qui obligeait les ouvriers étrangers entrant par la frontière autrichienne et russe à se munir d'une carte de légitimation coûtant 2 marks. Aujourd'hui donc la même obligation existe pour toutes les frontières. D'après l'exposé des motifs de cette ordonnance, on voulait non seulement posséder des moyens de surveillance plus complets à l'égard de ces ouvriers, souvent fauteurs de désordres et porteurs de papiers faux, mais on voulait protéger les employeurs contre les *fréquentes ruptures du contrat de travail*. Aussi, la carte de légitimation porte non seulement les détails nécessaires pour établir l'identité du porteur, mais le nom du patron, la nature et la durée de l'engagement. L'ouvrier ne peut prendre de l'ouvrage chez un autre patron que quand la carte porte, signée de l'autorité, la mention : « La période de travail chez .. à... est terminée ». Il est vrai que la police n'est pas seule juge et qu'en cas « d'opposition

(1) Il y a bien une loi prussienne qui impose aux ouvriers *polonais* de quitter le territoire du royaume du 20 décembre au 1er février de l'année suivante. C'est l'expulsion en masse. Mais elle est inspirée par des motifs politiques plus que par des motifs économiques.

à la modification de la carte », elle doit consulter le *Landrat,* à qui on recommande de s'entourer de tous les renseignements. Mais il y a plus. Ce n'est pas l'autorité administrative ou policière, ce ne sont pas les fonctionnaires de l'État qui remplissent les cartes de légitimation, ce sont les employés de la *Deutsche Feldarbeiter Zentralstelle* (aujourd'hui *Deutsche Arbeiter-Zentralstelle*), qui est une agence patronale d'embauchage d'ouvriers agricoles et industriels. Dans ces conditions, il est clair, comme dit M. Prato, que ce système arbitraire, bien loin de répondre aucunement à l'intérêt des clases ouvrières allemandes, « n'est qu'un expédient d'oppression capitaliste » (1). Il a pourtant été adopté pour tous les Etats de l'Empire, sauf la Bavière, le Wurtemberg, le Grand-Duché de Bade, l'Alsace-Lorraine et les villes de Brême et de Hambourg.

Toute différente a été l'intervention du législateur danois par sa loi du 21 août 1908 (2). Ici on a vraiment affaire à une loi de protection des ouvriers étrangers contre une série d'abus dont ils sont victimes, par suite de leur ignorance de la langue du pays, et par suite de leur exploitation par les intermédiaires et par les patrons.

On sait qu'il y a, en Danemark, une forte immi-

---

(1) *Op. cit.,* p. 202. V. circulaire de M. Davignon, ministre des affaires étrangères de Belgique, aux gouverneurs de provinces, en date du 15 février 1909. Cette circulaire contient en annexe les ordonnances prussiennes du 21 décembre 1907, 16 janvier, 4 décembre, 30 décembre 1908. V. aussi le *Bulletin de l'Association internationale pour la lutte contre le chômage,* 1912, n. 3, p. 369 et suiv., p 402 et suiv. et le rapport cité de M. Ferenczi, qui condamne le système exposé « comme un moyen d'oppression absolue des ouvriers étrangers de la part des employeurs », *ibid.,* p. 707.

(2) V. D. Warnotte, *La protection des ouvriers agricoles étrangers en Danemark. Questions pratiques de législation ouvrière,* 1908, p. 289 et suiv.

gration saisonnière d'ouvriers agricoles russes, suédois et surtout polonais. La loi fait à l'employeur qui engage des ouvriers étrangers une obligation de déclarer à l'autorité, dans les quatre jours de l'arrivée, leur nombre, leur nationalité, le nom de l'intermédiaire, la nature des travaux et la durée de l'engagement, la situation et la description des logements communs réservés à ces ouvriers. Dans les quinze jours, un contrat doit être rédigé, d'après la formule déterminée par la loi, et on doit s'assurer que l'ouvrier en a bien compris les termes. Le projet de loi portait même que le contrat devait être rédigé dans la langue de l'ouvrier et en danois. Mais le Rigsdag n'a pas adopté cet article. « Les contrats qui n'auront pas été passés dans la forme voulue pourront, s'ils ont été faits à l'étranger — car il arrive qu'ils soient passés en Pologne par des mandataires des patrons — être invoqués contre l'employeur, mais non contre les ouvriers. Par contre, les contrats faits en Danemark ne sont valables que s'ils ont été dressés dans la forme légale » (1). Le contrat doit contenir une série de stipulations déterminées par la loi : taux et mode de salaire, durée du travail, jours de repos, frais de voyage, etc. « Il est interdit à l'employeur de se faire reconnaître par ce contrat le droit d'imposer des amendes en cas de malfaçon, de négligence ou d'inconduite de la part des ouvriers. On n'a pas voulu, dit l'exposé des motifs, laisser à un seul des contractants le droit d'imposer des pénalités à l'autre et de se faire juge des cas dans lesquels ces pénalités devraient être appliquées » (2). Le patron n'est autorisé à retenir, à chaque règlement

(1) Warnotte, article cité, p. 294.
(2) *Ibid.*, p. 295.

de comptes, que « de petites sommes s'élevant ensemble à peu près au montant des frais de voyage de l'ouvrier ».

Le patron doit remettre un livret de salaires à l'ouvrier. Il est tenu de lui procurer les soins nécessaires si l'ouvrier devient malade. L'assurance-maladie et l'assurance-accident sont encouragées, sinon imposées.

Beaucoup d'abus résultaient des mauvaises conditions d'hygiène des baraquements construits ou aménagés à l'usage des ouvriers saisonniers. La loi prévoit une séries de mesures destinées à éviter ces abus.

Une loi du 1er avril 1912 est venue amender celle de 1908 sans en altérer les dispositions essentielles. Elle a simplifié le mécanisme de l'inspection, qui était trop dispersée, et étendu l'intervention de l'État en faveur de la caisse d'assurance maladie créée pour les ouvriers étrangers. Tous ces ouvriers doivent être assurés par les patrons auprès de cette caisse. L'État lui paye chaque année 50 öre par assuré, plus un sixième de toutes les cotisations, à concurrence d'une couronne par ouvrier. Les ouvriers doivent maintenant être assurés contre les accidents du travail (1).

Bref, nous avons ici l'exemple d'une protection spéciale des ouvriers étrangers, adaptée aux circonstances particulières où ils se trouvent. Loin de refouler la main-d'œuvre étrangère — dont l'utilité, la nécessité même est reconnue — on l'accueille, mais en ayant soin de mettre des obstacles à l'exploitation capitaliste. Peut-être cette protection est-elle une « charge » pour l'employeur, mais qui donc trouvera mauvais qu'on lui impose, en somme, le respect de la personne humaine?

---

(1) D'après une obligeante communication de M. D. Warnotte, bibliothécaire de l'*Office du travail* de Belgique.

Il est à souhaiter que l'exemple du Danemark soit suivi, et même consacré par des conventions internationales, car les États auxquels appartiennent ces émigrants sont à coup sûr intéressés à ce que leurs ressortissants soient humainement traités à l'étranger.

La France est un autre pays importateur de main-d'œuvre. Au recensement de 1906, le nombre des salariés étrangers (employés et ouvriers) était de 410.153 (1). Il s'agit là de la population présente au moment du recensement. Il y a, en outre, une immigration temporaire importante qui échappe au recensement : par exemple celle qui vient de Belgique, soit à l'époque de la moisson, ou du binage ou de l'arrachage des betteraves, soit quotidiennement dans les établissements industriels.

La loi du 1er août 1893 a été la première étape d'un protectionnisme qui menace de se développer. Elle ne vise pourtant pas seulement les ouvriers : elle s'applique à tous les étrangers exerçant une profession, un commerce ou une industrie. Ils doivent, dans les huit jours de leur arrivée, faire une déclaration, en justifiant de leur identité ; cette déclaration est portée dans un registre d'immatriculation, dont un extrait est délivré au déclarant contre 2 fr. 10 dans les communes de moins de 50.000 habitants, ou 2 fr. 30 dans les autres. En cas de changement de commune, l'étranger doit faire viser son certificat d'immatriculation dans les deux jours.

A la différence du décret de 1888, la loi du 1er août 1893 ne s'applique pas aux étrangers de passage. Il faut qu'il y ait *exercice régulier d'une profession,* et il

---

(1) *Résultats statistiques du recensement général de la population de 1906,* t. I, 1re partie. Paris, 1910, p. 23.

n'est même pas nécessaire que l'étranger ait sa résidence en France (1). La loi s'applique donc à tous les immigrants ouvriers temporaires. La loi n'exige pas de déclaration nouvelle toutes les fois que l'étranger, après avoir quitté la France, y rentre de nouveau pour y exercer sa profession, mais pour chaque séjour distinct, et il appartient au juge de décider en fait si telle est bien la nature du séjour nouveau (2).

Cette loi, qui s'intitule : *sur le séjour des étrangers et la protection du travail national* ne contient pas à proprement parler de dispositions protectionnistes. C'est dans son esprit, plutôt que dans son texte, qu'il faut trouver une véritable tendance. Le projet renfermait, en effet, un article frappant les ouvriers étrangers d'une taxe. Le ministre des affaires étrangères le fit repousser, en invoquant les traités de commerce et d'établissement. Mais cela n'a pas découragé les protectionnistes ouvriers. Nombreuses, depuis lors, ont été leurs propositions. On peut les classer en trois catégories : les unes veulent frapper directement l'ouvrier étranger, telles sont les propositions Brice (18 juillet 1898) et de Montfort (18 novembre 1898); les autres veulent frapper l'employeur : tel, l'amendement déposé par M. Ceccaldi le 23 décembre 1909 au tarif général des douanes et voté par la Chambre : « Tout industriel ou commerçant, occupant plus de cinq ouvriers ou employés n'ayant pas une résidence habituelle en France, sera soumis à une taxe dont le montant et les conditions de recouvrement seront déterminés dans la loi de finances. Cette taxe ne pourra, en aucun cas,

(1) V. jugement Nancy, 5 avril 1894, D., 95. 2. 57.

(2) V. Baudry-Lacantinerie et Houques-Fourcade, *Traité du droit civil, Des personnes,* t. I, n. 630, p. 633 et la jurisprudence citée en note.

excéder la surcharge imposée aux ouvriers français, par rapport aux ouvriers étrangers des pays limitrophes, par les droits de douane français sur les objets d'alimentation ». On sait que cet amendement souleva une très vive émotion en Belgique : il venait s'ajouter aux rigueurs nouvelles du tarif des douanes, et il n'en fallut pas davantage pour provoquer des projets de « représailles », douanières et autres, heureusement abandonnés à la suite de l'attitude prise par le Sénat français. L'amendement Ceccaldi fut repoussé à la presque unanimité. Le rapporteur avait déclaré : « la Commission des douanes met un droit sur les marchandises, mais n'en met pas sur les personnes ».

D'autres propositions enfin tendent à limiter le nombre des ouvriers étrangers qui peuvent être employés dans les établissements français et à interdire aux patrons de leur donner des salaires inférieurs à ceux des ouvriers français. Telle est la proposition Coutant de 1903, reproduite à chaque législature.

Ainsi s'accentue la politique hostile à la main-d'œuvre étrangère. Elle s'alimente à deux sources : au sentiment nationaliste et chauvin, d'une part, et au protectionnisme doublé de « l'égoïsme corporatif » de certains syndicats, d'autre part.

Nous n'essaierons pas de rencontrer les arguments de ceux que des passions ou des intérêts rendent obstinés, mais nous nous replacerons sur le terrain des principes du droit des gens et de l'économie politique.

C'est au nom de son droit de conservation que la France voudrait refouler la main-d'œuvre étrangère, à raison du tort fait à la classe ouvrière indigène par une concurrence au rabais, à raison aussi de la dépression du niveau de la vie qu'exerce la présence des ouvriers étrangers.

Mais nulle part on ne voit mieux, au contraire, le rôle éminemment utile au point de vue économique de la main-d'œuvre étrangère. Prenons, par exemple, l'immigration par la frontière belge, l'une des plus attaquées. Elle est surtout une immigration temporaire : 60.000 Flamands viennent travailler périodiquement comme ouvriers agricoles, et 25 000 (1) autres viennent quotidiennement travailler comme ouvriers industriels. Grâce à nos abonnements de chemins de fer à tarif extrêmement réduit, ils peuvent se rendre au lieu de leur travail et rentrer chez eux le jour même (2). Ils emportent avec eux leur nourriture, ne font aucune dépense en France et reviennent le soir après avoir gagné un salaire qui peut être inférieur au salaire normal des ouvriers français, mais qui est supérieur à celui qu'ils auraient gagné en Belgique. A un certain point de vue, on comparerait cette invasion aux raids, aux incursions primitives sur le territoire des voisins où l'on allait enlever du butin. On peut dire aussi que ces immigrants n'apportent aucun idéal de culture, aucun aspect de vie sociale supérieure dont le contact soit un bénéfice. Le seul exemple qu'ils apportent est celui de l'âpre ténacité au travail et de la plus noble endurance.

La concurrence qu'ils font aux ouvriers indigènes, c'est ce qu'on voit. Ce qu'on ne voit pas, c'est le service rendu et à cette population même et au pays entier. En effet, c'est pour suppléer à une main-d'œuvre qui, positivement, fait défaut, qu'ils sont si bien accueillis dans les usines comme aux champs. Si nos « aoûteux » flamands trouvent aisément de l'emploi, c'est que le rural

---

(1) *Recensement général de la population*, 1906, t. I, 3e partie, p. 29.

(2) V. mon livre : *Les abonnements d'ouvriers sur les lignes de chemins de fer belges et leurs effets sociaux*. Bruxelles, 1910.

français a déserté les campagnes en laissant, selon l'expression de M. René Bazin, « mourir la terre ». Dès lors, en regard de la concurrence faite à l'ouvrier français, il y a le service rendu à la communauté française. Contre le salaire payé, il y a de la richesse créée : moissons engrangées, produits fabriqués restent acquis à l'économie nationale. Ne comparez donc pas nos « conquérants » à des envahisseurs primitifs ; ceux-ci ne laissaient que ruines derrière eux ; ceux-là sont, en un certain sens, des bienfaiteurs. Du moins, ils représentent l'aide d'une nation prolifique à une nation qui l'est moins (1).

Il y a plus. Par suite de la division du travail et de la sélection qui s'opèrent entre les deux classes d'ouvriers, comme nous l'avons déjà signalé, il y a service rendu à la classe ouvrière indigène même, service du même ordre que celui des machines. Les immigrants se chargent des travaux les plus rebutants et les plus rudes, laissant aux régnicoles les besognes plus aisées et mieux rémunérées.

Enfin, d'un point de vue plus général, la mobilité de la main-d'œuvre et sa variété sont évidemment favorables à une meilleure production.

Nous pouvons donc dire que tout n'est pas à condamner dans l'immigration d'ouvriers étrangers, et qu'il y a, pour l'État, un compte à dresser des avantages et des inconvénients qu'ils apportent.

---

(1) Le *Bulletin* déjà cité de l'Association internationale du chômage, étudiant p. 521 et suiv. la main-d'œuvre étrangère en France, conclut ainsi : « En résumé, l'emploi de la main-d'œuvre étrangère en France ne paraît guère présenter d'inconvénients, au point de vue qui nous occupe, que dans certaines professions et dans certaines localités. Pour l'ensemble du marché du travail, il semble, au contraire, qu'un certain pourcentage de main-d'œuvre étrangère soit indispensable pour parer à l'insuffisance numérique de la main-d'œuvre française ».

Le protectionnisme commercial et le syndicalisme se donnent la main dans le protectionnisme ouvrier. Il semble tout naturel au premier de « protéger la main-d'œuvre nationale » après avoir protégé « l'industrie » nationale sans voir le préjudice qu'il cause même à celle-ci en élevant son prix de revient. Il paraît nécessaire au second de défendre ses conquêtes en matière de salaires contre des briseurs de grèves et des concurrents au rabais (1), sans voir qu'ils ne sont pas tous ni des concurrents ni des supplanteurs. Mais il est permis de penser que l'un et l'autre confondent des intérêts privés ou de classe avec l'intérêt général que représente le consommateur, et que l'État doit pouvoir se dégager de ces mesquines suggestions.

Il y a, en effet, des préoccupations plus élevées. Ne peut-on songer, et c'est particulièrement ce cas pour la France, au bénéfice politique du mutuel commerce et de l'échange des populations? Croit-on que c'est en vain qu'une grande nation est accueillante et hospitalière? Croit-on qu'elle ne perdrait rien à abandonner des mœurs séculaires qui ont contribué à lui attirer des sympathies et à accroître son prestige?

D'ailleurs, même au point de vue de l'intérêt immédiat de la classe ouvrière organisée, il y a des remèdes à la concurrence étrangère. Ils sont de deux ordres. D'une part, la protection légale doit s'étendre aux immigrants dans la voie indiquée par la législation danoise. C'est le devoir de l'État de faire en sorte que les conditions du travail, y compris le salaire, soient dignes de la personne humaine. D'autre part, il y a l'organisation syndicale des immigrants en associations qui leur sont propres,

(1) V. Paul Gemähling, *Travailleurs au rabais. La lutte syndicale contre les sous-concurrences ouvrières*. Paris, 1910, p. 187 et suiv.

indépendantes ou rattachées à des associations de leur pays : elles auraient pour effet d'éveiller ou de maintenir en eux la conscience de leurs intérêts professionnels, les instruiraient de leurs droits, les empêcheraient de se louer au rabais, les aideraient de toute façon et les arracheraient à une exploitation excessive.

CHAPITRE II

L'ouvrier national à l'étranger

Nous avons envisagé jusqu'à présent la situation légale de l'ouvrier étranger sur le territoire national. Mais la situation inverse mérite l'examen.

Quand un ouvrier se rend à l'étranger pour y vivre de son travail, soit passagèrement, soit pour une période plus ou moins longue, l'État auquel il appartient n'a-t-il pas d'obligations envers lui ?

Tout d'abord, avant même qu'il quitte le territoire, on peut dire que ces obligations commencent, et elles ont déjà été reconnues par la pratique moderne ; telles sont toutes les mesures prises pour empêcher le départ inconsidéré des émigrants, pour leur procurer des informations sûres, les mettre en garde contre la réclame intéressée des agents d'émigration, assurer l'hygiène et la sécurité de leur transport. Le gouvernement italien a, sous ce rapport, créé un service qui n'a son pareil dans aucun État du monde (1).

(1) V. *Ministerio degli Affari Esteri. Commissariato dell' Emigrazione. Legge e regolamento sull' emigrazione e R. Decreto sul rilascio dei Passaporti per l'estero.* Roma, 1910, et *Leggi, regolamenti e norme complementari della legge sull' emigrazione.* Roma, 1910. Le *Bollettino dell' Emigrazione* publié par le commissariat de l'émigration est une source inépuisable de documents. On sait que l'émigration italienne est en ce moment, et de beaucoup, la plus forte de celles de tous les États européens. D'après la statistique dressée par la Direction générale de la statistique, qui

Mais il faut dire davantage. Le refoulement justifié des véritables indésirables — aliénés, malades, incapables de gagner leur vie — devrait avoir sa contre-partie chez les États auxquels les émigrants appartiennent. Il est évidemment contraire à la courtoisie internationale, contraire aux égards que les États se doivent entre eux, qu'une nation fasse ou laisse sortir de chez elle des individus qui ne sont que des charges. Le droit des gens moderne condamne le bannissement ou la perte de la nationalité à titre de peine. Il doit condamner aussi l'exode, toléré ou provoqué, des malfaisants et des candidats à l'assistance. Je considère donc comme nécessaire une inspection des émigrants au point de vue indiqué. Je ne doute pas même qu'on en arrive plus tard, — si la tendance observée dans la loi anglaise se généralise — à conclure des traités ayant ce double but : limiter d'une part, chez l'État importateur, les catégories d'indésirables, et imposer, chez l'État exportateur, des conditions de sortie. Je dirai volontiers avec M. Ferenczi : « Le temps viendra certainement où l'on ne comprendra plus que l'on ait pu laisser partir des gens au petit bonheur sur la vaste terre sans même leur donner d'indications sur la possi-

---

repose sur les déclarations faites au domicile de l'émigrant, le nombre total des émigrants s'est monté :

en 1910, à 651,475, dont 402,779	dans les pays	transocéaniques.
en 1909, à 625.637, dont 399.282	»	»
en 1908, à 486.674, dont 288.573	»	»
en 1907, à 704.675, dont 415.901	»	»
en 1906, à 787.977, dont 511.935	»	»

Les chiffres sont moins forts à la statistique du Commissariat de l'émigration, ce qui se comprend. D'après une récente statistique des Italiens se trouvant à l'étranger, il y en aurait 5.557.746, dont 900.562 en Europe, 191.919 en Afrique, 12.500 en Asie, 4.445.056 en Amérique et 7.709 en Océanie (V. *Bolletino dell' Emigrazione*, 1912, n. 1).

bilité de gagner leur vie, alors que l'on veillait minutieusement à la destinée des marchandises expédiées. De même qu'aujourd'hui on fait des traités de commerce et de douane pour régler le marché des denrées, de même un jour la circulation des hommes sera réglée par des traités internationaux » (1).

En se reconnaissant des obligations envers les individus qui veulent émigrer, l'État assume d'autre part la charge de pourvoir, chez lui, à une assistance convenable de ses incapables. Les pensions de vieillesse et d'invalidité, la loi française d'assistance aux vieillards, par exemple, réalisent déjà en partie ce postulat.

Supposons maintenant que l'ouvrier ait quitté le territoire. L'État n'a-t-il plus à s'en préoccuper ?

Le développement du droit des gens moderne nous montre que la protection de ses nationaux à l'étranger s'impose de plus en plus à l'État comme un devoir strict et important. Les liens que la nationalité crée entre l'État et ses sujets deviennent de plus en plus solides. Quelque destitué, quelque misérable qu'il soit, le national prolonge et représente en quelque mesure son pays à l'étranger.

On sait tout ce que comportent ce droit et ce devoir de protection en temps de paix. Non seulement la méconnaissance des droits primordiaux de l'individu, comme les atteintes à sa vie, à la sécurité de sa personne, à sa liberté d'aller et de venir, donnent ouverture à l'action de son État, mais même la défense de ses intérêts matériels, la lésion de ses droits patrimoniaux. On a vu des cuirassés prendre la mer pour assurer à des créanciers, à des banques, à des adju-

(1) *Bulletin* cité de l'Association internationale du chômage, 1912, n. 3, p. 665.

dicataires de travaux publics, le paiement de leurs créances.

Les agents du service consulaire ont spécialement pour mission de veiller à la défense des intérêts privés de leurs ressortissants. Ils leur doivent leurs bons offices, des conseils, des avis et même le secours d'une intervention officielle. Plus qu'à tous autres, ils les doivent à leurs nationaux ouvriers, parce que ceux-ci sont généralement des pauvres, c'est-à-dire des faibles économiquement, susceptibles d'être exploités et trompés, et parce qu'ils sont généralement aussi des ignorants, facilement abusés.

Plus d'un gouvernement, certes, a compris ce devoir. Nous citerons, par exemple, le gouvernement belge et le gouvernement italien. Le gouvernement belge fait distribuer aux ouvriers flamands qui se rendent en France une brochure contenant nombre d'indications utiles sur les documents dont ils doivent se munir, la compétence de nos consuls en matière d'état civil, de notariat, le service international de la caisse d'épargne, les secours aux indigents; la même brochure expose le mécanisme de la loi française sur les accidents du travail et elle contient des types de contrats de louage d'ouvrage. A de nombreuses reprises le gouvernement a envoyé des instructions détaillées aux agents du service consulaire. Récemment, un rapport sur le budget des affaires étrangères réclamait d'eux la connaissance du flamand. On sait, d'autre part, que le gouvernement appuie l'action d'associations privées ayant pour but de prêter secours et assistance aux Flamands en France.

Quant à l'Italie, elle institue dans les pays vers lesquels se dirige de préférence l'émigration italienne des offices de protection, d'information et de placement (*arriamento al lavoro*), organisés par le ministère des Affaires étrangères, d'accord avec les gouvernements étrangers (1). En outre, le même département entretient des inspecteurs d'émigration ambulants (*ispettori d'immigrazione viaggianti*) dans les pays d'émigration, et il a la faculté de déléguer à ce service des agents du service consulaire (2). Ainsi s'opère une spécialisation administrative qui ne peut être que profitable à ces services.

Mais les mesures dont nous parlons sont relatives à l'émigration en général, et sont prises unilatéralement par l'État des émigrants.

Il en existe d'autres, d'ordre international et se rapportant spécialement aux ouvriers. Nous voulons parler de l'arrangement du 15 juin 1910, entre la France et l'Italie, « pour la protection des jeunes ouvriers français travaillant en Italie et de jeunes ouvriers italiens travaillant en France » (3). Cet arrangement est une des suites du traité franco-italien du 15 avril 1904, que nous aurons à étudier plus tard (4). L'article 2 de ce traité prévoyait que les gouvernements contractants détermineraient « la nature des pièces à présenter aux consuls italiens par les jeunes Italiens embauchés en France, ainsi que la forme des certificats à fournir aux mairies par les dits consulats ». Il prévoyait aussi l'organisation de comités de patronage en faveur des jeunes ouvriers émigrés.

---

(1) Loi sur l'émigration du 31 janvier 1901, art. 12.

(2) *Id.*, et l'art. 34 du règlement pour l'exécution de cette loi, qui institue quatre inspecteurs d'émigration ambulants, trois dans les pays transocéaniques, et un pour les autres principaux centres d'émigration italienne.

(3) V. *Bulletin de l'Office international du travail*, 1910, p. 479 et suiv.

(4) V. Appendice n° III et *infra*, IIe partie, chap. II, sect. I, § 2.

Disons tout de suite que ces dispositions avaient de l'intérêt surtout pour l'Italie : un grand nombre d'enfants italiens accompagnent en effet leurs parents ouvriers allant travailler en France ou y sont embauchés directement (1), tandis qu'il y a peu de jeunes ouvriers français en Italie.

Déjà, lors des négociations du traité de 1904, le gouvernement italien avait indiqué que sa principale préoccupation était d'assurer une protection efficace aux enfants engagés en France comme verriers. Dans ce but, il aurait voulu que le certificat d'admission au travail ne leur fût délivré en France qu'à quinze ans, alors que la législation en vigueur permet au maire d'accorder ce certificat à l'enfant âgé de treize ans, et même de douze ans, s'il a terminé à cet âge ses études primaires.

Mais on reconnut qu'il était impossible de déroger à une loi formelle dans une convention diplomatique ; en outre, c'eût été étendre la portée de l'arrangement qui, d'après le traité, ne devait porter que « sur la nature des pièces à présenter aux consulats ». On décida donc de s'en tenir aux termes du traité.

L'article 1er de l'arrangement consacre le principe de l'application de la loi territoriale aux enfants étrangers travaillant sur le territoire de l'un des deux États. Une série de dispositions intéressantes déterminent la forme des certificats à produire ; l'une d'elles exige notamment que le certificat consulaire soit muni d'une photographie de l'intéressé pour éviter une fraude fréquente,

(1) C'est particulièrement parmi les enfants étrangers que l'inspection du travail rencontre des enfants n'ayant pas l'âge d'admission. V. *Rapport sur l'application des lois réglementant le travail en 1909*, p. XV et XXX. *Idem* en 1910, p. XIX. « En ce qui concerne l'emploi des enfants italiens dans les verreries de la Loire, la situation tendrait à s'améliorer ».

qui consiste à substituer un enfant à un autre pour obtenir l'admission au travail.

Pour répondre aux vœux du gouvernement italien, les négociateurs français acceptèrent d'introduire dans l'arrangement des dispositions de nature à protéger les jeunes ouvriers contre les travaux spécialement dangereux ou insalubres, notamment dans les verreries. L'article 8 porte : « En ce qui concerne les verreries et cristalleries, les travaux dangereux et insalubres interdits aux enfants en Italie, à la date de la signature de l'arrangement, seront interdits aux enfants en France et réciproquement ». Les difficultés provenaient surtout des différences existant dans les deux législations en ce qui concerne la désignation des travaux interdits aux enfants et les âges-limites de la protection. Il est entendu que les deux gouvernemeuts feront leurs efforts pour unifier, par voie de réglementation intérieure, ce qui pourra être unifié.

L'institution de comités de patronage des enfants ouvriers immigrés est la clause la plus intéressante de cet arrangement, parce qu'elle indique clairement que le devoir de protection *internationale* est senti par les deux gouvernements. Ils sont convenus (art. 9) d'organiser dans les grands centres industriels des comités de patronage comprenant des personnes de la nationalité des jeunes ouvriers. Le sous-préfet, le maire et l'inspecteur du travail sont *de droit* membres de ces comités. Leurs attributions sont de veiller :

1° A la stricte application des lois et règlements relatifs au travail des jeunes ouvriers italiens ou français. A cet effet, ils ont le droit de signaler aux inspecteurs du travail toutes les infractions qui parviendraient à leur connaissance, et tout spécialement les cas où les jeunes ouvriers seraient chargés d'un travail excédant leurs forces ;

2° A l'observation rigoureuse des dispositions légales relatives au certificat d'aptitude ;

3° A l'application des lois sur l'instruction primaire obligatoire ;

4° A ce qu'un traitement équitable et humain soit appliqué aux jeunes ouvriers logés en dehors de leur propre famille et que l'hygiène et la moralité soient respectées en ce qui les concerne — naturellement, le tout « avec l'appui de l'autorité compétente et dans les conditions prévues par les lois nationales respectives ». Les comités ont le droit de « déférer les faits » aux autorités locales dans le cas où les conditions d'alimentation, d'habillement ou de logement seraient reconnues défectueuses.

Il y a plus : le dernier alinéa de cet article 9 permet aux comités, le cas échéant, « d'étendre leur patronage *aux ouvriers de tout âge*, Italiens en France et Français en Italie ».

Nous avons cité avec quelque détail cet arrangement international, parce qu'il est caractéristique de la protection ouvrière hors frontières. On y voit à merveille les États s'intéresser au sort de leurs nationaux que la misère a chassés et qui se trouvent régis par les lois ouvrières de l'étranger. On y voit aussi l'État du territoire reconnaître à des organes spéciaux, comprenant entre autres des étrangers, des droits de surveillance ou tout au moins de collaboration au sujet de l'application des lois du travail.

Les comités de patronage en question n'ont pas encore été créés, l'arrangement n'étant pas définitivement ratifié. Il sera hautement intéressant d'en suivre le fonctionnement. Ils peuvent avoir une action efficace et salutaire en matière d'application de la législation du travail. La portée de l'arrangement franco-italien dépasse d'ailleurs de beaucoup le champ restreint de son application : des principes y sont déposés qui ne feront certainement que se développer dans l'avenir.

On ne lit pas sans effroi la description d'une soi-disant « école d'apprentissage de verrerie » que fait l'inspecteur du travail de Valenciennes dans son rapport pour **1910**, et où se trouvaient notamment des enfants belges, recrutés à Bruxelles. On croirait être revenu aux débuts du XIXe siècle en Angleterre, et aux « apprentis » des paroisses logés dans les usines (1). En outre, « depuis quelque temps, dans la région parisienne notamment, des enfants espagnols ont fait leur apparition ». On comprend donc que la Commission supérieure française ait émis le vœu que les garanties de l'arrangement franco italien soient étendues aux enfants des autres nationalités étrangères.

---

(1) Le salaire de début est de 2 francs par jour, soit 50 francs par mois pour les 25 journées de travail. L'apprentissage est de six mois. Mais on ne fait pas un ouvrier en un laps de temps si court et ce délai n'a d'autre but que de permettre au directeur de rentrer dans les frais de voyage qu'il est tenu de rembourser à l'expéditeur de Paris ou d'ailleurs... « Sur son salaire, déduction faite des frais de pension, il reste à l'enfant 6 francs, 9 fr. 25, 12 fr. 50, somme que l'on dénomme gain mensuel. On y fait encore des retenues. La sévérité des gardiens et le travail exténuant de douze heures par jour, ou par nuit, font de l'existence de ces enfants, un enfer ». Le dimanche, comme ils n'ont la plupart que des vêtements de travail, véritables haillons, et pour chaussures des espadrilles ou des sabots, on s'oppose à leur sortie qui ne manquerait pas de soulever des critiques et de déprécier l'œuvre. Quelques enfants se sont enfuis et ont été retrouvés sans un sou, mourant de faim et de froid dans la saison d'hiver. Que peuvent devenir ceux qui restent? Sur 900 à 1.000 enfants qui ont passé par cette école d'apprentissage, cinq ou six au plus sont devenus verriers. Ce sont ceux-là qu'on présente. Mais les autres!...... ». V. *Rapport pour 1910*, p. XVII-XIX, 136 et suiv.

DEUXIÈME PARTIE

L'ouvrier étranger et les lois protectrices du travail.

Supposons l'ouvrier admis à séjourner sur le territoire d'un État qui n'est pas le sien. Va t-il être soumis comme le national à toutes les lois protectrices du travail, ou, si l'on veut, va-t il profiter d'une protection qu'il ne connaissait pas quand il résidait dans sa patrie? Inversement, sera-t-il autorisé à invoquer ses lois nationales?

Ces deux questions ne sont que les deux faces d'une seule autre : quelle est l'étendue de la souveraineté des États en matière de protection ouvrière?

Ainsi sommes-nous ramenés au problème fondamental du droit international privé, qui est de séparer le domaine où la loi est absolue de celui où elle est relative, d'indiquer aussi le champ de l'autonomie de la volonté et celui de l'ordre public international.

On sait assez qu'il n'est pas possible d'en formuler une solution générale. Il convient donc d'examiner une à une toutes les lois ouvrières au point de vue qui nous intéresse. Nous les grouperons, à cet effet, de la manière suivante :

En premier lieu, nous placerons celles qu'on appelle

les lois de police de l'industrie, ou protection légale *sensu stricto*.

Ensuite, viendra le droit du louage de travail, c'est-à-dire l'intervention de la loi dans le jeu des accords du patron et de l'ouvrier.

Puis, nous aurons à examiner le droit des assurances sociales de tout genre, qui forme une section si bien séparée de la législation du travail, où le conflit des lois ainsi qu'un régime spécial réservé aux étrangers soulèvent tant de questions délicates.

Le droit d'association doit être étudié ensuite, pour autant qu'il affecte la vie ouvrière. Nous y rattacherons le droit de coalition.

Nous dirons encore quelques mots du droit de l'assistance, qui, sans rentrer positivement dans la protection légale du travailleur, en est un complément, où se mêlent d'intéressantes questions internationales.

L'assistance est, à certain point de vue, une faveur. Il y en a d'autres, accessibles même à des étrangers, et à raison de leur qualité d'ouvriers; ce sera l'objet de notre dernier chapitre.

CHAPITRE PREMIER

Lois de protection « sensu stricto » ou lois de police de l'industrie.

Dans son *Traité élémentaire de législation industrielle* (1), notre éminent collègue M. Paul Pic rattache les lois protectrices du travail à une double mission de l'Etat, à son droit de *police* et à son droit de *tutelle*. Il fait dériver du premier : le droit d'association, la prohibition des accaparements, la réglementation des établissements industriels au point de vue de la sécurité et de l'hygiène, les monopoles légaux, les lois sur les poids et mesures et les falsifications de denrées, enfin, l'organisation de juridictions spéciales à l'industrie.

Du droit de tutelle, à la fois morale et économique, viendraient l'organisation et les subventions à l'enseignement technique, aux musées, etc., les mesures relatives à la conservation des richesses naturelles et la libre circulation des produits, puis l'intervention de l'État dans les rapports des patrons et des ouvriers, en vue d'assurer à l'ouvrier l'intégralité de son salaire, réglementer le travail des femmes, des enfants et même des adultes, enfin les assurances ouvrières.

Cette division, toute justifiée qu'elle est dans un traité

---

(1) N. 63, p. 48 de la 3e édition. Paris, Rousseau, 1909.

de législation industrielle, ne convient pas au droit international ouvrier. D'une part, nous ne devons pas perdre de vue que le centre de nos préoccupations est l'ouvrier; d'autre part, nous avons à étudier l'action de la loi dans les relations internationales, ce qui nous limite à ses effets vis-à vis de l'ouvrier étranger sur le territoire national ou vis à-vis de l'ouvrier à l'étranger.

Nous abandonnerons donc le lieu de la législation à la double mission de l'État, d'autant plus « qu'il n'est pas toujours facile de déterminer en vertu de quel pouvoir, pouvoir de police ou pouvoir de tutelle, l'État intervient dans telle ou telle hypothèse donnée » (1). Nous nous en tiendrons à la distinction fondamentale du droit international privé, qui cherche avant tout quelles sont les dispositions d'ordre public international et celles qui ne le sont pas, et si nous employons l'expression de lois de « police », ce sera plutôt dans le sens de l'article 3, alinéa 1er, du Code Napoléon.

§ I. *Ouvrier étranger sur le territoire national.*

Une série de lois ouvrières organisent ce qu'on pourrait appeler la protection au sens strict.

Telles sont celles qui réglementent les conditions du travail dans les ateliers en général, en vue de la santé et de la sécurité des ouvriers : la loi française du **12** juin **1893**, amendée le **11** juillet **1903**, la loi belge du **2** juillet **1899** par exemple. Qu'elles s'appliquent à toutes les industries, comme les lois précitées, ou à quelques-unes seulement, comme les lois et règlements relatifs aux industries dangereuses, incommodes ou insalubres, comme la loi française de **1810** sur les

(1) Paul Pic, *Traité*, n. 588, p. 428.

mines ou l'arrêté royal belge du 29 janvier 1863, le but est le même : il s'agit de l'hygiène publique.

Nous y rattacherons les lois déterminant les conditions du travail de l'enfant, de l'adolescent, de la femme, ou la durée du travail — durée hebdomadaire (lois sur le repos hebdomadaire ou dominical, loi belge du 17 juillet 1905) ou durée journalière : lois françaises des 9 septembre 1848, 7 décembre 1874, 2 novembre 1892, 30 mars 1900, 29 décembre 1900, loi belge du 31 décembre 1909 sur la durée du travail dans les mines. Leur but est encore de protéger la race contre la dégénérescence, de sauvegarder la santé et la force de la population laborieuse en général.

Toutes ces dispositions légales sont au premier chef d'ordre public international, et l'idée ne viendra à personne d'y soustraire l'ouvrier étranger, ou, si l'on veut, de lui en enlever le bénéfice, si la législation de son pays est différente. L'intention du législateur a bien été qu'elles s'appliquent à tous ceux qui se trouvent sur le territoire, car, sans cela, elles seraient sans effet. Conçoit-on que le magasin, l'atelier, la mine, restent ouverts pour les ouvriers étrangers, alors qu'ils doivent être fermés pour les nationaux ? Et à supposer que cela fût possible, dira-t-on que les lois protégeant la santé ont été édictées au profit exclusif des travailleurs nationaux ou de la race nationale ? Ce serait une erreur évidente. On ne peut pas admettre que des distinctions soient faites entre nationaux et étrangers en matière de santé et d'hygiène. L'État a intérêt à ce que la condition physique, même des étrangers, ne soit pas dégradée par l'abus de leur force de travail, à ce qu'ils ne contractent pas de maladies professionnelles, contagieuses ou héréditaires, à ce qu'ils ne tombent pas à charge de la bienfaisance publique. La forme même sous laquelle s'exprime le protection ouvrière exclut toute solution contraire : les lois en question imposent des *obligations* aux employeurs — obligations qui sont générales et non relatives aux seuls nationaux. Enfin, la classe ouvrière indigène aurait le droit de se plaindre de ce qu'une prime fût établie à l'emploi de la main-d'œuvre étrangère, si celle-ci échappait aux prescriptions de la protection légale.

§ II. *Ouvrier national à l'étranger.*

Lois de police au sens de l'article 3, alinéa 1er, du Code civil, ces lois protectrices *sensu stricto* ne s'appliquent pas, en principe, hors du territoire.

La loi française ne permet d'employer des enfants dans l'industrie qu'à treize ans, à moins qu'ils n'aient un certificat constatant qu'ils ont reçu l'instruction primaire. Semblable disposition n'existe pas en Belgique : l'âge d'admission est de douze ans. Il n'y a pas de doute qu'un employeur belge peut, sans s'exposer à aucune poursuite ni en France — ni en Belgique —, occuper des enfants français de douze ans. Il ne s'agit pas ici de statut personnel, et la loi reste strictement territoriale.

On peut imaginer, cependant, que, même en dehors de toute réciprocité ou de tout traité, une conception plus rigoureuse et plus conséquente de la loi protectrice conduise à ce que l'État ne se désintéresse pas entièrement de son application à l'étranger. Certains cas pourraient, à coup sûr, être considérés comme frauduleux. Il faut supposer, pour cela, la violation intentionnelle de la loi par un national vis-à-vis de nationaux concitoyens, à l'étranger. Qu'un employeur embauche, dans son pays, des petits enfants n'ayant pas l'âge d'admission au travail industriel, et qu'il fonde, dans un pays voisin assez barbare pour n'avoir point de loi protectrice, un établissement destiné précisément à exploiter cette main-d'œuvre infantile, n'y a-t-il pas là un véritable délit commis à l'étranger contre des nationaux? La loi belge du 17 avril 1878, qui forme le titre préliminaire du Code de procédure pénale, prévoit des poursuites contre le Belge qui, hors du territoire, se sera rendu coupable d'un crime ou d'un délit contre un Belge. La Cour de cassation a fait application de cet article au témoin d'un duel commis à l'étranger, entre Belges (1). Ne pourrait-on appliquer les mêmes principes dans notre hypothèse? Qu'on ne dise pas que le délit n'est pas commis *contre* les ouvriers, que ceux-ci sont plutôt des *complices*. N'en est-il pas de même des témoins d'un duel? Il y a là, à tout prendre, une infraction d'ordre général, dont on conçoit très bien que l'État demande compte à ses nationaux.

Pour que cette hypothèse se réalise, il faut nécessairement supposer que les poursuites aient lieu sur le territoire national, que ce soient les agents de l'État d'origine de l'employeur et des ouvriers qui verbalisent.

Le cas inverse n'est évidemment pas possible : des tribunaux belges ne condamneront pas un directeur de charbonnage anglais, qui aurait occupé des ouvriers anglais plus de huit heures par jour en Belgique, contrairement à la loi anglaise. Il est clair qu'une loi de police étrangère n'a pas force obligatoire sur le territoire national.

---

(1) Cass., 18 novembre 1890, *Pasicr.*, 90. 1. 21.

CHAPITRE II

Lois relatives au louage de travail (1).

Parmi les lois protectrices du travail, il en est qui organisent le contrat intervenu entre le patron et l'ouvrier, soit dans le but d'interpréter leur volonté ou d'y suppléer, soit dans le but d'y tracer des limites.

Ces lois sont de droit civil, à la différence des lois de police de l'industrie, qui sont de droit public au sens large du mot. Il en résulte que leurs dispositions ne sont pas toutes impératives ou absolues. La volonté des parties, les usages des lieux peuvent y déroger.

Au point de vue qui nous occupe, nous avons à rechercher celles qui s'imposent aux étrangers sur le territoire, au national à l'étranger, et celles qui ne s'imposent pas impérativement

(1) Nous essayons de réagir contre la dénomination courante de « contrat de travail » à l'exemple de M. Planiol, *Traité élémentaire de droit civil*, 5e édit., 1904, t. II, n. 1326 : « Cette expression (contrat de travail) a sans doute une vertu cachée, car c'est d'elle qu'on se sert le plus souvent dans le monde parlementaire. En droit, elle n'a pas plus de raison d'être que l'expression symétrique « contrat de maison », si on l'appliquait au louage des choses. Le travail pouvant faire l'objet de plusieurs contrats très différents (louage, entreprise, société, prestation gratuite), le plus simple bon sens exige qu'on prenne au moins la peine de dire duquel on parle; mais c'est une chose qu'on n'obtiendra jamais, je le crains. Il n'y a qu'une seule expression qui ait une valeur scientifique, c'est celle de « *louage de travail* ».

§ I. *Capacité des parties.*

Il n'y a pas de raison pour s'écarter, en ce qui concerne le louage de travail, des principes généraux. La capacité des parties sera donc régie par leur loi nationale. Le contrat étant un acte de commerce de la part du patron, celui-ci devra avoir la capacité de faire les actes de commerce d'après la loi de son pays. Au regard de l'ouvrier, le contrat est civil, et c'est la capacité civile qu'il doit posséder.

Le mineur et la femme mariée — du moins dans le régime juridique du Code Napoléon — doivent donc recevoir une autorisation pour pouvoir louer leur travail.

La loi belge du 10 mars 1900 a précisé sous ce rapport les dispositions du Code civil. En ce qui concerne le mineur, elle le déclare capable d'engager son travail moyennant l'autorisation expresse ou *tacite* de son père ou de son tuteur. A défaut de cette autorisation, il peut y être suppléé par le juge de paix, soit d'office, soit sur la simple réquisition d'un membre de la famille (art. 34).

La femme mariée est aussi capable d'engager son travail, moyennant l'autorisation expresse ou *tacite* de son mari, et à défaut de cette autorisation, il peut y être suppléé par le juge de paix, sur simple réquisition de la femme, le mari préalablement entendu ou appelé (art. 29).

Avant la loi française du 13 juillet 1907, il était douteux que la femme française pût se faire autoriser par justice à louer son travail (1). Mais, même alors, les tribunaux français n'auraient pu se refuser à exa-

(1) V. Paul Pic, *Traité*, n. 923, p. 720.

miner la requête d'une femme mariée belge, voulant engager ses services en France. Inversement, les tribunaux belges auraient hésité à accorder à une femme mariée française le bénéfice de l'article 29 de la loi belge du 10 mars 1900, l'ordre public international ne paraissant pas intéressé à faire ici exception à ce qui est, somme toute, un trait d'organisation de la famille en France — donc une disposition du statut personnel. Aujourd'hui, les dispositions de la loi française modifiée sont de nature à écarter tout conflit.

Une solution identique doit résoudre le problème de la libre disposition du salaire. Les heureuses dispositions de la loi belge, à ce sujet, ont été adoptées par la loi française, et on les retrouve dans la loi norvégienne du 6 juillet 1892. Le principe est écrit à l'article 30 de la loi : « Sous quelque régime qu'elle soit mariée, la femme peut, sans le concours et à l'exclusion de son mari, mais sauf opposition de ce dernier, toucher son salaire et en disposer pour les besoins du ménage » (V. aussi loi française du 13 juillet 1907, art. 1er).

§ II. *Consentement.*

Une question intéressante de conflit des lois s'élève à propos du consentement dans le louage de travail.

Le Code civil allemand a admis, d'une manière générale, en son article 138, la nullité d'un contrat où l'une des parties a abusé de la misère de l'autre : « Un acte juridique qui porte atteinte aux bonnes mœurs est nul. Est nul, en particulier, un acte juridique par lequel quelqu'un, en exploitant le *besoin*, la légèreté ou l'inexpérience d'autrui, obtient, pour lui ou pour un tiers, qu'en échange d'une prestation on promette ou que l'on fournisse des avantages patrimoniaux qui excèdent de telle sorte la valeur de la prestation, qu'en tenant compte des circonstances, ces avantages soient, par rapport à la prestation, dans une disproportion choquante ». A vrai dire, il ne s'agit pas de la rescision du contrat pour cause d'un vice dans le consentement. Le contrat n'est pas rescindable, il est nul comme contraire aux bonnes mœurs. Mais au point de vue des principes, qui nous occupe, cette distinction n'as pas d'importance.

C'est en vertu de cet article que des tribunaux allemands ont prononcé la nullité de louages de travail où le salaire leur a paru dérisoire (1).

Des dispositions de même nature se retrouvent dans le Code civil suisse (art. 21 du Code des oblig.), dans le projet de Code hongrois, dans le projet de loi belge sur le contrat d'emploi, formulé par le Conseil supérieur du travail, après des débats approfondis et animés (2).

En France, un projet datant de 1906 et s'inspirant des travaux de la Société d'études législatives porte un article ainsi conçu : « Le contrat de travail pourra être rescindé, avec allocation de dommages-intérêts, lorsque ses conditions seront en désaccord flagrant, soit avec les conditions habituelles de la profession ou de la région, soit avec la valeur ou l'importance des prestations fournies » (3). On sait que la Cour de cassation de France s'est toujours refusée à admettre que la misère soit une contrainte morale suffisante pour justifier l'annulation du contrat (4). Des auteurs admettent cependant

(1) V. Victor Brants, *La lutte contre l'usure dans les lois modernes*, Louvain, 1907.

(2) *Conseil supérieur du travail, 10e session 1909-1910. Le contrat d'emploi*. Bruxelles, 1910.

(3) Cité par Paul Pic, *Traité*, n. 921.

(4) Cass. Fr., 12 déc. 1853, D., 1854 1. 20.

que si « l'ouvrier était, au jour où il a contracté, dans un état de misère tel qu'il a dû, sous l'empire d'une nécessité absolue qui lui enlevait la conscience de ses actes, ou du moins la liberté du consentement, accepter les conditions léonines que le patron lui a imposées », le contrat pourrait être annulé pour cause de violence (1).

La question qui nous intéresse ici est celle du conflit des lois. Il peut se présenter sous des formes très diverses parce qu'on est amené à envisager non seulement la nationalité des parties, mais le lieu du contrat, le lieu où il doit recevoir son exécution et même le lieu de l'instance.

Tout d'abord, il nous paraît certain que la disposition de l'article 138 du Code civil allemand est d'ordre public international. Elle se présente, dans le texte même, comme dictée par « les bonnes mœurs ». Il en résulte deux conséquences :

1° Le contrat sera annulable devant les tribunaux du pays où semblable disposition est en vigueur — par exemple en Allemagne — quelles que soient les parties : ouvriers et patrons nationaux, ouvriers et patrons étrangers de n'importe quelle nationalité ;

2° Il en sera ainsi, même si le contrat a été passé à l'étranger. Un tribunal allemand annulera un contrat léonin passé en Belgique, même entre Belges, au nom de l'ordre public.

En ce sens donc, la loi du for sera prépondérante, dès qu'elle contient la disposition impérative en question.

Mais devant les tribunaux d'un pays où la législation

---

(1) Paul Pic, *loc. cit.*

est différente, comme en Belgique, le problème est plus complexe.

Il est clair, tout d'abord, que la question qu'il s'agit d'apprécier est celle de la validité du consentement. L'annulation du contrat ne peut être basée que sur un vice du consentement, la misère étant plus ou moins assimilée à la violence.

Les auteurs ne sont pas d'accord sur la loi applicable au conflit s'élevant à propos des vices du consentement.

Laurent (1) et M. Despagnet (2) se décident pour la loi nationale des parties, quel que soit le lieu du contrat ou le lieu de l'exécution. Ils assimilent le consentement à la capacité. Et il y a de bonnes raisons, dans notre cas spécial du louage de travail, pour qu'il en soit ainsi : « Les lois qui ont pour objet d'assurer la liberté des contrats sont des lois prohibitives au premier chef..... Ce sont des règles de tutelle individuelle qui ont pour but de protéger les contractants contre eux-mêmes, contre les suggestions diverses auxquelles la faiblesse de leur caractère ou de leur esprit peut les livrer » (3). Nous ajouterons la faiblesse dérivant des circonstances spéciales de contrainte morale où ils se trouvent. En ce sens, l'ouvrier de la misère duquel on a abusé est un incapable.

M. Weiss repousse cette assimilation, d'abord pour une raison pratique : « Elle aboutit à de sérieuses difficultés lorsque le contrat est synallagmatique et que les parties ressortissent à des nationalités différentes » (4). Dans notre cas, cette difficulté est nulle, parce que ce ne sera pas le patron qui pourra jamais invoquer la

(1) *Droit civil international*, t. VIII, n. 158.
(2) *Précis de droit international privé*, 2e édit., n. 484.
(3) Aubry, *Journal de droit international privé*, 1896, p. 473.
(4) *Traité théorique et pratique*, t. IV, p. 372, note.

nullité du contrat ou en demander la rescision. C'est donc la loi de l'ouvrier seul qui pourra être invoquée.

MM. Surville et Arthuys (1) donnent une autre raison : « La sanction des vices du consentement n'est pas la conséquence d'une protection accordée à un incapable, c'est un moyen donné à une personne capable qui, à l'occasion d'un acte particulier dont elle a pris l'initiative ou auquel elle a été mêlée, demande à être restituée contre les effets de l'acte en alléguant qu'elle a été induite en erreur, victime de menaces ou circonvenue. Or, quand il s'agit de se rendre compte des effets réguliers d'un contrat, c'est la loi de ce contrat qu'il faut envisager ; pourquoi ne pas l'interroger aussi pour déduire les suites de faits qui, ayant mis obstacle à sa formation normale, contrarient la régularité de ses conséquences » ? Ce raisonnement ne nous paraît pas convaincant. Il n'est pas logique d'invoquer la loi destinée à régir les effets du contrat quand il s'agit de savoir *si* le contrat lui-même est valable. D'autant plus que les auteurs qui partagent cette opinion appliquent aux vices du consentement la *lex loci contractus,* en se basant précisément sur la volonté présumée des parties. Or, si cette volonté elle-même est mise en question, la *lex loci contractus* ne repose sur aucune base. Comme dit très bien M. Albéric Rolin : « Le vice qui infecte le consentement de l'une des parties à s'engager dans les liens du contrat infecterait aussi le choix qu'elle aurait fait implicitement de telle ou telle législation comme devant régir les effets du contrat » (2).

Nous nous rallions au système de notre savant col-

---

(1) *Cours élémentaire de droit international privé,* 4e édit., n. 238, p. 271.

(2) *Principes de droit international privé,* t. I, n. 291, p. 481.

lègue de Gand, qui combine ici l'application de la loi du lieu du contrat et de la loi nationale. « Il faut qu'il y ait consentement valable d'après l'une et d'après l'autre, pour que le contrat échappe à l'annulation. Les parties sont soumises à l'une, parce qu'elles doivent s'incliner devant les lois relatives aux bonnes mœurs en vigueur dans le pays où elles se trouvent, et que la loi qui stérilise le dol et la violence rentre dans cette catégorie de dispositions législatives. Il y a un intérêt général en cause. Elles sont soumises à l'autre, en vertu du lien de sujétion qui les suit en pays étranger. D'où il résulte que la convention pourra être considérée comme nulle du chef des vices du consentement, soit en vertu de la loi du lieu du contrat, soit en vertu de la loi nationale commune ou des lois nationales identiques des deux parties contractantes » (1).

Nous déciderons, en conséquence, qu'un ouvrier allemand pourra demander l'annulation d'un louage de travail léonin à un tribunal belge, si ce contrat a été conclu en Allemagne, — quelle que soit la nationalité de son cocontractant; — si le contrat a été conclu en Belgique, le tribunal belge accordera l'annulation au cas où le cocontractant est un Allemand. Il la refusera, au contraire, si le cocontractant est un Belge.

Cette anomalie disparaîtra au jour prochain où le principe de l'article 138 du Code civil allemand entrera dans nos lois.

§ III. *Effets du contrat.*

Le Code civil était presque muet sur la nature et les effets du louage du travail. Certaines lois modernes

(1) *Op. cit.*, n. 292, p. 483.

ont pris à cœur de combler cette lacune. La loi belge du 10 mars 1900 est de ce nombre, et l'on peut dire qu'elle l'a fait largement. Elle détermine en détail les obligations réciproques des parties, les différentes manières dont prennent fin ces obligations, ainsi que les conséquences de la rupture des engagements.

Un certain nombre de ces dispositions sont supplétives ou interprétatives de la volonté. Quand elle dit, par exemple (art. 3) : « Le montant et la nature de la rémunération, le temps, le lieu et, en général, toutes les conditions du travail sont déterminés par la convention... L'usage supplée au silence des parties », il est clair qu'elle signifie que la volonté des contractants reste, en principe, autonome en ce qui concerne les points énumérés.

Nous en concluons qu'au point de vue du conflit des lois, il n'y a qu'à appliquer les principes généraux : le louage de travail conclu à l'étranger entre nationaux ou individus régis par des lois nationales identiques sera régi par leur loi commune; entre individus de nationalité différente, on appliquera la loi du lieu du contrat, le tout dans l'hypothèse où les parties n'ont pas expressément déterminé la loi à laquelle elles ont voulu soumettre leur contrat.

Mais à côté de ces dispositions reconnaissant l'autonomie de la volonté, les lois semblables à la loi belge du 10 mars 1900 en renferment d'autres dont le caractère d'ordre public international est incontestable.

Tel est l'article 5, reproduisant l'article 1780 du Code civil : « On ne peut engager son travail qu'à temps ou pour une entreprise déterminée ». Cet article fera obstacle à la validité, en Belgique, d'un louage de travail viager, même conclu entre étrangers dans un pays où semblable contrat, distinct de l'esclavage, pourrait être conclu.

De même, nous considérerons comme d'ordre public international toutes les dispositions dans lesquelles la loi prend soin d'interdire toute convention contraire. L'article 10 de la loi belge, par exemple, qui porte : « Il n'y a lieu à aucuns dommages et intérêts à charge de l'ouvrier en cas d'absence, de non-remplacement ou d'inexécution résultant de force majeure : toute convention contraire est nulle ».

Aux lois interprétant ou organisant le louage travail doivent être assimilées les lois sur les règlements d'ateliers (telle que la loi belge du 15 juin 1896), celles qui règlent le paiement du salaire (loi belge du 16 août 1887), le mesurage de l'ouvrage (loi belge du 30 juillet 1901), l'insaisissabilité et l'incessibilité des salaires (loi belge du 18 août 1887). Les mêmes principes donneront la solution du conflit des lois qui pourrait s'élever à propos de leurs dispositions. Mais il est bon de faire remarquer que dans ces lois, les dispositions d'ordre public international dominent.

Nous ne pouvons les passer toutes en revue. Bornons-nous à un exemple.

La loi belge du 16 août 1887 détermine, en son article 7, les retenues que le patron peut opérer sur le salaire de l'ouvrier, et elle indique notamment : « 4° du chef d'avances faites en argent, mais à concurrence du *cinquième* du salaire seulement ».

Le Code du travail et de la prévoyance sociale français (loi du 25 décembre 1910) porte, article 51 : « Tout patron qui fait une avance en espèces, en dehors du cas prévu par le § 3 de l'article précédent (acquisition des outils et matières), ne peut se rembourser qu'au moyen de retenues successives ne dépassant pas le *dixième* du montant des salaires exigibles ».

La loi française sera applicable à des Français en

Belgique ; en effet, la loi française est la loi du contrat, et l'on ne voit pas de raison d'ordre public pour laquelle la loi belge s'imposerait à des étrangers.

Inversement, un patron belge se verra opposer, en France, la loi française même vis-à-vis d'un ouvrier belge, car s'il est vrai que la loi belge soit la loi du lieu du contrat, il n'en est pas moins vrai que la loi française est d'ordre public international et restreindra l'autonomie de la volonté.

Il en résulte donc que la loi applicable en cas de conflit entre la *lex fori* et la *lex loci contractus* sera la plus rigoureuse, c'est-à-dire celle qui limitera le plus étroitement le droit de retenue du patron.

Enfin, si le contrat a eu lieu entre un patron français et un ouvrier belge, il faudra distinguer selon qu'il aura été conclu en Belgique ou en France. On pourra voir, en Belgique, un patron français retenir le cinquième du salaire de son ouvrier belge, et inversement, un patron belge ne pouvoir retenir que le dixième du salaire de son ouvrier français.

Il s'élabore, dans différents pays, un droit nouveau en matière de louage de travail : c'est celui des prétendues conventions collectives de travail. Celles-ci sont caractérisées par ce fait que, conclues par des syndicats ou des associations ouvrières *ad hoc*, elles sont — ou veulent être — obligatoires pour tous les ouvriers du métier, présents et futurs, dans les limites du moins de la durée de la convention.

Il est hors de doute que quand la loi aura donné force obligatoire à ces conventions, elle s'appliquera aux étrangers comme aux nationaux, ses motifs étant d'ordre public international. Elle n'aurait pas d'efficacité, d'ailleurs, si les étrangers n'y étaient soumis. D'autre part, elle restera évidemment territoriale.

CHAPITRE III

Lois d'assurances ouvrières.

De toutes les parties de la législation protectrice du travail, celle des assurances est la plus étendue; c'est à coup sûr une de celles qui caractérisent le mieux les tendances de la réforme sociale moderne. Là où n'existe aucun régime légal d'assurances, dans les colonies, en Extrême-Orient et dans certaines régions de ce Nouveau-Monde où règne encore le *laisser faire, laisser passer* à tant d'égards — subsiste un état de barbarie qui nous choque. Qu'un ouvrier soit mutilé à tout jamais par le machinisme, rendu invalide, usé avant l'âge, et que l'employeur n'en ait cure, sous prétexte que l'ouvrier « n'avait qu'à » prévoir, à mettre de côté ce qui dans son salaire représente la prime d'assurance ou d'amortissement de tout capital, c'est ce que nous ne pouvons plus admettre.

Ici aussi, l'abstention législative qu'on s'est plu à appeler la liberté s'est montrée inefficace. La vie du prolétaire sans cesse sous le coup de « sinistres » ayant pour lui des conséquences désastreuses nous est apparue comme indigne de notre organisation sociale, et l'on s'est efforcé de lui donner cette sécurité morale que se procure le bourgeois par ses réserves d'épargne et qui délivre de l'angoisse du lendemain. Le système des assurances ouvrières, parti ainsi d'une sensibilité nouvelle, aboutit à une intégration sociale particulièrement manifeste : les sociétés modernes se sont reconnu de nouvelles « dettes » vis-à-vis des salariés ; l'industrie a été soumise à des charges collectives, et ces victoires de la solidarité finissent par changer la face du monde industriel.

Les lois d'assurances ouvrières ne sont plus des lois de droit privé. Le législateur commande ici impérativement, il organise la prévoyance et la sécurité ouvrière, en dehors des conventions individuelles. Nous n'aurions donc qu'à constater le caractère d'ordre public international de ces législations, si l'égoïsme national n'y avait inscrit des restrictions à l'égard des étrangers, et si, d'autre part, en matière d'assurance accident, notamment, le conflit des lois n'avait été rendu possible par la divergence même des systèmes.

Nous examinerons successivement les diverses catégories de lois d'assurances.

SECTION PREMIÈRE

L'ASSURANCE-MALADIE

Il y a lieu de distinguer les législations qui rendent l'assurance *obligatoire* et les autres.

1. *Lois d'assurance obligatoire.*

Dans les États où existe l'assurance obligatoire contre la maladie, il est évident que l'ouvrier étranger est assimilé en principe à l'ouvrier national : il est tenu des mêmes prestations et reçoit les mêmes allocations.

Cela se conçoit d'autant mieux que, généralement,

l'État ne contribue pas de ses deniers aux secours, qui proviennent uniquement de versements des patrons et des ouvriers.

La loi allemande, la loi autrichienne, la loi hongroise et la loi anglaise rentrent dans cette catégorie de législations.

Le nouveau Code des assurances allemand, la *Reichsversicherungsordnung* du 19 juillet 1911 (1), contient une restriction à l'assimilation des étrangers aux nationaux, qui est applicable à toute espèce d'assurances : c'est que les étrangers ne sont pas éligibles aux « organes d'exécution » de l'assurance, c'est-à-dire aux établissements d'assurances : caisses de maladie, corporations d'assurances-accidents, établissements pour l'assurance-invalidité, ni aux « autorités de l'assurance », tels que l'Office Impérial des assurances et les autres offices d'assurances.

En dehors de cette restriction, l'assimilation est complète, en ce qui concerne l'assurance-maladie, entre ouvriers nationaux et ouvriers étrangers. Du moment que l'ouvrier est occupé sur le territoire de l'Empire, il est soumis à l'assurance, même si sa résidence est à l'étranger. Les hommes faisant partie de l'équipage d'un navire allemand sont tous soumis à l'assurance.

Certaines catégories de personnes ont le droit de faire partie des caisses d'assurances, si elles le veulent : même pour cette assurance volontaire, les étrangers ont les mêmes droits que les nationaux.

---

(1) Voir *Textausgabe der Reichsversicherungsordnung nebst Einführungsgesetz*, herausgegeben von A. Düttmann, Altenburg, 1911. — M. Johann Becker, membre du Reichstag, vient de présenter à la section allemande de l'Association internationale pour la protection légale des travailleurs un excellent rapport auquel nous ferons souvent emprunt : *Die Stellung der ausländischen Arbeiter in der deutschen, R. V. O.* Berlin, 1912.

Ils sont également placés sur le même pied en ce qui concerne les allocations d'assurance. Mais les secours de maladie (c'est-à-dire l'indemnité de maladie, les soins médicaux, les médicaments, les lunettes, bandages et autres appareils peu coûteux) cessent : 1° pour tout bénéficiaire du secours qui, après l'ouverture du droit au secours, c'est-à-dire après la survenance de la maladie, se rend à l'étranger volontairement et sans l'assentiment du Comité de la Caisse. La cessation du secours dure autant que le séjour à l'étranger. Mais le Bundesrat peut faire exception pour certains districts-frontières déterminés, et il est à remarquer que la loi n'exige pas en ce cas qu'il y ait réciprocité de la part du pays étranger ; 2° pour tout bénéficiaire *étranger* qui est expulsé du territoire de l'Empire à la suite d'un jugement consécutif à des poursuites pénales. Il en est de même pour un bénéficiaire étranger qui est expulsé, après jugement, du territoire d'un État confédéré, pour autant qu'il ne séjourne pas sur le territoire d'un autre État confédéré.

Il est bon d'observer, à propos du 1°, que quand l'étranger s'est fait expulser administrativement (non à la suite d'un jugement), il conserve son droit au secours, parce qu'il n'a pas quitté *volontairement* le territoire de l'Empire. En outre, quand le bénéficiaire du secours, qui en est privé par application des dispotions relevées aux 1° et 2°, a laissé des membres de sa famille en Allemagne, ceux-ci conservent leur droit au « secours de famille » si les statuts de la caisse de maladie ont prévu ledit secours.

Enfin, si le bénéficiaire ne s'est pas rendu volontairement à l'étranger ou s'il l'a fait avec l'assentiment du Comité de la caisse, c'est-à-dire s'il a encore droit au secours, la caisse de maladie peut le désintéresser par un versement une fois donné. Ce versement doit être égal à la valeur des allocations de la caisse auxquels l'intéressé aurait eu droit s'il était resté sur le territoire, d'après la durée probable de la maladie. Pour calculer ce secours, on prend pour base les trois huitièmes du salaire. En cas de contestation, c'est le médecin désigné d'accord avec les intéressés qui décide; s'ils ne se sont pas mis d'accord, le médecin officiel (§ 217).

Des dispositions du même genre se retrouvent dans la loi autrichienne et dans la loi hongroise du 9 avril 1891.

On peut dire, en résumé, que la situation de l'ouvrier étranger n'est pas plus défavorable que celle du national.

Il n'en est pas tout à fait de même dans la loi anglaise sur l'assurance nationale du 4 mai 1911. On sait qu'à la différence des lois précédentes, elle prévoit une contribution de l'État.

Les étrangers ne sont pas exclus du bénéfice de cette loi, mais ils sont soumis à certaines restrictions inscrites à la section XLV. L'étranger, au-dessous de dix-sept ans, est traité tout à fait comme un sujet britannique (1). S'il a plus de dix-sept ans, il ne peut faire partie d'une « société approuvée » que sous certaines conditions et même dans ce cas, il ne reçoit pas les allocations du gouvernement et ses secours (*benefits*) sont limités aux sept neuvièmes pour les hommes et aux trois quarts pour les femmes du secours de maladie, d'invalidité ou de maternité auquel il aurait eu droit s'il avait été Anglais. La part contributive de l'État est, en effet, de deux neuvièmes pour les hommes et d'un quart pour les femmes. On peut donc dire qu'en somme les étrangers ne sont privés que des fonds de l'État.

---

(1) L'assurance commence à seize ans.

Pour que l'étranger soit membre d'une société approuvée, il faut que celle-ci réunisse les conditions suivantes :

1° Que les contributions payables par l'étranger ou eu égard à l'étranger soient créditées à la société;

2° Que la société bonifie chaque année au « Comité d'assurance (*insurance committee*) » (1) la totalité des sommes payables eu égard aux étrangers pour le secours médical et le secours de sanatorium;

3° Que le montant et les conditions du secours de maladie, d'invalidité et de maternité soient déterminés aux statuts;

4° Que les avantages relatifs au fonds de réserve ne s'appliquent pas aux étrangers.

Toutefois, sont exemptés de ces conditions :

1° L'étranger qui, au 4 mai 1911, était membre d'une société approuvée et avait cinq ans de résidence dans le Royaume-Uni;

2° La femme qui, Anglaise avant son mariage et ayant perdu sa nationalité par son mariage avec un étranger, est devenue veuve, ou dont le mariage est annulé ou dissous, ou qui, pendant deux ans, a été abandonnée par son mari ou séparée de lui;

3° L'individu « transféré à une société approuvée ou au Fonds du Post Office », à la suite d'un arrangement conclu par le gouvernement britannique avec le gouvernement d'un État étranger.

Ces dispositions sont remarquables en deux points : la résidence de cinq ans assimile — du moins pour la période initiale de la mise à exécution de la loi — l'étranger au national. C'est un acheminement vers la

(1) Institué dans chaque *county* ou *county borough* pour l'administration de l'Act.

nationalité spéciale de secours ou d'assistance dont l'idée fait son chemin en matière de bienfaisance publique.

Ensuite la loi anglaise ouvre la porte aux conventions internationales : toutes les restrictions peuvent tomber, si un arrangement est conclu avec un gouvernement étranger. C'est ainsi que la politique de la réciprocité diplomatique tend à se développer en matière d'assurances ouvrières, à défaut de l'assimilation sans conditions de l'étranger au national.

La loi anglaise prévoit encore des conventions internationales dans le cas inverse. En principe, le bénéfice de l'Act est réservé aux personnes résidant dans le Royaume-Uni (section 8, 4°). Mais si l'assuré cesse de résider dans le royaume, et devient membre d'une société ou d'une institution assimilable à une société approuvée anglaise dans une possession britannique ou dans un pays étranger, il peut s'y faire « transférer », c'est-à-dire y faire verser les fonds provenant de ses cotisations dans la société à laquelle il appartenait. Dès lors, il sera autorisé à recevoir les secours, à la condition que les commissions d'assurance approuvent la société étrangère ou la section étrangère de la société anglaise, et que le gouvernement anglais ait conclu un arrangement avec le gouvernement de la possession britannique ou avec le gouvernement étranger (section 32). L'assuré qui, pendant cinq ans, a été membre d'une société approuvée anglaise, et qui quitte le territoire sans entrer dans une société semblable dans une possession britannique ou un État étranger, peut, d'ailleurs, recevoir encore les secours si sa société consent à le garder parmi ses membres.

On peut dire que la préoccupation du législateur anglais a été de rendre facile autant que possible l'extension à l'étranger du bénéfice de la loi.

2. *Assurance volontaire.*

Dans les pays où l'assurance-maladie n'est pas obligatoire, elle se fait d'ordinaire au moyen de sociétés de secours mutuels qui ont toute latitude pour admettre ou refuser les étrangers.

Si donc l'on voulait étudier quelle est la situation de fait des ouvriers étrangers à cet égard, il faudrait entreprendre l'examen des statuts des sociétés de secours mutuels. Nous aurons l'occasion de revenir plus loin sur les conditions *légales* du droit d'association des ouvriers à l'étranger.

Disons seulement qu'en Belgique et en France, les ouvriers étrangers peuvent faire partie de sociétés de secours mutuels, et y recevoir les secours de maladie comme les nationaux.

Généralement, le champ d'action de ces sociétés est strictement territorial et même local. Quiconque ne réside pas dans le ressort de la société (commune, canton ou arrondissement) ne peut en faire partie. C'est même une difficulté, à l'intérieur des frontières d'un même État, que le passage d'un membre d'une société à une autre. Les Congrès mutualistes s'occupent souvent de cette question, et celle du passage d'une société étrangère à une société nationale ou inversement a été plus d'une fois discutée dans les Congrès internationaux. Jusqu'à présent, cette question est restée dans le domaine des projets. Le Congrès international de la mutualité tenu à Liége en 1905 s'en est longuement occupé, et, après avoir discuté les différents systèmes d'assimilation, il a adopté les deux vœux suivants :

« Le Congrès émet le vœu que les sociétés appartenant aux pays représentés au Congrès de Liége adoptent la mutation d'une façon internationale, c'est-à-dire soit la mutation pure et simple, soit la prise en subsistance, soit le système dit des actuaires, afin d'accueillir en leur sein tout mutualiste qui quitte son pays, de façon qu'il trouve dans la société qui l'accueillera les droits qu'il possédait dans la société qu'il quitte » (Vœu de M. Tumelaire).

« Le Congrès émet enfin le vœu de voir les fédérations s'organiser de telle façon qu'elles puissent supporter les frais de mutation suivant le système appelé mutation rationnelle, excepté dans le cas où le membre qui quitte une société serait malade » (Vœu de M. Delvoie) (1).

Ces vœux n'ont pas reçu, que nous sachions, d'exécution bien étendue.

Nous verrons plus loin que certaines fédérations *professionnelles* ont conclu des traités de réciprocité qui comportent des secours aux malades (2).

3. *La loi suisse.*

La loi fédérale suisse du **13** juin **1911** (3) a créé un régime particulier. Elle n'impose pas l'obligation de l'assurance : la Confédération ne fait qu'encourager l'assurance-maladie en accordant des subsides aux caisses d'assurance. Toutes les caisses d'assurance-maladie qui satisfont aux dispositions de la loi *ont droit* aux subsides fédéraux. Elles s'organisent à leur gré. Mais les cantons peuvent (article 2) :

a) Déclarer obligatoire l'assurance-maladie en général ou pour certaines catégories de personnes;

(1) V. *Actes du IIe Congrès international de la mutualité tenu à Liège du 2 au 6 août 1905*. Bruxelles, 1906, p. 396 et 397.

(2) V. plus loin, sect. IV, l'assurance contre le chômage.

(3) V. *Bulletin des assurances sociales*, 1911, n. 2, p. 421.

b) Créer des caisses publiques, en tenant compte des caisses existantes;

c) Obliger les employeurs à veiller au paiement des contributions de leurs employés obligatoirement assurés à des caisses publiques, sans toutefois astreindre les employeurs eux-mêmes à des contributions.

La seule disposition relative aux étrangers est l'article 3 qui dit : « Les caisses doivent avoir leur siège en Suisse. Elles ne peuvent traiter les citoyens suisses moins favorablement que d'autres assurés ». Ce n'est pas garantir l'assimilation de l'étranger au national, c'est, au contraire, assurer un *privilège* à celui ci. Dans les sociétés fondées et administrées par des étrangers, les citoyens suisses auront tous les droits; mais rien n'empêche des sociétés composées de Suisses de leur dénier tous droits.

SECTION II

LES LOIS D'ASSURANCES CONTRE LES ACCIDENTS DU TRAVAIL

On connaît le mouvement législatif extrêmement remarquable qui s'est accompli dès la fin du XIXe siècle en ce qui concerne la responsabilité de l'employeur vis-à-vis de l'ouvrier victime d'accident au cours de son travail. Les juristes ont vu s'opérer, sous leurs yeux, une révolution dans les idées si profonde et si vive à la fois qu'elle les étonne encore parfois. Chose intéressante, cette évolution n'a pas pour point de départ la science juridique même. Nous ne dirons pas qu'elle y fut tout à fait étrangère. Mais il est hors de doute qu'elle ne l'a ni occasionnée ni conduite.

C'est que le régime de la réparation forfaitaire et obligatoire de l'accident remplaçant le régime du droit commun amenait, en effet, un bouleversement du droit régnant. Au principe séculaire de la responsabilité individuelle, on substituait celui du *risque professionnel,* qui impose au patron des obligations auxquelles il ne peut se soustraire, sans qu'il soit en faute, et même en cas de faute de la victime, et qui fait accepter à l'ouvrier une réparation seulement partielle du dommage causé. Comme, d'autre part, les frais de l'assurance ne sont généralement pas à charge de l'ouvrier, mais de l'employeur seul, sans intervention de l'Etat, le risque est supporté par « l'industrie » prise dans son ensemble, notion toute pratique ou politique, qui n'a rien de juridique.

Rien ne montre mieux comme ce sont les conditions de la vie sociale qui forment et transforment le droit. N'est-il pas certain que c'est non seulement le machinisme et ses dangers, mais l'impossibilité *pratique* de faire le départ des responsabilités et le nombre énorme des « cas fortuits » qui ont amené cette conviction que le système de mettre la preuve à la charge de la victime était *injuste, inique?* C'est encore ce résultat de fait que l'ouvrier finissait par supporter seul la charge du risque qui a ouvert les yeux et fait faire un progrès dans la conscience juridique. Marqué d'abord dans la jurisprudence par une sévérité excessive à l'égard des employeurs trouvés en faute, il fut accentué par le brillant effort de la doctrine du renversement de la preuve auquel sont attachés les noms de Sainctelette (1) et de Marc Sauzet (2). Mais on sait qu'il n'eut, comme dit M. Planiol, qu'un « demi succès », du moins dans

(1) *Responsabilité et garantie,* 1883.

(2) *Responsabilité des patrons vis-à-vis des ouvriers, Revue critique,* t. XII, 1883.

la jurisprudence française et belge, car il eut un succès législatif : les lois suisses du 26 juin 1881 et du 26 août 1887 l'ont consacré en attendant l'assurance obligatoire qui fut longue à se faire admettre par cette démocratie rurale qu'est l'Helvétie.

Mais la théorie du renversement de la preuve parut bientôt insuffisante parce qu'elle remplaçait, en somme, une injustice par une autre. La solution est venue par l'initiative hardie de Bismarck qui, sous l'empire de simples préoccupations politiques, fit passer dans la législation allemande le principe du risque professionnel avec l'assurance obligatoire et la réparation forfaitaire (1).

Nous n'avons pas à refaire ici l'histoire de cette législation ni de celles qui l'ont suivie dans presque tous les pays industriels.

Au point de vue du droit international ouvrier, deux questions principales s'élèvent ici, qui ne se posaient point ou ne se posaient point dans les mêmes termes sous le régime de la responsabilité individuelle : la première est celle de la différence de traitement, ou plus exactement du système de défaveur à l'égard de l'ouvrier étranger; la seconde est celle du conflit des lois. On n'a pas l'habitude de les traiter séparément, mais je pense qu'il y a intérêt à le faire.

§ I. *Le système de défaveur à l'égard de l'ouvrier étranger.*

« Avant les lois d'assurance obligatoire, dit justement M. Feigenwinter dans un remarquable rapport à l'Association internationale pour la protection légale

(1) Loi du 6 juillet 1884.

des travailleurs (1), on n'imaginait pas qu'il pût y avoir une différence de traitement entre étrangers et nationaux au sujet de la réparation des dommages résultant des accidents du travail ». Pas plus qu'on n'imagine aujourd'hui qu'une compagnie de chemin de fer ou un propriétaire d'automobile soient exonérés de leur responsabilité — contractuelle dans le cas du chemin de fer, non contractuelle dans le cas de l'automobile — si la victime est un étranger ou si ses ayants droit sont étrangers. La raison en est probablement que, dans le système du droit commun, on pense avant tout à l'obligation du débiteur, et l'on fait abstraction du créancier, dont la personne est indifférente. On trouve juste que la réparation du dommage soit un devoir absolu, du moment cependant que l'individu lésé en réclame l'exécution. Que l'on fasse venir l'obligation de réparer d'un contrat, d'un délit, d'un quasi délit, on peut dire aussi que toutes les législations de tous les pays civilisés étant d'accord à ce sujet, il n'y a jamais lieu de prendre en considération le lieu où l'obligation a pris naissance. C'est ainsi que le droit de réclamer des dommages rentre dans les attributs de toute personne humaine et n'est pas un privilège du citoyen national.

Cependant, les lois d'assurance contre les accidents du travail en ont fait, en une certaine mesure, un privilège. Non pour la victime, car il n'y a pas de législation qui réserve aux seuls ouvriers nationaux le droit à la réparation du dommage, mais pour leurs ayants droit. On distingue entre ayants droit nationaux ou du moins résidant sur le territoire et étrangers. Les premiers seuls pourront invoquer la loi ; les autres sont déchus de leur droit, du moins partiellement.

(1) Reproduit dans la *Revue de droit international privé*, 1908, 1910 et 1911. — V. 1908, p. 24.

Cette distinction est incompréhensible en droit civil. Mais il ne faut pas oublier que la nature de la loi a changé. Les lois d'assurances ne sont plus de droit civil : elles sont de droit public, ou, comme on dit parfois, improprement à mon sens, de droit « social » (1). A proprement parler, il ne s'agit plus ici de régler la *responsabilité*. Ces législations ont précisément pour but de délivrer du souci de la recherche de la responsabilité. La loi règle d'autorité les relations juridiques du patron et de l'ouvrier, leur interdisant toute convention contraire. Elle devient donc tout entière d'ordre public, et par voie de conséquence, territoriale. C'est ainsi qu'on est amené à n'en réserver le « bénéfice » qu'aux nationaux, ou tout au moins aux résidents.

Il est intéressant de rechercher l'origine de la différence de traitement entre étranger et national. Elle se trouve dans la première loi allemande. Le projet primitif, présenté au Reichstag par Bismarck en mars 1881, ne contenait rien à ce sujet. Mais l'article 2 du second projet (8 mai 1882) porte : « Les représentants d'un étranger qui ne demeureraient pas dans ce pays au moment de l'accident n'ont aucun droit à la rente ». L'article 26 du même projet dit : « Le droit au service des rentes d'indemnisation est suspendu tant que le bénéficiaire n'habite point ce pays. Si le bénéficiaire est un étranger et qu'il quitte pour toujours le territoire, il *peut* être désintéressé définitivement dans ses droits à l'indemnisation par le versement du triple de la rente annuelle ».

L'exposé des motifs du projet nous donne en termes

---

(1) J'ai montré ailleurs que l'expression propre était « droit socialiste ». V. mon article : « L'esprit d'une législation » dans la *Revue des accidents du travail* (Smeysters), 1903.

laconiques l'explication de ces nouvelles dispositions : « Les exclure (les étrangers) totalement de l'assurance-accidents ne semble pas justifié, et l'on viendrait à craindre que par là une prime ne fût instituée, pour les chefs d'entreprise, à un emploi le plus large possible de la main-d'œuvre étrangère. D'un autre côté, il n'y a aucun motif pour affecter les fonds des personnes tenues d'indemniser *et ceux de l'Empire* à secourir des étrangers vivant hors de ce pays. Et puis, le service des rentes à ces étrangers finirait par rencontrer de graves inconvénients et exigerait un contrôle difficile à exercer » (1).

On retrouve donc dans ces motifs une préoccupation de protectionnisme ouvrier : ne pas offrir de « prime » à la main-d'œuvre étrangère ; une préoccupation presque mercantiliste : ne pas secourir des étrangers qui iront dépenser leurs rentes hors du territoire ; une préoccupation de pratique administrative : la difficulté du contrôle; enfin, un scrupule sur l'affectation de fonds de l'Empire. Ce dernier point demande explication. On sait que d'après la loi en vigueur les indemnités versées aux ouvriers victimes d'accidents proviennent exclusivement de contributions des patrons; il n'y a point de contributions de l'Etat. Mais la première organisation de l'assurance comportait une importante intervention pécuniaire de l'Etat et instituait une *caisse impériale d'assurances*. Cette institution disparut dans le projet de 1882, mais 25 p. 100 des charges résultant d'un accident étaient encore supportés par l'Empire. C'est le troisième projet, celui du 6 mars 1884, qui supprima toute subvention de l'Empire et y substitua

(1) *Annalen des deutschen Reichs*, t. XII, p. 315, cité par M. FEIGENWINTER, *Revue de droit international privé*, 1908, p. 27.

la garantie (1). Il est donc intéressant de constater que l'un des motifs du régime de défaveur — et probablement l'un des plus puissants — avait disparu lors du dépôt du projet définitif.

Quoi qu'il en soit, les dispositions du projet de **1882** passèrent dans la loi du **6** juillet **1884**, article **6**, alinéa **4** et article **67**. Elles furent reproduites dans les mêmes termes à la loi du **17** juillet **1887**, articles **66** et **67**.

C'est de là qu'est parti le courant d'imitation qui fit inscrire dans différentes législations des dispositions consacrant le régime de défaveur envers les étrangers. On finit même pas renchérir les uns sur les autres : tandis que la loi autrichienne du **28** décembre **1887** se bornait à permettre de désintéresser le bénéficiaire d'une rente en lui versant « un capital proportionné aux circonstances de la cause », la loi norvégienne du **23** juillet **1894** refuse tout droit à indemnité « aux représentants d'un étranger qui, à l'époque de l'accident, ne demeureraient pas dans le pays » (art. 5). Elle permet aussi de désintéresser l'indemnisé qui quitte le pays « par une somme proportionnée aux circonstances de l'espèce » qui ne peut être inférieure au triple de l'indemnité annuelle.

La Finlande légiféra sur les accidents du travail en 1895 : elle fit cesser tout droit à indemnité non seulement pour l'étranger qui quitte le territoire, mais pour le Finlandais qui acquiert droit de cité dans un pays étranger, et elle bornait au *double* de la rente annuelle le capital à verser pour désintéresser l'ouvrier (article **13**).

La territorialité de la loi se manifeste davantage dans

(1) V. Bellom, *Les lois d'assurance ouvrière à l'étranger*. II. *Assurance contre les accidents*, 1re partie, 1895, p. 71 et suiv.

la loi danoise du 7 février 1898, qui porte, § 2, alinéa final : « Les intéressés qui n'avaient pas leur domicile sur le territoire danois lorsque l'accident s'est produit ne pourront rien réclamer en vertu de la présente loi (1) ». Ici, plus de distinction, il est vrai, entre nationaux et étrangers, mais comme, pratiquement, et notamment pour les ouvriers, le domicile coïncide avec la nationalité, elle équivaut à l'exclusion.

La loi française du 9 avril 1898 s'inspira à toute évidence de la loi allemande, mais avec plus de rigueur encore. Les dispositions restrictives n'existaient dans aucun des nombreux projets présentés. Elles furent introduites au cours des discussions de la commission du Sénat, en février 1898. Elles aboutirent aux deux alinéas finaux de l'article 3 : « Les ouvriers étrangers, victimes d'accidents, qui cesseront de résider sur le territoire français, recevront pour toute indemnité un capital égal à trois fois la rente qui leur avait été allouée.

» Les représentants d'un ouvrier étranger ne recevront aucune indemnité si, au moment de l'accident, ils ne résidaient pas sur le territoire français. » Ainsi, la *faculté* de transformation de la rente en un capital minime, inscrite dans la loi allemande, devenait une *obligation*.

Quand l'Allemagne révisa sa loi d'assurance en 1900, elle ne voulut pas être en reste avec la législation française ; elle imita sa rigueur, mais elle ouvrit la voie à de justes dérogations en permettant au Conseil fédéral de rendre inopérante la disposition supprimant la rente à l'égard des ayants droit d'un étranger domiciliés hors d'Allemagne, pour certains territoires limitrophes et

(1) *Annuaire de législation du travail*, 1898, p. 73.

pour les sujets des États dont la législation serait considérée comme équivalente. Il paraît, d'après un commentateur, que « la loi avait été trouvée trop dure dans sa première rédaction générale (1) ». C'est ce système qui est maintenu par la *Reichsversicherungsordnung* de 1911, comme on le verra plus loin. Mais il serait injuste de ne pas mentionner que le projet du Gouvernement en proposait la suppression — conformément à des dispositions qui s'étaient manifestées à la session de Bâle de l'Association internationale pour la protection légale des travailleurs et dont nous parlerons plus bas (2). C'est le Reichstag qui a rétabli le régime de défaveur.

Nous ne poursuivrons pas cet historique dans ses détails, mais nous avons à établir l'état actuel de la législation comparée en cette matière.

Les lois d'assurance-accidents peuvent se classer en trois catégories : les unes frappent les bénéficiaires étrangers d'une déchéance absolue, dès qu'ils ne résident plus dans le pays, et sans qu'on se propose de tempérer ce régime par des conventions internationales. Les autres prévoient la possibilité d'une réciprocité diplomatique. Les dernières ne font aucune différence entre étrangers et nationaux.

1. Dans la première catégorie, se rangent les lois autrichienne, norvégienne, grecque et danoise.

En Autriche, la loi du 28 décembre 1887, est restée en vigueur. Nous avons signalé précédemment (3) la disposition de l'article 42, § 1er, qui se réfère uniquement au cas de l'ayant droit étranger. Mais la loi ne contient aucune restriction au sujet de l'ouvrier victime

(1) F. H. Oefle, Munich, 1902, § 104, cité par Feigenwinter, *loc. cit.*, p. 28.

(2) V. *infra*, p. 118.

(3) V. *supra*, p. 102.

d'accident qui quitte le territoire. Elle est donc, sous ce rapport, remarquablement plus libérale que celle de l'Allemagne.

La loi en vigueur en Norvège date du 12 juin 1906 (1). L'article 25 vise le cas où *une personne ayant droit à une indemnité* établit son domicile hors du royaume ; l'établissement d'assurance est alors autorisé à apurer sa situation à l'aide d'une somme à fixer suivant les circonstances, payée en une fois et qui, sauf motifs particuliers, ne peut être fixée à un taux moindre que le triple de l'indemnité annuelle. Cette disposition s'applique aussi bien au Norvégien qu'à l'étranger. Mais il n'en est plus de même de la suivante : « Si cette personne rétablit son domicile dans le royaume, elle rentre *si elle jouit encore de la qualité de citoyen norvégien,* dans ses droits à une indemnité annuelle. » Il serait difficile d'ailleurs de considérer la loi norvégienne comme entachée de protectionnisme ouvrier. On aura remarqué que la transformation de la rente en capital n'est pas une obligation pour l'établissement d'assurance. De même, si, après être rentré en Norvège, le pensionné retourne de nouveau à l'étranger, « son droit à indemnité prend fin ; toutefois, lorsque des raisons d'équité plaident en sa faveur, l'établissement peut lui allouer une nouvelle somme globale, ou lui continuer l'indemnité ».

C'est la territorialité, en somme, qui caractérise cette législation. Elle est encore plus nette dans la loi grecque du 21 février et 6 mars 1901 (2). L'article 13 déclare que les étrangers ont droit à la rente accordée en vertu de la loi, *s'ils résident en Grèce.* De même, leurs

(1) V. *Annuaire de la législation du travail,* 1906, p. 351 et suiv.
(2) V. *Annuaire de législation du travail,* 1901, p. 355 et suiv.

parents ont droit à la rente s'ils résident en Grèce *et* s'ils s'y trouvent au moment de l'accident. Mais les ouvriers victimes d'accidents et leurs parents qui cessent de résider en Grèce n'ont droit qu'à une somme globale égale à la rente de trois années et sont privés de tout droit pour le surplus, même s'ils reviennent en Grèce dans la suite.

Il y a cependant une loi plus rigoureusement territoriale encore. C'est celle du Danemark, du 7 janvier 1898, dont nous avons reproduit plus haut (1) la disposition finale de l'article 2. Elle n'a pas été modifiée par les lois subséquentes du 3 avril 1900 (2), 15 mai 1903 (3) et du 27 mai 1908 (entreprises agricoles et forestières). Mais il est bon de dire que la loi du 1er avril 1912, modifiant celle du 22 juillet 1908 (4) sur les ouvriers étrangers, a obligé les employeurs à assurer leurs ouvriers contre les accidents du travail, ce qui doit augmenter notablement le nombre de cas où une victime d'accident reste sans indemnité.

II. Les lois de la seconde catégorie sont plus nombreuses : nous y rangeons les lois russe, allemande, française, hongroise et luxembourgeoise.

La loi russe des 2-15 juin 1903 mériterait une place à part dans cette catégorie (5). Elle prévoit bien une

---

(1) V. *supra*, p. 102.

(2) *Annuaire*, 1900, p. 434.

(3) *Ibid.*, 1903, p. 547.

(4) *Ibid.*, 1908, p. 200.

(5) Le texte de la loi proprement dite se trouve à l'*Annuaire de législation du travail*, 1903, p. 499 et suiv., qui reproduit simplement celui qui est donné au *Bulletin du Comité permanent des accidents du travail*, 1903, mais par une erreur singulière, ce texte n'est pas précédé du *préambule* où se trouve une disposition relative aux étrangers. Je dois la communication de la traduction ci-dessus à l'obligeance de M. F. Mallieux, avocat à Liége, expert dans la connaissance des lois russes. Le *Bulletin de l'Office international du travail* donne également le texte seul de la loi (1903, p. 660 et suiv.), mais dans la notice (p. XLV) il indique que la loi est applicable aux ouvriers *russes*.

réciprocité diplomatique, mais, seule au monde, croyons-nous, elle commence par refuser tout droit à l'ouvrier étranger — tout droit dérivant au moins de la loi d'assurance, car le droit commun, correspondant à notre article **1382**, lui reste ouvert. L'article XVII du *préambule* de cette loi est ainsi conçu : « Le ministre des finances est autorisé, en concluant des traités de commerce avec les États qui accordent au commerce et à la marine russes les conditions les plus avantageuses d'importation, de transit et de navigation, à prendre des mesures pour étendre aux sujets de ces États, ouvriers ou employés dans les entreprises industrielles établies en Russie, les règlements sur les indemnités à verser aux ouvriers et employés victimes d'accidents du travail, ainsi qu'aux membres de leurs familles, lorsque ces accidents se sont produits dans des entreprises de fabriques, mines et usines (titre I), sous les modifications suivantes :

» 1° Ne jouissent de l'indemnité que les membres de la famille de l'ouvrier ou employé mort (et sujet étranger) qui, à l'époque de l'accident, se trouvaient en Russie avec le chef de famille ;

» Et 2° en cas de départ pour l'étranger d'un sujet étranger, ainsi que des membres de sa famille désignés au paragraphe précédent, la pension qui leur est attribuée est remplacée par un versement unique égal au triple du paiement annuel pour autant qu'il reste à courir trois années au moins sur le délai pour lequel la rente a été attribuée; s'il reste un temps moindre jusqu'à cette échéance, la pension est versée en une fois pour le temps qui reste à courir ».

Ainsi, non seulement l'ouvrier étranger lui-même et ses ayants droit sont privés des bénéfices de la loi, en l'absence de stipulations favorables des traités de commerce, mais même si celles-ci interviennent, ils ne sont pas assimilés aux Russes, ils ne jouissent que du régime de défaveur qui, dans les autres législations, frappe l'étranger à défaut de réciprocité. Il est difficile d'imaginer plus de rigueur.

La *Reichsversicherungsordnung* du 19 juillet 1911 accorde en principe la même rente-accidents aux ouvriers indigènes et étrangers qui sont occupés *dans* un établissement ou *pour* un établissement soumis à l'assurance. En principe encore, leurs ayants droit sont placés sur le même pied. Mais la loi prévoit les exceptions suivantes :

1° Quand le blessé a été victime de l'accident en commettant une action qui tombe sous le coup de la loi pénale, l'indemnité *peut* être refusée, entièrement ou partiellement. Mais, dans ce cas, la rente peut être servie, entièrement ou partiellement, aux mains de membres de sa famille (sous certaines conditions) *si ceux ci résident sur le territoire* (§ 597 de la loi).

2° Les ayants droit d'un étranger qui ne résident pas sur le territoire de l'Empire au moment de l'accident n'ont aucun droit à la rente. Mais le Bundesrat peut soustraire à cette disposition les sujets des districts frontières et ceux des États étrangers « dont la législation prévoit des secours équivalents pour les ayants droit d'Allemands tués par un accident du travail » (§ 596).

Le Bundesrat a fait usage de ses pouvoirs en faveur des sujets de l'Autriche (sans la Hongrie, les Siebenbürgen, la Croatie ni la Slavonie), de l'Italie, des Pays-Bas, du Luxembourg et de la Belgique, ainsi que d'un certain nombre de districts frontières.

3° Le service de la rente cesse :

a) Quand l'intéressé a été condamné à une peine privative de la liberté de plus d'un mois ou est interné dans un dépôt de mendicité (Arbeitshaus) ou une maison de correction (Besserungsanstalt). S'il a des ayants droit résidant *sur le territoire,* la rente peut leur être servie dans les mêmes conditions que celles visées plus haut (§ 615);

b) *S'il est étranger,* tant qu'il séjourne *volontairement* à l'étranger, et, comme pour l'assurance-maladie, l'expulsion administrative simple n'empêche pas le service de la rente;

c) Mais il n'en est pas de même quand l'intéressé étranger est expulsé du territoire de l'Empire à la suite d'une condamnation consécutive à des poursuites pénales. S'il n'est expulsé, dans les mêmes conditions, que du territoire d'un État confédéré, il ne sera privé de sa rente que s'il ne séjourne plus sur le territoire d'aucun État confédéré.

En vertu du § 615 de l'*Ordnung,* le Bundesrat est ici encore autorisé à rendre inopérantes les dispositions relatives aux deux derniers points, et il a fait usage de ce droit pour les mêmes pays que ceux que nous avons indiqués plus haut. Mais il est bon de remarquer, comme le fait M. Capitant (1), que ces faveurs ne s'étendent pas à tous les établissements soumis à l'assurance contre les accidents, mais seulement aux établissements industriels, et aux chantiers du bâtiment (*Gewerbe und Bau-Unfallversicherung*).

4° La corporation d'assurance (Berufsgenossenschaft) a le droit de désintéresser, par le versement d'une somme unique, l'étranger titulaire d'une pension qui cesse d'avoir sa résidence habituelle sur le territoire de l'Empire ou réside habituellement à l'étranger. Si l'intéressé consent à cette transformation de sa rente,

(1) *Revue de droit international privé,* 1910.

le montant du capital est égal à trois arrérages annuels; si l'intéressé ne consent pas, il ne recevra en capital qu'*une fois* le montant de ladite rente (mit einem dem Werte seiner Jahresrente entsprechenden Kapitale) (§ 617). C'est le Bundesrat qui règle le calcul de cette valeur (§ 618). Il est autorisé à excepter de cette disposition les ressortissants de districts frontières, mais non d'États étrangers (1).

Nous avons déjà vu que la loi française du 9 avril 1898 contenait les mêmes principes de défaveur que la législation allemande. Mais la loi du 30 mars 1905, modifiant divers articles de la première, est venue heureusement permettre d'y déroger en vertu de conventions internationales. « Les dispositions des trois alinéas précédents, dit l'alinéa final du nouvel article 3, pourront toutefois être modifiées par traités, dans la limite des indemnités prévues au présent article, pour les étrangers dont les pays d'origine garantiraient à nos nationaux des avantages équivalents ». Cette disposition

(1) Il ne faudrait pas s'imaginer, d'ailleurs, que le service des rentes ne se fasse pas du tout à l'étranger. Le rapport annuel de l'Office impérial des assurances pour 1909 (*Amtliche Nachrichten des Reichsversicherungsamts,* 15 feb. 1910, p. 239) nous apprend que le nombre d'ouvriers italiens, frappés d'accidents et titulaires de rentes, qui retournent dans leur pays est considérable. Le montant total des indemnités d'accidents envoyées en Italie en 1909 était estimé à 800.000 marcs. La Deutsche Bank a entrepris de se charger du service des pensions, au lieu et place des corporations d'assurances. Son intervention allège ainsi la besogne des consuls d'Allemagne en Italie. La Banque répond, vis-à-vis des corporations d'assurances, de ce que les rentes parviennent bien aux intéressés, et de ce qu'il n'y ait que les intéressés qui les touchent. En 1910, on se félicite encore de ce système; la Deutsche Bank est mieux à même que les corporations de connaître les changements survenus chez les titulaires de rentes (*Idem,* 1 feb. 1911, p. 230). En 1911, presque toutes les pensions servies à des ouvriers italiens le sont par l'intermédiaire de la Banque. Une corporation a envoyé un médecin expert en Italie pour examiner les bénéficiaires de rentes résidant dans leur pays. Il s'est trouvé d'accord avec les experts italiens sur les cas de retraite ou de continuation de rentes soumis à l'enquête (*Idem,* 1 feb. 1912, p. 230).

est venue à temps pour permettre au gouvernement français de conclure avec l'Italie un arrangement prévu par le traité franco-italien du 15 avril 1904 : c'est l'arrangement du 9 juin 1906. Il avait été précédé, le 21 février 1906, par un arrangement avec la Belgique. Tous deux assimilaient les nationaux des deux parties contractantes, victimes d'accidents ou ayants droit.

Depuis lors, est venue s'ajouter la convention avec le Royaume-Uni du 3 juillet 1909.

L'article 3 de la loi du 30 mars 1905 a, d'autre part, précisé les dispositions de la loi de 1898 au sujet des ayants droit étrangers. Cette dernière loi n'avait point envisagé l'hypothèse d'ayants droit étrangers résidant en France lors du décès de leur auteur, étranger lui-même, mais venant ultérieurement à quitter le territoire. A s'en tenir au texte, on était conduit à ne pas les comprendre dans le régime de défaveur qui atteignait des ayants droit résidant à l'étranger au moment de l'accident. Cette inégalité dans l'injustice a paru inadmissible, et le nouveau texte a visé également cette anomalie.

Enfin, on a déjoué le calcul de crédirentiers qui, en quittant le sol français à la veille du paiement du *dernier* arrérage de leur pension, pourraient prétendre encore à une indemnité en capital égale au triple de leur rente et bénéficier ainsi d'une prestation supérieure à celle des ayants droit français similaires.

La loi suédoise du 5 juillet 1906 (1) ne fait pas de différence entre les ouvriers nationaux et étrangers qui sont victimes d'accident, mais elle les astreint tous à résider dans le royaume, sinon ils perdent le droit à la rente. En outre, la veuve et les enfants d'un ouvrier

(1) *Annuaire de législation du travail*, 1906, p. 523 et suiv.

étranger n'ont pas droit à la rente s'ils ne résident pas dans le royaume à l'époque de l'accident. Seulement, « le roi peut, en cas de réciprocité, autoriser des exceptions à ces dispositions, en ce qui concerne les citoyens d'un État étranger et les bénéficiaires de rentes domiciliés dans cet État » (§ 6).

La loi hongroise du 6 avril 1907 (1), promulguée vingt ans après la première loi autrichienne sur la matière, n'en a pas partagé les dispositions libérales, tout en la perfectionnant d'une façon très remarquable sur beaucoup de points. Elle prévoit notamment une série d'hypothèses intéressantes au point de vue du conflit de lois, que nous aurons à étudier plus tard. En ce qui concerne le régime des ouvriers étrangers, le § 5 les assimile aux nationaux « seulement dans le cas où l'État intéressé assure aux nationaux hongrois occupés sur son territoire le même traitement ». C'est donc la réciprocité de fait, non la réciprocité diplomatique. « Le ministre du commerce peut même, en ce qui concerne les sujets des États où l'assurance contre les accidents du travail n'est pas réglée par la loi, imposer l'obligation d'assurance, même sans tenir compte de la réciprocité ». Les ouvriers étrangers des entreprises dont les établissements s'étendent au delà des frontières du pays, et qui sont assujettis à la loi hongroise si elles ont une représentation permanente en Hongrie, sont soumis au même régime.

La situation de l'ouvrier bénéficiaire d'une rente qui se rend à l'étranger est réglée de la manière suivante : si son séjour à l'étranger n'est que momentané, sa rente est suspendue jusqu'à son retour. S'il revient dans les trois mois, pour demeurer à titre permanent, les arré-

(1) *Annuaire de législation du travail*, 1907, p. 703 et suiv.

rages retenus lui sont restitués. S'il se rend à l'étranger à titre permanent, la Caisse nationale d'assurance des ouvriers contre les maladies et les accidents peut lui accorder, si son cas est digne d'intérêt, une allocation égale au montant d'*une* année de rente. S'il revient en Hongrie, son droit à la rente renaît; toutefois, le montant de la rente annuelle qui lui a été payée doit être déduit de la rente qui lui est allouée après son retour. La retenue se fait par fractions et ne peut dépasser la moitié de la rente échue (§ 76).

Quant aux ayants droit des ouvriers étrangers décédés, qui, au moment de l'accident, ont leur domicile à l'étranger, ils n'ont droit à réparation que si l'État auquel ils appartiennent fait bénéficier du même traitement les ayants droit, domiciliés dans les pays de la couronne hongroise, des nationaux hongrois assurés et décédés dans cet État.

Si les ayants droit d'étrangers, qui jouissent d'une rente, se rendent à l'étranger à titre permanent, ils ont droit à une somme égale au triple de leur rente annuelle; en cas de retour, ils n'ont plus droit à aucune rente. Pour le surplus, la condition de la réciprocité est applicable en ce qui concerne le droit aux rentes de ces étrangers (§ 77).

On voit qu'à comparer aux législations de la même catégorie, celle de la Hongrie réduit considérablement la défaveur de l'étranger. Cependant, une convention a été conclue le 19 septembre 1909 entre la Hongrie et l'Italie, qui proclame en son article 1er l'assimilation des nationaux des deux États (1).

Il faut ranger enfin dans cette catégorie la loi luxem-

---

(1) V. *Bulletin de l'Office international du travail*, 1910, et notre Annexe, n° XIV.

bourgeoise du 5 avril 1902 (1). On sait que le Grand-Duché est le siège d'entreprises industrielles importantes, occupant beaucoup d'ouvriers étrangers, et que, d'autre part, par suite de l'exiguïté de son territoire, ses nationaux s'emploient facilement à l'étranger.

L'article 12 déclare que « le bénéfice de la présente loi s'étend aux étrangers comme aux Luxembourgeois ». Mais, étant donné le régime restrictif des grands États voisins, l'alinéa suivant porte : « Son application pourra cependant être suspendue par rapport aux nationaux des États dont la législation refuse aux Luxembourgeois le bénéfice de la protection similaire qu'elle accorde à leurs propres citoyens ». C'est donc le gouvernement qui détermine à son gré les droits de l'étranger. Le même principe est déposé à l'article 48. Il suspend le droit de toucher la pension d'abord pendant le temps où l'intéressé subit une peine d'emprisonnement d'un mois ou se trouve dans une maison de correction, puis pendant tout le temps que le pensionné étranger (c'est-à-dire l'ouvrier victime d'accident) ne réside pas dans le Grand-Duché.

Mais « l'effet de cette disposition peut être suspendu par le gouvernement ». Si, dans les cas susdits, le pensionné a des parents qui, lors de son décès, auraient droit à la pension, celle ci est versée à ces derniers jusqu'à concurrence de leurs droits éventuels. Les parents ne résidant pas dans le Grand-Duché ne peuvent jouir de cette attribution de pension, à moins d'une dispense spéciale du gouvernement. Enfin, les étrangers qui quittent le Grand Duché sans esprit de retour peuvent être désintéressés par le paiement unique et intégral d'un capital égal au triple de la rente annuelle.

---

(1) *Annuaire de législation du travail,* 1902, p. 347 et suiv.

Mais le gouvernement peut suspendre l'application de cette disposition (art. 49).

La Belgique avait intérêt à obtenir du gouvernement grand-ducal la suppression de ces restrictions en faveur de ses nationaux : de là l'arrangement du 15 avril 1905 qui les fait disparaître (1) ; il a été suivi de près par un arrangement avec l'Allemagne, daté du 2 septembre de la même année (2). Puis vint l'arrangement avec la France du 27 juin 1906 (3), identique à celui que la République venait de conclure avec le gouvernement belge.

III. La troisième catégorie des législations d'assurances renferme celles qui ne font point de distinction entre étrangers et nationaux. Ce sont celles de la Grande-Bretagne, de l'Italie, de l'Espagne, de la Belgique, des Pays-Bas et de la Suisse.

Le *Workmen's compensation Act* du 6 août 1897 (4) est de ce nombre. Les lois anglaises subséquentes du 30 juillet 1900 (5) et du 21 décembre 1906 (6) n'ont rien innové à ce sujet : comme la première, elles sont absolument muettes sur les ouvriers étrangers, parce qu'elles leur reconnaissent les mêmes droits qu'aux nationaux (7).

Il y a lieu de noter, cependant, une restriction relative à l'ouvrier qui se rend à l'étranger. Le numéro 18 de l'annexe I de la loi du 21 décembre 1906 porte (8) :

---

(1) *Bulletin de l'office international du travail,* 1905. V. ci-après Annexe, n° VIII.

(2) *Idem.*, 1905. V. Annexe, n° IX.

(3) *Idem.*, 1906. V. Annexe, n° X.

(4) *Annuaire de législation du travail*, 1897, p. 206 et suiv.

(5) *Ibid.*, 1900, p. 549 et suiv. et 555.

(6) *Idem.*, 1906, p. 208 et suiv.

(7) V. Knowles, *La loi anglaise du 21 décembre 1906 sur les accidents du travail et les étrangers. Revue de droit international privé,* 1908

(8) V. *Annuaire, loc. cit.*, p. 238.

« Si un ouvrier bénéficiant d'une rente hebdomadaire cesse de résider sur le territoire du Royaume-Uni, il perd par là même le droit de recevoir toute allocation hebdomadaire, à moins que le médecin-expert ne certifie que l'incapacité qui résulte de l'accident est vraisemblablement de nature permanente. Si le médecin expert délivre un certificat en ce sens, l'ouvrier aura le droit de recevoir *chaque trimestre* le montant des versements hebdomadaires totalisés dus pendant le trimestre précédent, et ce aussi longtemps qu'il prouvera, de telle manière et à tels intervalles qui seront fixés par des règlements de justice, son identité et la continuation de l'incapacité à raison de laquelle les allocations hebdomadaires sont payables ». Cette mesure est plutôt une mesure d'exécution administrative. En ce sens, elle est l'inverse du système de la loi française : l'ouvrier ayant droit à une rente viagère conserve tous ses droits ; celui qui n'a qu'une incapacité *temporaire* les voit réduire, si cette incapacité n'est « vraisemblablement » pas de nature à durer, ce qui se conçoit par suite des difficultés du versement répété de la rente hebdomaire à l'étranger.

La loi italienne du 17 mars 1898 (1), la loi espagnole du 30 janvier 1900 (2) et la loi belge du 24 décembre 1903 (3) ne contiennent non plus de dispositions restreignant les droits de l'ouvrier étranger. Nous noterons que le silence de cette dernière n'est pas l'effet d'une omission, mais est bien voulu : aux termes du projet primitif, en effet, les ayants droit d'un étranger qui, au moment de l'accident, n'avaient pas leur résidence sur

(1) *Annuaire,* 1898, p. 213 et suiv.
(2) *Annuaire,* 1900, p. 437 et suiv.
(3) *Annuaire,* 1903, p. 77 et suiv.

le territoire belge, n'étaient admis à réclamer les indemnités légales que si la législation du pays d'origine de l'étranger n'excluait pas, dans les mêmes conditions, les ayants cause des Belges du droit à la réparation des suites dommageables des accidents du travail. Le gouvernement a renoncé à cette disposition, de l'assentiment unanime de la Chambre. Il a été formellement entendu qu'à tous les points de vue, les étrangers victimes d'accidents du travail en Belgique jouiraient, pour eux et pour leurs proches, des mêmes avantages que les Belges.

La loi néerlandaise du 2 janvier 1901 (1) ne fait non plus aucune distinction entre ouvriers étrangers et nationaux ni entre leurs ayants droit. Elle prévoit, dans une disposition assez compliquée (l'art. 9), le cas du conflit de lois, mais elle ne restreint en rien les droits d'un ouvrier à raison de son extranéité.

Enfin, la plus récente des lois d'assurance contre les accidents, la loi suisse du 13 juin 1911, doit être aussi rangée dans cette catégorie. L'article 60 indique parmi les personnes soumises à l'assurance tous les employés et ouvriers occupés en Suisse dans les entreprises déterminées. Il ne pouvait en être autrement : dès le début de l'application de la loi allemande, les Suisses se sont plaints du traitement différentiel (2). Ils auraient été malvenus à l'adopter eux mêmes.

Nous avons tenu à passer en revue les principales législations européennes, afin de donner une idée de l'étendue de leur accord et de leur divergence.

Faut-il dire que toutes les restrictions et les déchéances qui atteignent l'ouvrier étranger nous paraissent venir

---

(1) *Annuaire*, 1901, p. 431 et suiv.

(2) V. Feigenwinter, rapport cité, *Revue de droit int. privé*, 1906.

d'un étroit égoïsme national, et ne se justifient point? Comment admettre qu'un ouvrier victime d'accident soit traité moins favorablement qu'un autre parce qu'il appartient à un autre État ou parce qu'il retourne dans son pays, « où l'attirent les motifs les plus nobles : sa famille, ses parents, ses amis, et l'entr'aide qu'on ne trouve sûrement qu'auprès des siens? ». Ainsi s'exprime un éminent magistrat français (1), dont l'appui est d'autant plus précieux, qu'il avait jadis approuvé les dispositions restrictives. « Il n'est pas moins admissible, ajoute-t-il, que le conjoint survivant, les enfants, les ascendants et descendants étrangers dont la victime était le soutien souvent unique, soient exclus de toute indemnité parce qu'ils n'ont pas voulu se déraciner et déserter leur patrie ».

On ne trouve que préoccupations futiles et étroites au fond de la politique de défaveur vis-à-vis des ouvriers étrangers : il y a du protectionnisme et même du mercantilisme, tel « le danger de voir sortir l'argent du pays sous forme de pensions payées à l'étranger, pour y être consommées », comme si ce n'était pas le cas pour toute espèce d'indemnité accordée à un étranger en vertu du droit commun! Il est réconfortant de penser que, même dans les pays qui pratiquent cette politique de restriction, il se trouve des voix autorisées pour en demander l'abandon.

Au sein de l'Association internationale pour la protection légale des travailleurs, on les a entendues. Lors de la session tenue à Bâle en 1904, sur les rapports de MM. Corsi et Feigenwinter, une commission où se trouvaient M. Millerand, alors ancien ministre, et

(1) M. Loubat, procureur général à Lyon, *Les accidents du travail en droit international*, 1911, p. 7.

M. Caspar, délégué du gouvernement allemand, proposa un vœu tendant à l'assimilation des étrangers et des nationaux en matière d'assurance contre les accidents. Dans la discussion à l'assemblée générale, la divergence ayant porté sur une question de formule théorique sur laquelle nous aurons l'occasion de revenir (1), M. Millerand prononça les mémorables paroles suivantes : « Comme vient de le dire très bien M. Brants, nous ne sommes pas une académie, nous visons à aboutir à des résultats pratiques. C'est pourquoi, afin de manifester notre volonté d'arriver le plus tôt possible à des résultats conformes à ce qui nous apparaît comme la vérité et la justice, j'ai demandé à M. Caspar, qui a bien voulu l'accepter, de mettre son nom à côté du mien, au bas d'un amendement qui fait disparaître la seule raison de dissidence qui existait entre un certain nombre de membres de cette assemblée. Ainsi, en laissant de côté la question très intéressante, mais après tout secondaire, du contrat de travail, nous pourrons peut-être (ce qui serait, je crois, une manifestation très intéressante) arriver à un vote unanime sur la déclaration de principe que tous les ouvriers, quelle que soit leur nationalité, doivent avoir droit au même traitement. *Et cette déclaration aura d'autant plus d'importance qu'elle aura été provoquée par des délégués qui appartiennent à deux nations dont les législations font précisément échec à ce principe* ». C'est à la suite de ces paroles que l'assemblée adopta à l'unanimité la motion suivante : « Pour les droits garantis à l'ouvrier et à ses ayants cause par les législations d'assurance et de responsabilité professionnelle, il n'y a lieu d'établir aucune différence entre les bénéficiaires, à raison de leur natio-

---

(1) V. *infra*, p. 132.

nalité, de leur domicile ou de leur résidence » (1).

Cette motion visait uniquement les législations nationales. A Genève, en 1906, l'assemblée générale, constatant « qu'il est possible de réaliser par une entente internationale le principe de l'égalité des nationaux et des étrangers au point de vue de l'assurance ouvrière », engageait les sections de l'Association à préparer un projet de convention pour l'assurance-accidents, et à « continuer à travailler, au moyen des législations nationales et des traités internationaux, à la réalisation de ce principe » (2).

On sait que cet appel fut entendu et que nombre de traités bilatéraux que nous avons indiqués ont été conclus. A l'assemblée de Lucerne, en 1908, le vœu fut répété, et notablement étendu à la question du conflit des lois (3). L'assemblée de Lugano, en 1910, le reproduisit une fois encore, en demandant que le même principe fût appliqué aux autres branches des assurances sociales. (4)

Il faut dire que plus les traités bilatéraux se multiplient, moins les inconvénients du régime de défaveur persistent. Mais, par le fait même, les raisons de ce régime de défaveur disparaissent. Le moment viendra

---

(1) *Compte rendu de la troisième assemblée générale de l'Association. Bâle, septembre 1904*, p. 86.

Reproduisons encore cette phrase de M. Loubat : « La France s'honorera le jour où elle adoptera, comme la Belgique et l'Italie, une législation vraiment humaine, s'élevant au-dessus de ces raisons mesquines et affranchissant de toute rançon ceux que l'amour de leur patrie ou de leur famille retient ou rappelle à l'étranger », *op. cit.*, p. 9.

(2) *Compte rendu de la quatrième assemblée générale, Genève, 1906*, p. 163.

(3) *Compte rendu de la cinquième assemblée générale, Lucerne, 1908*, p. 214.

(4) *Compte rendu de la sixième assemblée générale, Lugano, 1910*, p. 193.

peut-être bientôt où un traité général en consacrera l'abolition. Mais ce traité ne peut se borner à la proclamation de l'assimilation des étrangers et des nationaux; il doit nécessairement viser le conflit des lois, qui se présente sous un aspect plus complexe et plus difficile.

§ II. *Le conflit des lois.*

Il ne suffit pas de déclarer que les étrangers seront traités comme les nationaux sur le territoire pour écarter toutes les difficultés qui peuvent s'élever au sujet de l'application des lois réglant la réparation des dommages résultant d'accidents du travail.

En effet, ces lois ne sont pas identiques dans les divers pays; elles ne reposent pas partout sur les mêmes principes juridiques. Elles n'assujettissent pas les mêmes personnes ni dans les mêmes conditions. De ces divergences surgissent des conflits, où plusieurs lois peuvent être invoquées : la loi nationale de la victime ou de ses ayants cause, la loi du lieu de formation du contrat, la loi du siège de l'entreprise, la loi du lieu de l'accident, sans compter la loi du lieu de l'instance.

La question a une grande importance pratique, parce qu'il peut en résulter deux inconvénients également regrettables : un ouvrier victime d'accident peut se voir privé de toute indemnité, aucune législation n'étant applicable, ou bien, assujetti à deux lois qui s'ignorent, il peut recevoir deux indemnités pour le même accident. Au point de vue patronal, l'inconvénient de l'incertitude juridique consiste en ce que l'employeur est parfois obligé de prendre une double assurance ou de verser à deux caisses d'assurance pour le même ouvrier.

Disons tout d'abord qu'il ne rentre pas dans le cadre

de ce travail de faire une étude complète et générale de cette question. Il faudrait commencer par passer en revue toutes les législations de l'Europe, de l'Amérique et même du monde, en confronter les principes et les applications dans toutes les jurisprudences : un ouvrier belge peut être victime d'accident dans tous les pays de la terre; une entreprise belge peut avoir des établissements à l'étranger et y employer des ouvriers ressortissants à tous les Etats, et les solutions adoptées ne s'appliqueraient pas encore *de plano* au cas où il s'agirait d'un ouvrier allemand, anglais, etc., et d'une entreprise anglaise, allemande, etc. Nous n'essaicrons pas d'épuiser toutes les hypothèses possibles. Comme dans le plus grand nombre des questions de droit international privé, nous serons obligés de nous limiter à notre droit ou à ceux qui s'en rapprochent, par exemple le droit français.

Pour bien apprécier la nature du problème à résoudre, il est indispensable de remonter au régime du droit commun, consacrant la responsabilité individuelle.

Le cas du quasi-délit. — On est généralement d'accord pour admettre que la loi applicable au conflit des lois en matière de délit et de quasi-délit est la loi du lieu où le fait générateur de l'obligation s'est passé. L'ordre public international est ici en jeu : « La société est en effet intéressée, dit M. Weiss (1), à ce que les droits légitimes de chacun soient protégés contre la mauvaise foi et la violence; la paix publique est à ce prix. L'article 1382 du Code civil fait partie de ces lois de police et de sûreté, auxquelles les étrangers eux-mêmes doivent l'obéissance sur le territoire français ». On voit donc les tribunaux appliquer la loi du for, dans

(1) *Traité*, t. IV, p. 390.

le cas d'un fait qualifié par elle dommageable, même à des étrangers dont la loi ignore le délit ou le quasi-délit (1).

Mais il se peut que le fait se soit passé à l'étranger, et qu'il n'entraîne pas d'obligation de réparer d'après la loi de ce pays, mais bien d'après la loi nationale commune des parties. La partie lésée ne pourra-t-elle réclamer des dommages devant les tribunaux de son

---

(1) Cette jurisprudence n'est cependant pas constante. La Cour de cassation belge a prétendu (21 février 1907, *Pasicr.*, 1907, 1, 135) que « les articles 1382 et 1383 du Code civil ne réglementent que des intérêts privés et individuels et n'ont pas pour but exclusif de sauvegarder un intérêt général; qu'il en résulte que ces dispositions n'ont pas le caractère de lois d'ordre public et qu'on peut y déroger par convention : il ressort de la combinaison des articles 1382 et 1383 avec les articles 1134, 1152 et 6 du Code civil que les parties peuvent, à l'avance, par stipulation, étendre ou restreindre leur responsabilité; que seule la convention qui aurait pour objet de les affranchir des conséquences de leur dol devrait être annulée comme immorale ». Il y a là une confusion inadmissible, tirée des clauses d'irresponsabilité. Sans doute, en matière contractuelle, on admet la validité de ces clauses, sauf pour le dol et la faute lourde. Mais, comme dit M. Planiol (*Traité*, t. II, p. 293), « en matière délictuelle, ces clauses sont nulles parce que les devoirs légaux que sanctionne l'article 1382 sont d'ordre public (D., *Suppl.*, v° *Responsabilité*, n. 273). Il est vrai qu'un contrat d'assurance est valable pour couvrir la responsabilité des fautes délictuelles (assurance du propriétaire contre le recours des voisins ou en cas d'incendie, du patron contre l'action des ouvriers en cas d'accidents, etc.). D'où l'on a quelquefois tiré cette objection : puisque la personne responsable peut se couvrir par un contrat avec un tiers, pourquoi ne pourrait-elle pas s'exonérer du risque par une convention faite directement avec la victime possible de ses fautes ? Il n'y a aucune similitude possible entre les deux conventions : l'assurance, loin de détruire la responsabilité envers la personne lésée, en suppose l'existence et en garantit le fonctionnement, tandis que la clause d'irresponsabilité supprimerait toute action et laisserait la victime du dommage sans aucun recours, tout en provoquant la négligence d'une personne devenue irresponsable ». La Cour de Liége (14 mars 1894, *Journal des tribunaux*, 1894, col. 426) avait dit excellemment : « Attendu que le principe consacré par cette disposition légale (l'art. 1382) est d'ordre public et que nul ne peut se soustraire à son application en convenant d'avance avec autrui qu'il ne réparera pas, en tout ou en partie, le dommage qu'il pourra lui causer par sa faute ». Il s'agissait d'un accident du travail. Le patron avait fait signer par la veuve de la victime une quittance par laquelle elle reconnaissait que le patron ne lui devait rien de plus que ce qui lui était dû par la caisse de secours de l'établissement.

pays ? Certains auteurs le nient. M. von Bar écrit (1) : « Chaque fois qu'un acte ne justifie point une action en dommages-intérêts d'après la loi du lieu où il est accompli, il ne peut pas non plus servir de base à une pareille demande devant les tribunaux étrangers », pour la raison que sinon l'on porterait atteinte à la souveraineté internationale de l'État. M. Albéric Rolin s'élève avec raison contre le caractère absolu de cette opinion. Il fait observer qu'aucun État ne se désintéresse absolument des agissements de ses nationaux en pays étranger, et les punit même pénalement quand ils y commettent des délits. « De quoi se plaindrait l'État étranger si l'État d'origine apprécie plus sévèrement qu'il ne le fait lui-même les obligations et la responsabilité de ses ressortissants se trouvant sur le sol étranger ? » (2). Dès lors, il y a lieu d'appliquer la *lex fori*, non pas comme telle, mais comme *loi nationale* des intéressés, loi à laquelle ils restent soumis à l'étranger, à raison de son caractère impératif.

La Cour de cassation belge a décidé dans ce sens, dans un cas qui, sans relever du droit international ouvrier, y rentre tout naturellement par analogie : un employé belge, domicilié en Belgique, est tué en Allemagne par la chute d'un hangar appartenant à une société belge. Les sœurs de la victime, Belges et domiciliées en Belgique, actionnaient la société en dommages-intérêts, en vertu de l'article 1386 du Code civil; il n'était pas contesté que la chute du hangar était due à un vice de construction. La société défenderesse invoquait l'inapplicabilité de la loi belge, et l'application de

(1) *Das internationale Privatrecht.*, t. II, p. 116.
(2) *Principes*, t. I, p. 571.

la loi allemande, aux termes de laquelle « les parents *qui ont droit à des aliments* en vertu de la dite loi, c'est-à-dire les ascendants et les descendants, peuvent seuls réclamer une indemnité du chef de la mort d'une personne victime d'un accident survenu en Allemagne et causé par la ruine d'un bâtiment ».

Le tribunal civil de Mons, la cour de Bruxelles et la Cour de cassation ont été d'accord pour appliquer la loi belge (1). Il est vrai que la cour d'appel, fort méprisante pour « de prétendus principes de droit international privé », n'a pas même voulu voir qu'il y avait conflit de lois, affirmant que le « conflit est impossible lorsque des nationaux d'un même pays plaident entre eux ! » Elle est restée à mi-chemin du raisonnement, quand elle se contente de dire que « les citoyens belges sont, en matière personnelle, soumis dans leurs rapports réciproques aux lois belges, même à l'étranger, dans la mesure où il est possible de les appliquer hors du territoire... ». Sans doute, la société défenderesse avait, comme tout individu, l'obligation de s'abstenir de causer la mort d'un Belge, mais encore fallait-il, pour qu'il y eût obligation de réparer, un fait générateur du droit. C'est ce qu'a constaté la Cour de cassation : « Attendu que l'engagement de réparer le dommage causé par un fait illicite et culpeux ne dérive pas directement du devoir qui est imposé à tous de respecter le droit d'autrui ; qu'il naît, à proprement parler, de la violation de ce devoir par un acte dont la loi positive fait découler l'obligation de réparer le préjudice ». Et la difficulté venait précisément de ce que cette violation n'en était pas une en Allemagne, que l'on pouvait se demander si, puisque c'était à l'étranger que le droit

(1) V. *Pasicrisie,* 1908. 2. 241 et 1909. 1. 25.

devait naître, il avait pu naître sous l'empire d'une loi étrangère qui ne donnait pas de droit dans l'hypothèse en cause. La Cour suprême, tout en visant cette difficulté, l'écarte brièvement en constatant qu'aucun texte de loi belge n'a été violé par l'arrêt attaqué : ni l'article 3, § 3, du Code civil, ni les articles 1382 et suivants, puisqu'ils appliquent en tout état de cause la loi du for. Mais il n'en reste pas moins que, par analogie avec la loi pénale, et pour des motifs d'ordre public international, c'est bien la loi nationale commune des parties qui s'applique à un quasi-délit survenu à l'étranger.

Nous résoudrions la question dans le même sens, même si l'affaire était portée devant un tribunal d'un pays tiers — à condition, naturellement, que l'ordre public international de ce pays ne s'y oppose pas.

Que si les parties sont de nationalité différente, il faudra revenir au principe général et appliquer la loi du lieu du fait accompli.

Enfin, si ce fait s'est passé dans un pays désert, où fait défaut une loi civilisée — ou en pleine mer (1) — on fait encore application de la loi du tribunal dans l'impuissance où l'on est de choisir entre la loi de l'auteur et la loi de la victime.

Jusqu'à présent, nous nous sommes placé en termes généraux dans l'hypothèse où il s'agit d'un quasi-délit.

Les solutions que nous venons de justifier s'appliqueront donc quand on fait reposer la responsabilité sur une faute du patron (1382 C. civ.) ou sur le risque créé par lui, par sa chose, par son outillage (art. 1384). On

---

(1) V. Weiss, *Traité*, t. IV, p. 392 et suiv., en note, la question très délicate de l'abordage survenu entre navires de nationalités différentes en pleine mer.

sait que pendant les dernières années qui ont précédé la loi française de **1898**, un certain nombre d'auteurs éminents et toute une série d'arrêts ont consacré cette doctrine, qui, en écartant l'idée de faute du patron, met à sa charge le cas fortuit, et donne une indemnité à l'ouvrier, sauf en cas de faute de sa part, ou de force majeure (1).

Le cas du contrat et la nature des lois d'assurance. — Mais ces différents systèmes font abstraction du contrat qui intervient entre patron et ouvrier. Or, la théorie Sainctelette et Sauzet, adoptée par l'ancienne loi suisse, fait reposer précisément sur le contrat la responsabilité patronale. Il est certain, d'autre part, que les lois récentes sur le contrat de travail, en inscrivant en termes exprès dans le contrat l'obligation, pour le patron, de veiller à la nécessité de l'ouvrier (2), ont renforcé chez beaucoup d'esprits la conviction que la responsabilité était d'origine contractuelle.

Une conséquence importante s'ensuit au point de vue du conflit des lois : c'est que la loi applicable est la loi qui régit le louage du travail. D'après les principes

(1) V. Josserand, *De la responsabilité du fait des choses inanimées*. Paris, 1897. — Saleilles, *Les accidents du travail et la responsabilité civile*. Paris, 1897, et *Le risque professionnel dans le Code civil* (*Réforme sociale*, 1898), etc. — Orléans, 10 février 1892, S., 93. 2. 205. — Cons. d'État, 21 juin 1895, S., 97. 2. 33, et la note de M. Hauriou. — Cass. fr., 16 juin 1896, S., 97. 1. 17, D., 97. 1. 433, note Saleilles; 30 juin 1902, D., 07. 1. 436. — Req., 22 janvier 1908, D., 08. 1. 217. — *Contra* V. notamment Esmein, note sous l'arrêt de Cass., précité, S., 97. 1. 17, et *Bulletin de la Société de législation comparée*, 1901, p. 226; Planiol, *Droit civil*, t. II, n. 930, et *Du fondement de la responsabilité* (*Revue critique*, 1905, p. 277 et 1906, p. 80).

(2) Loi belge du 10 mars 1900 art. 11 : « Le chef d'entreprise a l'obligation... de veiller, avec la diligence d'un bon père de famille et malgré toute convention contraire, à ce que le travail s'accomplisse dans des conditions convenables au point de vue de la sécurité et de la santé de l'ouvrier ».

généraux, ce sera donc la loi à laquelle les parties ont entendu se référer : si elles n'ont pas exprimé d'intention contraire, on appliquera leur loi nationale commune, si elles ont même nationalité, et la loi du lieu où le contrat s'est formé, — *lex loci contractus,* — si elles sont de nationalité différente. On en arrive donc, dans ce système, à rechercher continuellement l'intention des parties. Il ne s'agit plus du domaine de l'ordre public international, mais de l'autonomie de la volonté.

Ces vues gardent toute leur valeur encore dans les cas où l'assurance obligatoire n'est pas applicable (ouvriers agricoles, domestiques, petites entreprises). Il y a lieu alors d'examiner si la responsabilité vient du contrat ou d'un quasi délit.

Mais la question qui se pose dans la plupart des cas est celle de savoir si les législations d'assurance ne sont pas venues modifier considérablement le fondement même de la responsabilité, et par conséquent les lois applicables en matière de conflit des lois. Dans tous les pays de l'Europe, aujourd'hui, la loi fait table rase des conventions particulières qui pourraient intervenir entre patron et ouvrier au sujet des accidents du travail ; elle leur impose un système spécial de réparation, faisant peser sur « l'industrie » le risque d'accident, et faisant accepter pour toute réparation par la victime une indemnité *partielle.*

Un certain nombre de législations et d'auteurs continuent à ne voir là qu'un mode d'organisation du louage de travail, tandis que d'autres y voient l'introduction de principes nouveaux, où la société parle en maîtresse et impérativement, où il s'agit en définitive de *droit* public.

Il est à remarquer que ces divergences dans la manière de considérer la nature des lois d'accidents opposent généralement les auteurs germaniques aux auteurs latins. En Allemagne, en Autriche, on ne met jamais en question que les lois d'assurance ne soient de droit public. En France, en Belgique, en Suisse, en Italie, nombreux sont les auteurs qui les tiennent pour de droit civil, c'est-à-dire comme organisant en définitive le *contrat* de louage de travail.

En présentant la loi belge du 24 décembre 1903, le Gouvernement l'a rattachée expressément à la loi sur le contrat de travail : « Le principe de la réparation forfaitaire, dans la pensée du Gouvernement, se rattache au contrat de travail, et à l'obligation qui en dérive pour le patron (loi du 10 mars 1900, art. 11) de veiller à la sécurité de l'ouvrier : cette obligation est une conséquence de l'autorité patronale et de la circonstance que l'organisation du travail, et, si l'on peut dire, l'agencement ou la détermination du « milieu » où l'ouvrier exerce son activité dépendent du chef d'entreprise » (1).

De même en France, nombre d'auteurs commentant la loi du 9 avril 1898, nombre d'arrêts qui l'appliquent, font dériver la responsabilité du contrat (2).

Dans une étude remarquable que nous avons déjà citée, M. Feigenwirter, avocat à Bâle, a défendu devant l'Association internationale pour la protection légale des travailleurs, le point de vue que l'origine de la

(1) V. *Annuaire de législation du travail*, 1903, p. 82 (introduction au texte de la loi belge).

(2) V. Bellom, *De la responsabilité en matière d'accidents du travail*, p. 194; Cabouat, *Traité des accidents du travail*, I, p. 289; Sachet, *Traité théorique et pratique de la législation sur les accidents du travail*, n. 981; Loubat, *Traité sur le risque professionnel*, I, p. 785. — V. aussi Esmein, note sous Cass., 30 mars 1897, S., 98. 1. 65; Baudry-Lacantinerie et Wahl, *Contrat de louage*, t. II, n. 2029. — V. Rennes, 22 décembre 1902, et Trib. paix Lille, 10 juillet 1903, *Revue de droit international privé*, 1905, p. 131.

responsabilité patronale était contractuelle, opinion générale en Suisse.

En Italie, c'est la voix autorisée de M. le professeur Corsi qui s'est fait entendre à l'Institut de Droit international, pour proclamer le même principe.

Lors de sa session de Bâle, en 1904, l'Association internationale a vu la divergence d'opinion se faire jour d'une manière éclatante entre les délégués français et allemands.

Le vœu relatif à l'assimilation des étrangers aux nationaux avait été rédigé par la Commission, présidée par M. Millerand, de la manière suivante : « Les droits garantis à l'ouvrier et à ses ayants cause par les législations d'assurance et de responsabilité professionnelle *qui sont reconnus comme découlant du contrat de travail* ». Un amendement surgit immédiatement du côté allemand, conduit par M. Caspar, tendant à supprimer les mots soulignés comme inexacts et ne s'appliquant pas notamment à la loi allemande. Il s'ensuivit un débat des plus intéressant, qui menaçait, comme dit M. Millerand, de devenir une dispute scolastique entre le droit public et le droit privé. M. Millerand lui-même l'écarta, pour des raisons pratiques, accentuant l'accord unanime sur le principe de l'assimilation, sinon sur le motif de l'origine de la responsabilité. Mais le dissentiment sur ce point n'en a pas moins subsisté (1).

Nous avons maintenant à nous demander, pour notre part, et à propos du conflit des lois, quelle est la nature des lois d'assurance. Tout le monde est d'accord pour dire que ce sont des lois d'ordre public, à raison de leur

(1) V. *Compte rendu de la troisième Assemblée générale de l'Association internationale*. Bâle, 1904, p. 72 et suiv.

caractère impératif. M. Loubat hésite à les appeler d'ordre public international et n'y voit en jeu que l'ordre public interne. A mon sens, c'est une erreur évidente : deux étrangers, patron et ouvrier, ne pourraient invoquer leur loi nationale, ou la loi étrangère régissant leur contrat, pour un accident survenu sur le territoire français, sauf les exceptions prévues expressément aux traités de travail, dont nous parlerons plus loin.

Mais on perd souvent de vue les raisons pour lesquelles il faut considérer les lois d'assurance comme d'ordre public international. Ceux qui veulent n'y voir qu'une clause du louage de travail, perdent de vue les motifs de protection légale des travailleurs qui y sont, me semble-t il, prépondérants. L'invention juridique du « risque professionnel » exprime tout simplement une pensée de protection qui est à la base du système. Si l'*industrie* supporte le risque du travail, c'est parce que l'État considère comme un devoir inéluctable, impérieux, que la classe ouvrière soit protégée dans son intégrité physique, dans sa sécurité morale, par l'assurance. C'est la richesse main-d'œuvre, le fonds de travail de la nation que l'on protège, comme un bien dont la valeur est d'intérêt général, et l'on veut donner au nom du même intérêt, la sécurité du lendemain, comme une condition nécessaire de la dignité de la vie de l'ouvrier.

S'il en est ainsi, on reconnaîtra qu'il n'y a pas de motifs plus certains pour « garantir un intérêt social » (1) et que le caractère d'ordre public international s'impose.

---

(1) Expression de l'avant-projet de revision du Code civil belge pour définir l'ordre public international : « Il ne peut être pris égard aux lois étrangères dans le cas où leur application aurait pour résultat de porter atteinte aux lois du royaume qui consacrent ou garantissent un droit ou un intérêt social » (art. 14).

En ce sens nous dirons donc que les lois d'assurance sont des lois de police et de sûreté, comme tant d'autres lois de protection ouvrière, reconnaissant d'ailleurs que ces mots, empruntés à l'article 3, § 1er, du Code civil ont une signification générale et ne se restreignent pas « à la sécurité des personnes, au respect des propriétés, et au maintien du bon ordre et de la salubrité publique » (1).

Le principe. — Les obligations relatives aux accidents du travail ne dérivent donc pas du contrat, mais de la loi. Nous croyons que celle ci a résolument écarté la volonté et le consentement des parties, qu'elle s'y est substituée. Elle dit quand l'indemnité est due ; elle en fixe le montant, les modalités, etc., le tout malgré toute convention contraire. Comment rattacher encore tout cela au contrat? « Il est vrai, comme écrit M. Loubat (2), que l'existence d'un contrat de louage d'ouvrage est nécessaire pour que la responsabilité puisse prendre naissance ; mais ce n'est pas ce contrat qui crée l'obligation puisqu'elle existerait quand bien même les parties auraient stipulé le contraire » (3).

Nous conclurons donc qu'en principe (4), la loi d'assurance-accidents est territoriale et que le conflit des lois se résout par l'application de la loi du lieu de l'accident.

Ces considérations nous font repousser l'application

---

(1) *Contra* Loubat, *Les accidents du travail en droit international*, p. 32.

(2) *Ibid.*, p. 33.

(3) Dans la discussion du rapport de M. Corsi, à l'Institut de Droit international, session de Florence, 1908, M. Lyon-Caen disait de même : « Quant à la responsabilité du patron, c'est bien un effet du contrat de louage de services, mais c'est un effet que la loi lui attache impérativement : la volonté des parties n'a aucune influence sur cette responsabilité » (*Annuaire de l'Institut*, session de Florence, t. XXII, p. 293).

(4) Nous admettrons plus loin des exceptions. V. p. 139 et suiv.

de la loi du contrat et la loi de l'entreprise, qui ont leurs partisans.

La loi du contrat est ou bien la loi nationale commune des parties ou la loi du lieu où le contrat est formé, dans le cas où elles ont des nationalités différentes (1). L'une ou l'autre ne peut se défendre que par l'intention présumée des parties (2). On conçoit que cette solution ait été défendue en Suisse, à l'époque où la loi admettait la responsabilité contractuelle du patron.

C'est ainsi que la cour d'appel de Zurich, par un arrêt du 5 novembre 1901, a appliqué la loi française à un ouvrier français engagé à Lyon par une fabrique de Zurich et blessé en Suisse, dans cette ville, au montage d'une machine (3). Un arrêt de la Cour supérieure du Canada du 24 février 1906, confirmé par la Cour de revision, le 2 février 1907, invoque aussi l'intention des parties pour repousser l'application de la loi du lieu de l'accident, quand celui-ci s'est passé à l'étranger; il faut dire que le patron et l'ouvrier étaient de même nationalité (canadienne) et tous deux domiciliés au Canada (4).

La loi du siège de l'entreprise a été défendue par des considérations de même nature à l'Association internationale pour la protection des travailleurs, à Bâle en 1904, notamment par M. Feigenwinter, et à l'Institut de droit international, dans sa session de Florence en 1908, par M. le professeur Corsi.

Mais M. Barthélemy Raynaud a proposé récemment, en faveur de cette loi, de nouveaux arguments, qui

(1) Cass. fr., 6 février 1900, S., 00. 1. 161.

(2) V. Sachet, *op. cit.*, 5e édit., t. 1, n. 250, p. 247.

(3) *Revue de droit international privé*, 1905, p. 384. Même solution. Tribunal fédéral suisse, 4 mars 1892, *Journal Clunet*, 92. 1064.

(4) V. *Revue de droit international privé*, 1908, p. 668.

constituent ce qu'il appelle « la théorie du risque professionnel international (1) ». Pour lui, l'accident n'apparaît plus, dans les législations modernes, comme un délit ni un quasi-délit, ni un accessoire du contrat de travail, il est un risque de l'industrie : le seul fait qu'il est survenu, d'après les formules de la loi française, par le fait ou à l'occasion du travail, suffit à obliger l'employeur à le réparer : il y a un lien direct entre l'accident et l'entreprise par l'idée de risque professionnel... « L'indemnisation est le corollaire du rapport de droit qui unit l'accident à l'exploitation industrielle, à l'entreprise : le patron est considéré implicitement comme l'assureur du travailleur embauché, par le fait seul qu'il l'emploie, par sa seule qualité de chef d'entreprise. Dès lors, les conflits de loi en matière d'accidents du travail devraient être régis par la loi de l'entreprise : il faudrait appliquer la loi du pays où est fixée l'entreprise industrielle qui occupe l'ouvrier ». Le savant auteur prétend que deux courants se sont dessinés dans la jurisprudence : le premier, favorable à la loi du lieu du contrat, aurait fait place à un second, en faveur de la loi du lieu de l'entreprise. Il cite, à l'appui de son opinion, un jugement de Lyon, du 26 décembre 1907, où le tribunal a appliqué la loi française à un ouvrier italien blessé à Beyrouth (Turquie) au service d'une entreprise française. « Attendu, dit le tribunal, que la loi française, essentiellement territoriale, s'applique aux patrons français ou étrangers qui exploitent en France des industries assujetties... ; que, pour savoir si cette loi est applicable, il n'y a pas à se préoccuper de la nationalité des parties (patrons ou ouvriers) ; qu'il ne faut pas davantage envisager exclusivement ni le lieu

(1) V. *Journal du droit international privé*, 1911, p. 1068 et suiv.

où le contrat de louage de service a été passé, ni même le lieu de l'accident, ces circonstances pouvant être purement accidentelles et sans influence sur les droits des parties; que ce qu'il faut rechercher avant tout, c'est avec qui l'ouvrier a contracté et au service de qui il travaillait au moment où il a été victime de l'accident; qu'il pourra réclamer le bénéfice de la loi toutes les fois qu'il aura été victime d'un accident en travaillant dans une entreprise dont le siège est en France ou dans une entreprise française quel que soit du reste le lieu où le contrat a été passé et alors même que l'accident serait survenu en territoire étranger; qu'en pareil cas, le contrat de louage se rapportant à une entreprise soumise à la loi française doit être exécuté partout de la même manière » (1).

Il nous paraît que, malgré tout ce qu'elle a de séduisant, cette théorie n'est pas admissible. Le risque professionnel est bien international en ce sens que le patron doit réparation aux ouvriers de son entreprise, sur le territoire, quelle que soit leur nationalité. Mais c'est affirmer ce qu'il faut démontrer, que de dire que le

(1) M. Raynaud invoque encore les conventions internationales sur les accidents du travail, mais, comme nous le verrons plus loin, elles consacrent au contraire de la façon la plus formelle la loi du lieu de l'accident. Elles y font deux exceptions, pour les ouvriers détachés *à titre temporaire* et occupés depuis moins de six mois, et pour les ouvriers ambulants des entreprises de transport. M. Raynaud conclut de cette double exception que les pays signataires ont voulu adopter la loi de l'entreprise pour la solution des conflits de lois, et il en donne cette raison au moins étrange : « Si le travail exécuté à l'étranger, en France par exemple, dure plus de six mois, on *présume en somme* que l'entreprise belge a désormais son siège en France et c'est la loi française qui devient applicable comme loi du lieu de l'entreprise! » Comment l'auteur ne voit-il pas que son raisonnement, appliqué au cas du jugement de Lyon, ruinerait entièrement celui-ci : si le travail exécuté à Beyrouth a duré plus de six mois, l'entreprise française eut été censée avoir transporté son siège en Turquie, et la loi française n'était plus applicable !

régime légal auquel est assujettie l'entreprise (le risque professionnel, dans le cas de la loi française), doit se continuer à l'étranger, quelle que soit la loi en vigueur à l'étranger. Si cette théorie était vraie, elle le serait dans le cas inverse : une entreprise allemande, ayant son siège en Allemagne, devrait être régie en France par la loi allemande, non seulement en cas d'exploitation temporaire, mais en cas d'exploitation permanente. Or, ce serait briser la territorialité de la loi française, ce serait porter atteinte à sa souveraineté, à l'ordre public international en France; ce serait faire bon marché des motifs supérieurs de protection ouvrière qui sont à la base des lois d'assurance, dans le cas où il s'agirait d'une entreprise étrangère, régie par des principes différents (par exemple, une entreprise suisse, avant la nouvelle loi). Aucun arrêt, aucun jugement n'a consacré cette manière de voir. Au contraire, un ouvrier belge, employé au service d'une société luxembourgeoise ayant été blessé en France, le tribunal civil de Briey, le 2 novembre 1905, et la cour de Nancy, le 10 février 1906, ont appliqué la loi française au nom des principes d'ordre public que nous venons de rappeler.

Nous nous en tenons donc à la loi du lieu de l'accident, comme étant celle qui se conforme le mieux aux bases mêmes de la protection légale des ouvriers. Nous estimons que toutes les considérations relatives à la responsabilité contractuelle de l'employeur ne conduisent qu'à des confusions. Les lois d'assurance obligatoire ont modifié, d'autorité, les rapports de droit entre patrons et ouvriers. L'obligation est devenue purement légale : c'est pourquoi elle est, en principe, territoriale.

Cette doctrine est bien celle que consacre la jurisprudence dans différents pays.

En Belgique, elle est formelle et constante, depuis deux jugements du tribunal d'Arlon (**13** et **20** juillet **1904**), confirmés par la cour de Liége (**21** juin **1905**) (1) qui ont appliqué la loi française et la loi luxembourgeoise à des ouvriers victimes d'accidents en France et au Luxembourg.

En France, on peut citer un jugement du tribunal de Lille du **4** décembre **1904**, confirmé en appel par un arrêt de la cour de Douai du **4** avril **1905** (**2**), et un autre jugement du tribunal de Lille du **25** mai **1905**, également confirmé par un arrêt de la cour de Douai du **4** avril **1905** (**3**). La cour de Nancy, par un arrêt du **10** février **1906** (**4**), a appliqué la loi française à un ouvrier belge faisant partie d'une exploitation sise au grand-duché de Luxembourg, l'accident s'étant produit en France. Il est vrai que deux arrêts de cassation, plus récents, du **8** mai **1907** (5), semblent consacrer la *lex loci contractus*.

Dans le grand-duché de Luxembourg, la Cour suprême a adopté la même doctrine dans son arrêt du **4** juillet **1902** (6).

En Italie, l'arrêt célèbre de la cour d'appel de Gênes du **30** septembre **1898** (7) fait autorité, bien que ses considérants, basés notamment sur la règle *Locus regit actum*, soient critiquables.

Les exceptions. — Si la loi du lieu de l'accident était

---

(1) *Belgique judiciaire*, 1905, p. 60?, et aussi *Revue de droit international privé*, 1905, p. 539, et *Journal de droit international privé*, 1906, p. 216. Il est à noter cependant que la cour invoque à la fois la loi du lieu de l'accident et la volonté présumée des parties.

(2) *Journal de droit international privé*, 1905, p. 667.

(3) *Revue de droit international privé*, 1906, p. 156

(4) V. D., 10. 2. 297 et la note de M. Loubat.

(5) *Journal de droit international privé*, 1908, p. 187.

(6) D., 1904. 2. 78.

(7) S., 1901. 4. 1, p. 1 avec les notes de M. Wahl.

partout adoptée uniquement et uniformément, il n'y aurait plus de conflit des lois possible, puisque l'accident ne peut avoir lieu que dans un seul endroit. Malheureusement, elle ne peut, en bonne raison, être appliquée d'une manière absolue, et nous ne ferons aucune difficulté pour reconnaître que notre principe doit subir deux exceptions.

La première est dans le sens de la relativité de la loi. Il n'est évidemment pas raisonnable de faire du simple contact avec le territoire le critérium absolu de la compétence de la loi. Si le séjour sur le territoire n'est vraiment que temporaire, on ne voit pas que l'ordre public exige l'application rigoureuse de la loi territoriale. Il y a notamment des ouvriers qui voyagent continuellement, on peut le dire, avec leurs ateliers : ce sont les ouvriers des transports. Concevrait on qu'ils fussent assujettis successivement et exclusivement aux diverses lois des États qu'ils traversent ? Il y a donc une mesure à adopter, et nous sommes ainsi amené à distinguer les ouvriers qui travaillent sur le territoire d'une manière habituelle, permanente, et ceux qui sont attachés à titre temporaire par leurs patrons auxquels nous assimilerons les ouvriers des entreprises de transports. Les premiers seront soumis à la loi du lieu de l'accident, qui sera en même temps celle du lieu de l'exploitation (non du siège de l'entreprise) ; les seconds resteront naturellement soumis à celles de leur entreprise, parce que celle-ci est le support de leur protection.

C'est ce système que la pratique a, peut on dire, imposé. Il a été consacré par six conventions internationales, dont le type est la convention franco-belge du 21 février 1906. Après avoir, dans l'article 1er, proclamé le principe de l'assimilation des étrangers aux nationaux et la territorialité de la loi de l'accident, l'article 2 dispose : « Il sera toutefois fait exception à cette règle lorsqu'il s'agira de personnes détachées à titre temporaire et occupées depuis moins de six mois sur le territoire de celui des deux États contractants où l'accident est survenu, mais faisant partie d'une entreprise établie sur le territoire de l'autre État. Dans ce cas, les intéressés n'auront droit qu'aux indemnités et garanties prévues par la législation de ce dernier État.

» Il en sera de même pour des personnes attachées à des entreprises de transport et occupées de façon intermittente, même habituelle, dans le pays autre que celui où ces entreprises ont leur siège ».

Des textes semblables, parfois identiques, se retrouvent dans la convention entre la France et le Luxembourg du 27 juin 1906, le Grand Duché et la Belgique, 15 avril 1905 et 22 mai 1906, l'Allemagne et le Luxembourg du 2 septembre 1905, l'Allemagne et les Pays-Bas du 27 août 1907, entre la France et la Grande-Bretagne du 3 juillet 1909, entre la Hongrie et l'Italie du 19 septembre 1909. Cette dernière convention prévoit un cas laissé de côté par les conventions précédentes : elle étend la réciprocité aux nationaux occupés à des travaux assujettis par des entreprises ayant leur siège ou une représentation permanente sur le territoire de l'un des deux États, lorsqu'ils sont victimes d'un accident hors du territoire des deux États, abstraction faite du cas où la loi sur l'assurance-accident, en vigueur dans le pays où a lieu l'accident, est applicable à ces ouvriers ou employés. Supposons, pour prendre l'exemple donné par M. Capitant (1), qu'un Hongrois,

(1) *Les conventions internationales sur les accidents du travail. Revue de droit international privé,* 1910, p. 758.

au service d'une maison italienne, soit victime d'un accident au cours d'un travail qu'il exécute en Suisse. Si la loi suisse ne s'applique pas à cet ouvrier, il restera protégé par la loi italienne.

Il y aura lieu d'ajouter bientôt à cette liste une convention entre la Belgique et l'Allemagne, qui vient d'être signée (mai 1912) mais dont le texte n'a pas encore été publié.

La deuxième exception concerne l'extraterritorialité de la loi d'assurance. On a beau soutenir que les lois de police, au sens de l'article 3, § 1 du Code civil, ne s'appliquent jamais à l'étranger (1), nous croyons, au contraire, que cela arrive fréquemment. Ne connaît on pas des lois *pénales* qui s'appliquent à des délits et crimes commis à l'étranger? Il en est de même de certaines lois civiles. Nous avons déjà adopté cette solution au sujet de l'article 1780 du Code civil et d'autres dispositions impératives des lois sur le louage de travail. Nous l'avons fait à propos du quasi-délit. Nous nous répéterons à présent, en ce qui concerne les lois d'assurance-accidents. L'État est intéressé à ce que ses nationaux à l'étranger gardent les uns vis-à-vis des autres les principes d'humanité, de prévoyance, de respect de la personne qui sont à la base de la protection ouvrière. Comme nous le décidions quand il s'agissait de responsabilité délictuelle, nous dirons donc que si la loi étrangère du lieu de l'accident ne prévoit aucune réparation du dommage, les tribunaux nationaux n'hésiteront pas à appliquer au patron et à l'ouvrier nationaux la loi nationale d'assurance.

Nous irons plus loin. Nous ne ferons pas de difficulté

(1) « Principe ordinaire », d'après M. PERROUD, *Journal de droit international privé,* 1906, p. 634.

pour nous rallier à une ingénieuse théorie récemment exposée par M. Perroud (1). Rien ne s'oppose à ce que des patrons et des ouvriers prennent comme base de leurs rapports, dans la plénitude de leur libre consentement, la loi d'assurance comme faisant partie intégrante de leur contrat. Par conséquent, si, en dehors des cas où la loi d'assurance s'impose à eux impérativement, ils entendent s'y soumettre, comme *lex contractus,* elle pourra s'appliquer même à l'étranger. Ainsi, si un accident du travail survient dans une exploitation située à l'étranger d'une entreprise nationale à un ouvrier *étranger,* le tribunal pourra faire prévaloir soit la loi de l'entreprise, soit la loi étrangère selon que l'intention des parties aura été de se soumettre à l'une ou à l'autre — à la condition toutefois que la loi étrangère ne s'applique pas impérativement.

Il nous reste à dire quelques mots de la manière dont les lois relatives aux accidents du travail ont prévu le conflit des lois.

On peut dire que la loi française et la loi belge, par exemple, ne l'ont pas prévu du tout. Il y a bien, dans chacune d'elles, des dispositions où il est fait allusion à un accident ayant eu lieu à l'étranger, mais rien n'est stipulé au sujet du conflit proprement dit.

La *Reichsversicherungsordnung* contient deux dispositions générales, applicables à toute espèce d'assurance et visant le conflit des lois. Mais, comme nous l'avons dit plus haut, elles se bornent à inviter le gouvernement à conclure des traités. Le § 157 autorise le chancelier de l'Empire, d'accord avec le Bundesrat et

(1) *Journal de droit international privé* de Clunet, 1906, p. 632 et suiv. et 1912, p. 385 et suiv.

sous la condition de réciprocité, à conclure des traités avec d'autres États possédant une législation correspondant à celle de l'Allemagne, afin de déterminer dans quelle mesure les dispositions de la loi allemande ou celle de la loi étrangère sont applicables aux entreprises qui s'étendent du territoire d'un Etat à l'autre, ainsi qu'aux assurés qui sont occupés temporairement sur le territoire d'un autre État. Ces traités pourront aussi régler, sous condition de réciprocité, l'assurance des sujets d'un État étranger en s'écartant des dispositions de la *Reichsversicherungsordnung,* et faciliter l'exécution de l'assurance d'un État sur le territoire d'un autre (par exemple, pour l'assistance judiciaire, pour l'assurance des malades, des ouvriers victimes d'accidents, le paiement des rentes à l'étranger, la perception des cotisations à l'étranger, etc.). La loi stipule toutefois expressément que ces traités ne pourront pas *réduire* les contributions des patrons à un taux inférieur à celui prescrit par la loi allemande.

C'est en vertu de cette disposition qu'ont été conclus le traité avec le Luxembourg, celui avec les Pays-Bas, et tout récemmont, celui avec la Belgique.

D'autre part, le § 158 autorise le chancelier de l'Empire à user de rétorsion, avec l'assentiment du Bundesrat, envers les sujets des États étrangers (et leurs ayants cause) qui traitent les Allemands plus mal que leurs ressortissants.

La loi néerlandaise a pensé écarter tous les conflits par son article 9 qui porte (1) : « Les dispositions de la présente loi s'appliquent également :

» *a*) Au patron dont l'entreprise a son siège en Hollande en tant qu'il exerce son industrie à l'étranger,

(1) V. *Annuaire de législation du travail,* 1901, p. 442.

relativement à l'ouvrier qu'il a employé pour cela et qui a son domicile dans le royaume.

» *b*) A l'ouvrier visé dans la lettre *a*, qui est victime d'un accident à l'étranger.

» Les dispositions de la présente loi ne s'appliquent pas :

» 1° Au patron qui exerce son industrie en Hollande mais dont l'entreprise a son siège à l'étranger, relativement à l'ouvrier qu'il a employé pour cela en Hollande et qui n'a pas son domicile en Hollande, lorsque, dans le pays où l'entreprise a son siège, il existe une assurance obligatoire contre les accidents qui ne s'applique pas relativement à l'ouvrier qui a son domicile en Hollande et qui, pour une entreprise ayant son siège en Hollande, exerce l'industrie dans le pays où l'entreprise considérée a son siège;

» 2° A l'ouvrier qui, au service du patron visé dans le n° 1, exerce l'industrie de ce dernier en Hollande sans y avoir son domicile, lorsque, dans le pays où l'entreprise du patron a son siège, il existe une assurance obligatoire contre les accidents qui ne s'applique pas relativement à l'ouvrier qui a son domicile en Hollande et qui, pour une entreprise ayant son siège en Hollande, exerce l'industrie dans le pays où l'entreprise considérée a son siège ».

Mais cette disposition, qui soulève des difficultés d'interprétation auxquelles nous ne nous arrêterons pas, ne réussit pas à empêcher les cas de double indemnité. En voici un exemple. Le Conseil central d'appel (Centraal Raad van Beroep) réformant une décision du Conseil d'appel de Ruremonde) a accordé, le 7 juin 1910, l'indemnité prévue par la loi néerlandaise à la veuve d'un ouvrier belge, domicilié en Belgique, et tué au cours de son travail dans un établissement situé à

Maestricht et dépendant d'une entreprise belge, dans la conviction que la loi belge ne s'appliquait pas. Or, d'après l'avis autorisé du secrétaire de la Commission des accidents du travail belge, la veuve en question aurait pu assigner aussi bien la société défenderesse devant la juridiction belge et obtenir une indemnité conformément à la loi belge. Il est vrai que cette décision n'est possible qu'en s'appuyant sur la loi du lieu du contrat que, pour notre part, nous ne croyons pas applicable. Mais, quoi qu'il en soit, l'espèce montre l'utilité qu'il y a, même dans le cas d'une loi prévoyant des solutions au conflit de lois, à régler celle-ci par convention internationale.

La loi hongroise du 6 avril 1907 (1) a prévu également le conflit de ses §§ 4 et 6 de la manière suivante : § 4 : « Les ouvriers des entreprises hongroises, qui sont occupés d'une façon permanente à l'étranger, mais qui sont de nationalité hongroise, sont soumis à l'obligation d'assurance de la manière indiquée aux §§ 1 à 3, sauf dans le cas où, en vertu des lois du pays où ils sont occupés, ils sont déjà assurés.

Les ouvriers des entreprises hongroises, temporairement occupés à l'étranger, qui sont soumis à l'assurance et qui sont de nationalité hongroise, bénéficieront des avantages de l'assurance organisée par la présente loi sans qu'il y ait lieu de distinguer s'ils sont frappés par la maladie ou l'accident servant de base à l'assurance, dans le pays étranger, sauf dans le cas où l'ouvrier a été assuré, dans le pays étranger, contre les maladies ou les accidents conformément aux lois de ces derniers.

§ 6. « Les entreprises dont les établissements s'étendent au delà des frontières du pays ne sont soumises à

---

(1) *Annuaire de législation du travail*, 1907, p. 707.

l'obligation d'assurance que dans un seul État; le siège de l'entreprise décidera à ce sujet. Toutefois, si l'entreprise a une représentation permanente dans le pays, les ouvriers occupés dans le rayon d'activité de cette dernière sont soumis à la présente loi.

» Les ouvriers nationaux et étrangers des entreprises visées à l'alinéa 1er jouissent, en cas de réciprocité, conformément au § 5 (1), d'un traitement égal au point de vue de l'assurance ».

Nous avons vu comment, dans la convention entre l'Italie et la Hongrie, ces dispositions ont reçu une heureuse application. Il n'y a pas, à notre connaissance, de législation plus complète. On remarquera qu'elle applique entièrement les principes que nous avons exposés : d'une part, territorialité de la loi et application aux ouvriers étrangers; d'autre part, extraterritorialité de la loi pour les ouvriers employés *temporairement* à l'étranger; enfin, dans le cas d'entreprises ayant des établissements dans deux pays, distinction entre les entreprises ayant une représentation permanente, qui sont nationalisées, et les autres. Il est à souhaiter que, dans les accords internationaux, ces dispositions soient adoptées.

SECTION III

LES RETRAITES OUVRIÈRES

Dans la législation du travail toute contemporaine, dans l'activité des parlements, la question des retraites ouvrières (ou de l'assurance contre la vieillesse) prend une place considérable. Elle s'est imposée avec une

(1) Nous l'avons reproduit plus haut. Il assimile, sans condition de réciprocité, les étrangers aux nationaux.

insistance, une généralité qui étonnent. Bien plus, elle a reçu une solution dans beaucoup de pays, et ces solutions sont très différentes, ce qui montre la divergence des points de vue ainsi que la différence des ressources et des mœurs. On pourrait même dire que la solution intervenue dans plus d'un État ne paraît pas absolument satisfaisante, puisqu'on pense déjà à la modifier à peine mise à exécution.

Quelle que soit la forme de l'institution créée par la loi dans les divers États, le point de départ est le même : c'est la reconnaissance d'une obligation sociale, soit envers tous les vieillards dans le besoin, soit envers les ouvriers qui ont été plus ou moins prévoyants. La société moderne perçoit deux choses que n'apercevaient point les sociétés du passé : c'est, d'une part, qu'il est indigne de nous que le soir d'une longue vie de labeur et de peines soit assombri encore par le besoin ; c'est, d'autre part, que tout n'est pas payé quand on a payé à l'ouvrier son salaire. Nous voyons qu'à côté et au delà du « service » loué, vendu, il y a un bienfait qui dure. Un homme qui travaille, qui travaille de ses mains, pose en somme un acte dont la valeur n'est pas tout entière relative à son temps, à ses contemporains et à lui-même. Il bâtit, il édifie, et ceux qui viennent, ceux qui viendront s'appuieront, peu ou beaucoup, sur ce qu'il a fondé. La division du travail social, toujours plus complexe et plus riche, le patrimoine social de biens, d'inventions, d'idées même, toujours accru, forment entre tous les membres de la société des liens plus solides et plus nombreux. De là la notion de notre dépendance et de notre solidarité. Si elle existe même vis-à-vis des générations disparues, à plus forte raison elle existe envers ceux qui vivent encore et qui ont contribué à la créer. Confusément, nous ne supportons plus bien l'idée qu'après une vie de travail une large portion de la population reste dans la misère au milieu des richesses prodigieuses et des formidables puissances de notre société.

C'est ainsi que s'éveillent, dans la conscience commune, de nouveaux devoirs et de nouveaux droits, honneur de notre époque.

De là sont sorties les législations récentes sur l'assistance aux vieillards et sur l'assurance contre la vieillesse. Celle-ci vient de celle-là. Les lois d'assurance-vieillesse allemandes procèdent directement du devoir d'assistance publique qui était inscrit depuis un siècle dans la loi. L'épargne obligatoire organisée par les lois d'assurance a, à côté de son caractère éducatif ou solidariste, un caractère économique et fiscal : on espère diminuer ainsi les charges de l'assistance publique.

La question qui intéresse spécialement le droit international ouvrier est celle de savoir si cette obligation sociale, qui est à la base des retraites ouvrières, existe vis-à-vis des ouvriers étrangers aussi bien que des nationaux, et comment les diverses législations l'ont comprise.

Les raisons de douter viennent de ce que, d'abord, les retraites ouvrières ne vont pas sans des subventions du Trésor public, ensuite de ce que, l'étranger appartenant par définition à un autre État, il semble que c'est à celui-ci à pourvoir au bien-être de ses membres.

Nous nous déciderons pourtant pour l'affirmative. La dette, du moment qu'elle existe, est une dette *sociale,* et non *nationale.* C'est une société que l'ouvrier a enrichie par son travail, ce n'est pas seulement un État. D'ailleurs, le Trésor public même n'est pas désintéressé dans le travail des ouvriers étrangers sur son territoire ; les impôts qu'il a perçus ont leur source, en partie, dans ce travail comme dans celui des nationaux. Si les étrangers restent, chez lui, dans la misère, il aura toujours, indirectement ou directement, à les assister ; ce n'est donc que reculer le moment des dépenses. Quant à l'État auquel l'étranger appartient par sa nationalité, il peut répondre qu'il n'a pas, lui, profité de leur labeur, qu'en abandonnant sa patrie, son citoyen a porté ailleurs son effort producteur.

De là nous déduisons que, même envers les étrangers, l'obligation sociale existe — mais à la condition évidemment que ces étrangers ne soient pas de simples passants se trouvant fortuitement sur un territoire étranger. Il est clair qu'ils doivent, par un long séjour, s'être pour ainsi dire naturalisés dans la communauté qui les accueille. De même qu'il y a une espèce de naturalisation pour l'assistance, de même il doit y en avoir une pour l'assurance contre la vieillesse.

Ces principes sont loin d'être réalisés dans le droit international ouvrier positif. Les législations sur les retraites ouvrières font toutes des différences entre étrangers et nationaux, — soit pour des raisons de parcimonie fiscale, soit pour des raisons de protectionnisme ouvrier.

Nous distinguerons parmi elles :

1° Celles où la pension de vieillesse est formée tout entière des fonds de l'État, sans versement obligatoire, ni du patron ni de l'ouvrier. Telles sont la loi danoise, la loi anglaise et les lois australiennes ;

2° Celles où la pension est constituée par des versements *obligatoires,* du patron et de l'ouvrier, les véritables systèmes d'assurance-vieillesse. Telles sont les lois allemande, autrichienne, française ;

3° Enfin, celles qui se contentent d'encourager l'épargne en accordant des subventions soit aux épargnants eux-mêmes, soit à certaines institutions.

I. La loi danoise du 23 mai 1902 (1), modifiée par celle du 13 mars 1908 (2) porte le titre caractéristique de « loi sur les secours à accorder aux vieillards méritants en dehors de l'assistance ». On ne peut pas mieux indiquer qu'elle repose sur la conception de la solidarité sociale que nous avons indiquée. La loi ne s'applique pas uniquement aux ouvriers; tous les vieillards de 60 ans y ont droit s'ils n'ont pas démérité de la bienveillance publique (par des condamnations déshonorantes, une vie de désordre et de dissipation, etc). Le § 1er est ainsi conçu : « Toute personne ayant accompli sa soixantième année, qui ne sera plus en état de se procurer, pour elle-même ou pour ceux dont l'entretien est tout entier à sa charge, les choses nécessaires à la subsistance ou les soins et les remèdes nécessaires en cas de maladie, aura droit, *si elle jouit des droits de citoyen* (3), à recevoir une pension de vieillesse, conformément aux dispositions suivantes ». Les mots soulignés excluent les étrangers. L'alinéa suivant, en distinguant entre l'indigénat et l'acquisition de la nationalité par mariage, n'atténue guère la disposition précédente : « Est assimilée à l'ayant droit indigène, au point de vue ci-dessus, la femme séparée, divorcée ou veuve, qui ne possède pas l'indigénat, mais qui est ou a été mariée à un citoyen danois ». Les secours de vieillesse sont payés par la commune, mais le Trésor public en supporte la moitié.

Aucune disposition de la loi ne prévoit le cas où le pensionné séjournerait à l'étranger; il faut donc croire que les secours continueraient à lui être accordés, — à

---

(1) *Annuaire de législation du travail*, 1902, p. 115.

(2) *Ibid.*, 1908, p. 171.

(3) La traduction du *Bulletin de l'Office international du travail*, 1902, p. 28, porte : « si elle a l'indigénat ».

moins que « l'indigénat » ne soit subordonné à la conservation du domicile en Danemark.

L'Angleterre est, de tous les grands pays industriels, celui qui a le premier adopté la solution généreuse mettant entièrement à charge de l'État les pensions de vieillesse. La loi du 1er août 1908 (*Old Age pensions Act*) dispose à l'article 2 : « Pour être admis au bénéfice d'une pension de vieillesse, il faut réunir les conditions légales suivantes :

1° Être âgé de 70 ans au moins ;

2° Être sujet britannique depuis au moins vingt ans à la date de la réception du premier acompte de la pension et avoir eu sa résidence dans le Royaume-Uni, conformément aux règlements faits en vertu de la présente loi ;

3° Ne pas avoir de revenus annuels excédant 31 livres 10 shillings ».

D'autre part, la personne réunissant même ces conditions n'a pas qualité pour recevoir la pension si elle est secourue par l'assistance publique dans une mesure indiquée par la loi, si, avant d'avoir la pension, elle n'a pas eu une vie de travail « répondant à ses aptitudes, ses moyens et ses besoins », si elle est colloquée dans un asile d'aliénés, ou condamnée pour délit.

En outre, dans le jugement condamnant un individu de plus de 60 ans pour ivresse (en vertu de la loi 1898), le tribunal peut le priver pour toujours de son droit éventuel à la pension ou le suspendre pour dix ans.

Ainsi, le bénéfice de la loi est non seulement réservé aux nationaux, mais on exige d'eux que leur nationalité date au moins de vingt ans, et qu'ils aient une résidence prolongée sur le territoire.

La loi ne parle pas du cas où un pensionné se rendrait à l'étranger, mais comme une série de dispositions déterminent les pouvoirs de comités locaux et de fonctionnaires territoriaux, dans l'application de la loi — notamment l'évaluation des ressources et des revenus du pensionné — il n'est pas admissible que la loi s'applique hors frontière.

En Nouvelle-Zélande aussi, les pensions de vieillesse sont à la charge exclusive de l'État, mais la loi n'exige que la résidence prolongée, et elle l'exige même des nationaux. « Nul n'aura droit à une pension conformément à la présente loi, dit la section 8 de la loi du 4 août 1908 codifiant les précédentes (1), s'il ne réunit les conditions suivantes :

a) Résider en Nouvelle-Zélande à la date où il établit ses droits à la pension ;

b) Avoir eu cette résidence, d'une manière continue, depuis vingt-cinq ans au moins immédiatement avant cette date — sauf certaines interruptions permises ».

La pension a le même caractère qu'en Angleterre ; elle est accordée à tous, ouvriers ou non ouvriers, dès l'âge de 65 ans, du moment que les revenus n'excèdent pas un certain taux. Des condamnations, l'abandon du conjoint, la mauvaise conduite sont des causes d'exclusion.

Nous ne passerons pas en revue toutes les législations antérieures des divers États de l'Australie. Mais nous relèverons, dans la loi fédérale du 10 juin 1908 (2), les dispositions qui se rapportent à la situation des étrangers. « La pension est remise à toute personne âgée de 65 ans, et à toute personne âgée de 60 ans qui est atteinte d'une incapacité de travail permanente. Mais, ne peuvent bénéficier de la pension (section 16) : 1° les

(1) *Annuaire de législation du travail,* 1908, p. 701.

(2) *Annuaire,* 1908, p. 356 et suiv.

étrangers ; 2° les étrangers naturalisés, à moins que leur naturalisation ne soit antérieure de trois ans à leur demande de pension ; 3° les Asiatiques (excepté ceux qui sont natifs d'Australie) ou les aborigènes de l'Australie, de l'Afrique, des îles du Pacifique ou de la Nouvelle-Zélande. Par suite de son mariage avec l'une des personnes appartenant aux trois catégories précédentes, la femme ne perd nullement ses droits à la pension ». En outre, (section 17) pour avoir droit à la pension, le requérant doit établir : « 1° qu'il réside en Australie à la date où il fait sa demande de pension ; 2° qu'il a eu cette résidence d'une manière continue depuis vingt-cinq ans au moins avant cette date. » La continuité n'exclut pas, d'ailleurs, des absences accidentelles, et elle se présume si l'on conserve son domicile en Australie, et si l'on y a sa femme ou sa famille (section 18).

II. Les lois de la catégorie qui précède ne sont pas des lois d'assurance : elles accordent des retraites, mais n'organisent point d'assurance proprement dite.

L'Allemagne est la première à avoir créé semblable institution législative (loi du 22 juin 1888). Nous n'avons pas à en exposer le mécanisme, mais à rechercher seulement les dispositions en vigueur au sujet des ouvriers. Nous rappellerons d'abord que la *Reichsversicherungsordnung* du 19 juillet 1911 prévoit maintenant non seulement l'assurance contre la vieillesse, mais l'assurance des survivants (Hinterbliebene), veuves et orphelins. D'autre part, l'assurance-vieillesse a toujours été liée à l'assurance-invalidité.

En ce qui concerne le *devoir* de s'assurer, tout d'abord, les ouvriers étrangers employés en Allemagne y sont soumis comme les nationaux sous la restriction suivante, écrite au § 1233 : le Bundesrat peut décider que ne seront pas assujettis à l'assurance les étrangers dont l'autorité n'a permis le séjour sur le territoire que pour une durée déterminée. Les patrons paient alors à l'établissement d'assurance autant que si leurs ouvriers étrangers étaient assujettis à l'assurance. Cette disposition existait déjà dans la loi précédente; elle a pour but d'empêcher que les ouvriers étrangers fassent des versements dont ils n'auraient jamais pu profiter, car l'article ancien (§ 48, chiffre 4) disait : « le service de la rente cesse aussi longtemps que le bénéficiaire n'a pas sa résidence habituelle sur le territoire ». Mais le Reichstag a modifié cet article au cours de la récente révision et il est devenu le § **1313** de l'Ordnung : « le service de la rente cesse aussi longtemps que l'intéressé a *volontairement* sa résidence habituelle à l'étranger ». Or, si l'ouvrier étranger n'est plus que toléré pour un certain temps sur le territoire de l'Empire, il n'a plus *volontairement* sa résidence à l'étranger.

Il est intéressant de signaler que, dans sa séance du **21** février **1901**, le Bundesrat avait décidé — s'appuyant sur l'article de la loi qui correspond à l'article **1313** d'aujourd'hui — que les ouvriers polonais de nationalité russe ou autrichienne, dont le séjour n'est permis par l'autorité (en Prusse, le Landrat) que pour une certaine durée et qui, après l'expiration de ce délai, doivent retourner à l'étranger, ne sont pas assujettis à l'assurance-invalidité. Il s'agit des ouvriers occupés dans les exploitations agricoles et forestières ainsi que les exploitations accessoires.

Telles sont les seules dispositions de la loi relatives au *devoir* de s'assurer qui subsistent en dehors des cas indiqués pour tout ouvrier occupé en Allemagne.

Mais il y a une assurance *volontaire* à laquelle certaines catégories de personnes ont le *droit* de se soumettre. Elles sont énumérées à l'article **1243**. Ces

« auto-assurés » (Selbstversicherte) peuvent continuer à s'assurer quand la situation qui leur donnait le droit de s'assurer volontairement disparaît, par exemple quand un artisan vient à employer un ou deux ouvriers. Il en est de même des personnes pour qui vient à cesser une condition qui les *obligeait* à s'assurer : alors, elles peuvent persister à s'assurer volontairement; tels sont les assurés *qui se rendent à l'étranger* ou qui deviennent indépendants. (Ces assurés s'appellent techniquement les *Weiterversicherte*).

En vertu de cette disposition, un étranger ou un national dûment assuré peut donc continuer à l'être, même en résidant à l'étranger.

On sait d'ailleurs que la loi offre le moyen de conserver le droit éventuel aux prestations de l'assurance, en continuant à faire des versements constatés par l'apposition de timbres sur une carte qui doit être échangée, munie d'un minimum de timbres, au moins tous les deux ans. Quand la carte ne contient pas le nombre de timbres voulu, les versements sont « inefficaces », mais ils peuvent redevenir efficaces si l'assuré reprend ses versements avant d'être invalide. Il peut en être ainsi, même si l'assuré a transporté sa résidence habituelle à l'étranger et, sous ce rapport, il n'y a aucune différence entre les sujets de l'Empire et les étrangers.

En ce qui concerne les droits acquis par l'assurance, le principe est que, tant que l'étranger a sa résidence sur le territoire de l'Empire d'Allemagne, il a les mêmes droits que le national. Mais le service de la rente cesse :

1° Quand l'assuré a, *volontairement*, sa résidence habituelle à l'étranger. Cette disposition s'applique aussi bien aux Allemands qu'aux étrangers. Mais on en fait rarement usage pour les Allemands. On considère qu'un séjour à l'étranger nécessaire pour conserver du pain à l'assuré n'est pas volontaire.

Le § **1316** permet à l'établissement d'assurance de désintéresser l'étranger bénéficiaire d'une rente, en lui en versant la valeur de trois arrérages annuels s'il s'agit d'une rente de vieillesse ou d'invalidité, ou la valeur d'un arrérage et demi s'il s'agit d'une rente d'orphelins.

De même, peuvent être désintéressés *avec leur consentement* les bénéficiaires étrangers qui sont expulsés par voie administrative, sans avoir été condamnés, et ceux qui jouissent d'une rente en vertu d'une décision prise par le Bundesrat conformément au § **1314**. Cet article porte textuellement : « Le Bundesrat peut suspendre la cessation de la rente pour les districts frontières et les États étrangers dont la législation assure aux Allemands et à leurs survivants des secours *correspondants* ».

Le Bundesrat n'a fait usage de ces pouvoirs que pour des districts frontières ; le grand-duché de Luxembourg y est compris.

2° La rente cesse encore pour le pensionné qui est expulsé de l'Empire par un jugement correctionnel, ou qui, expulsé de la même façon du territoire d'un État confédéré, cesse de résider sur le territoire d'un autre État.

Tout ce qui précède se rapporte aux droits de l'ouvrier titulaire d'une pension de vieillesse ou d'invalidité.

Le § **1268** limite les droits des survivants d'un étranger qui, au moment de son décès, n'avait pas sa résidence habituelle en Allemagne à la *moitié* du montant de la rente, *non compris la contribution de l'Empire*. On sait que les rentes d'invalidité, de vieillesse et de survivants sont constituées par des fonds provenant des versements des patrons et des ouvriers, et par une contribution fixe de l'Empire.

Cette disposition, qui reproduit le régime de défaveur que nous avons constaté à propos de l'assurance-accident, est heureusement tempérée par le pouvoir, donné au Bundesrat, d'en suspendre l'exécution en faveur des sujets de districts frontières ou d'États étrangers dont la législation accorde aux Allemands des avantages correspondants. Le Bundesrat n'a pris encore aucune décision à ce sujet. On sait d'ailleurs que l'assurance des survivants n'est entrée en vigueur que depuis le 1er janvier 1912.

Les §§ 157 et 158, que nous avons cités à propos de l'assurance-accident, s'appliquent d'ailleurs à l'assurance-vieillesse et à celle des survivants.

Après l'Allemagne, la seule grande puissance industrielle qui ait organisé l'assurance obligatoire contre la vieillesse pour la classe ouvrière est la France. L'Autriche, qui a suivi de si près sa voisine du Nord pour les autres assurances, a reculé devant les frais énormes de l'assurance-vieillesse des ouvriers ; elle ne l'a organisée que pour les employés privés dont le traitement est supérieur à 600 couronnes (loi du 16 décembre 1906).

La loi française du 5 avril 1910 sur les retraites ouvrières et paysannes a adopté, pour le traitement des ouvriers étrangers, un régime que je ne crains pas de qualifier de suprêmement injuste. Sa seule excuse — mais j'en reconnais la valeur — est qu'il a été admis afin de mettre le Gouvernement en bonne posture pour conclure avec les États étrangers des conventions destinées à en supprimer ou à en atténuer les injustices. Ce régime est écrit à l'article 11 de la loi : « Les salariés étrangers travaillant en France sont soumis au même régime que les salariés Français. Toutefois ils ne peuvent bénéficier des contributions patronales et des allocations ou bonifications budgétaires que si des traités avec les pays d'origine garantissent à nos nationaux des avantages équivalents. Lorsqu'il n'y a pas lieu à application de l'alinéa précédent, les contributions patronales sont affectées à un fonds de réserve ».

Pour bien comprendre la portée de ce texte, il faut se rappeler que la retraite est constituée par des contributions du salarié, du patron et de l'État. Les versements annuels (patron et ouvrier réunis) sont de 18 francs pour les hommes, 12 francs pour les femmes et 9 francs pour les mineurs au-dessous de dix-huit ans. Les fonds versés de cette manière jouent exactement le même rôle que les primes dans une assurance ordinaire sur la vie. Ils sont capitalisés chaque année. Le taux de l'intérêt et les tables de mortalité sont arrêtés par le Gouvernement. En échange de ces versements, les bénéficiaires sont assurés : 1° contre le risque de vieillesse. L'âge normal de la retraite qui était fixé à 65 ans par la loi de 1910 a été porté à 60 ans par celle du 27 février 1912. Tout assuré a d'ailleurs la faculté d'en ajourner la liquidation jusqu'à l'âge de 65 ans, et inversement, il peut la réclamer à 55 ans ; 2° contre l'invalidité prématurée. Quand l'assuré est atteint d'une incapacité absolue et permanente de travail (en dehors d'un accident), il a droit, quel que soit son âge, à la liquidation anticipée de sa pension.

La subvention de l'État est une allocation viagère qui vient s'ajouter à la rente proprement dite de l'assuré. La loi de 1910 l'avait fixée à 60 francs en principe ; mais en période transitoire et pour les assurés de 45 ans et de moins de 65 ans au moment de la promulgation de la loi, elle variait de 62 à 100 francs suivant un barême croissant avec l'âge. « La loi du 27 février 1912 est venue porter l'allocation uniformément à 100 francs : 1° pour les assurés ordinaires justifiant de 30 ans de versements ; 2° pour les assurés de la période transitoire (ayant plus de 30 ans au moment de la mise en vigueur de la loi) à la condition qu'ils aient versé régulièrement jusqu'à 60 ans ; 3° pour les salariés de 65 à 69 ans, reconnus indigents dans les conditions prévues par la loi du 14 juillet 1905 (assistance aux vieillards) sans aucune condition de versement » (1).

C'est de cette allocation de l'État, ainsi que des contributions patronales, que la loi prive l'ouvrier étranger. Il en résulte que, s'il fait le même effort d'épargne — obligatoire — que l'ouvrier français, il n'obtiendra jamais qu'une pension minime, dérisoire. Cependant, de crainte qu'il n'y ait quelque avantage à occuper des ouvriers étrangers, le patron devra verser — en pure perte pour lui — les mêmes sommes que s'il s'agissait d'un ouvrier français !

L'article 6, § 5, contient aussi une disposition remarquable par ses tendances : « Les veuves *d'origine française* des salariés étrangers visés à l'article 11, soit sans enfants, soit avec un ou plusieurs enfants, bénéficient des dispositions précédentes si elles sont naturalisées, elles et leurs enfants, dans l'année qui suit le décès de l'époux » et, le cas échéant, à condition qu'elles aient renoncé pour eux à la faculté qui leur appartenait d'opter à leur majorité pour leur qualité d'étranger. Ainsi la naturalisation devient la condition du bénéfice de la loi.

Telles sont les restrictions que le protectionnisme ouvrier et le nationalisme ont dictées au législateur

(1) Paul Pic, *Traité*, n. 1404, p. 1168.

français. Il faut dire que dans le premier projet de la Chambre, voté en 1906, un amendement Vaillant tendant à mettre les étrangers sur le même pied que les nationaux avait été repoussé à une forte majorité sur les observations de M. Millerand, président de la Commission d'assurance et de prévoyance sociales. « D'accord avec le Gouvernement sur *l'idéal qui doit rester l'assimilation*, le Parlement a cru ne pouvoir s'en rapprocher que par des conventions diplomatiques ». Ainsi s'exprime M. B. Raynaud (1).

Jusqu'à présent, il n'y a que le traité franco-italien du 15 avril 1904 qui puisse être considéré comme rentrant d'une manière certaine dans l'application de la loi française du 5 avril 1910. L'article 1er (litt. c) ne fait d'ailleurs que prévoir un accord à intervenir, et encore, il consacre pour ainsi dire la situation existante en distinguant entre la part de la pension correspondant aux versements de l'ouvrier (qui lui reste acquise), celle du patron, où l'on prévoit la réciprocité, et celle de l'État, qui est laissée à la discrétion de chaque État « et payée sur ses ressources à ses nationaux » !

Il ne faut donc compter que sur des traités de travail pour voir disparaître ou s'atténuer ces principes de rigueur et de restriction.

La loi luxembourgeoise du 6 mai 1911 (2) sur l'assurance-vieillesse et invalidité a beaucoup de traits communs avec la loi allemande. Elle lui a emprunté la plupart de ses dispositions relatives aux étrangers. C'est ainsi que le bénéficiaire étranger qui cesse de résider dans le Grand-Duché peut être désintéressé par le paiement d'une somme égale au triple de la pension annuelle

(1) *Journal de droit international privé*, 1910, p. 1038.
(2) *Bulletin de l'Office international du travail*, 1911, p. 239.

(art. 37). La pension d'invalidité ou de vieillesse est suspendue aussi pendant le temps que l'intéressé n'aura pas dans le Grand-Duché sa résidence habituelle « à moins qu'il ne séjourne à l'étranger pour des raisons de santé ». Pour avoir droit à la pension d'invalidité il suffit à l'assuré luxembourgeois de prouver qu'il a exercé, dans le Grand-Duché, professionnellement, pendant **1.350** jours au moins, une occupation soumise à l'assurance; pour la pension de vieillesse, **2.700** jours. L'étranger, lui, doit avoir **2.700** jours dans les deux cas. Mais toutes les différences entre étrangers et nationaux peuvent être supprimées par le Gouvernement en faveur de territoires limitrophes ou de sujets d'États étrangers dont la législation accorde aux ouvriers luxembourgeois des avantages équivalents (art. **19**).

Dans beaucoup d'autres pays (1), des projets sont aujourd'hui discutés et il est vraisemblable que la liste des lois d'assurance-vieillesse s'accroîtra bientôt de plusieurs unités. Il est vraisemblable aussi que les clauses relatives aux ouvriers étrangers, devenant de style, se répéteront et appelleront de nouveau des conventions internationales.

III. Nous arrivons maintenant aux législations qui se contentent d'encourager l'épargne ou la prévoyance.

La loi belge du **20** mai **1900** est de ce nombre. Elle accorde des primes, sur le budget de l'État, à ceux qui font des versements à la Caisse générale de retraite sous la garantie de l'État, à condition qu'ils ne paient pas en impôts directs plus de 50 à **80** francs selon l'importance de leur commune. Si l'assuré fait partie d'une société de secours mutuels ayant pour but l'affiliation à

---

(1) M. Paul Pic, *Traité*, n. 1393, cite la Norvège, la Suède, la Russie, l'Irlande, les Pays-Bas, la Roumanie, etc.

la Caisse, les primes sont plus fortes encore. Mais l'article 3 porte que pour être admis au bénéfice des primes d'encouragement, il faut être Belge et avoir sa résidence en Belgique.

Lors de la discussion à la Chambre, M. Hector Denis avait proposé d'assimiler purement et simplement les étrangers résidant en Belgique aux Belges, par la raison que ces étrangers participent au développement de la prospérité nationale ainsi qu'aux charges de l'État et qu'ils supportent en définitive une partie du fardeau de l'assurance contre la vieillesse. Il n'est pas parvenu à convaincre le Gouvernement. Mais celui-ci fit voter l'amendement suivant : « Sont admis toutefois au bénéfice des primes les étrangers ayant, depuis dix ans, leur résidence en Belgique et appartenant à une nation qui accorde des avantages analogues aux Belges ». La pratique administrative considère comme telles uniquement l'Allemagne et le canton de Neuchâtel.

En dehors des primes d'encouragement dont nous venons de parler, la loi belge accorde une allocation de 65 francs aux Belges de 65 ans qui ont fait preuve d'un minime effort de prévoyance en versant 18 francs, en trois ans, à la Caisse de retraite. Ces dispositions, qui tiennent plus de l'assistance que de l'assurance, ne sont pas parvenues, malgré une propagande très intense, à faire du système de la « liberté subsidiée » autre chose qu'un trompe-l'œil (1). Aussi, il paraît près d'être abandonné. Déjà, la loi du 5 juin 1911 sur les pensions de vieillesse des ouvriers mineurs a organisé pour cette catégorie d'ouvriers une véritable assurance obliga-

---

(1) MAHAIM, *Die Altersversicherung der Arbeiter in Belgien und das System des unterstützten Freiheit. Zeitschrift für Volkswirtschaft, Sozialpolitik und Verwaltung*. Wien, 1912, II, Heft.

toire, basée sur des contributions du patron et des ouvriers ainsi que des pouvoirs publics (État et provinces). Il est hors de doute que ce système sera étendu à d'autres professions et généralisé sans tarder. L'article 13 s'occupe des ouvriers étrangers : « Les ouvriers houilleurs de nationalité étrangère sont assimilés aux ouvriers belges pour l'application de la présente loi. Toutefois, ils ne peuvent jouir des primes de l'État que s'ils appartiennent à une nation qui accorde des avantages équivalents aux ouvriers houilleurs belges, et réunissent les autres conditions prévues par l'article 3 de la loi du 20 mai 1900 sur les pensions de vieillesse ». Par cette disposition, la législation belge rentre dans ce qui est devenu la règle en matière d'assurances ouvrières, ce qui n'est pas à son éloge.

La loi italienne du 17 juillet 1898 (1), amendée les 7 juillet 1901 (2) et 13 mars 1904 (3), consacre un système analogue. L'État majore les retraites que s'assurent bénévolement les ouvriers, sans contributions patronales, en s'inscrivant à la Caisse nationale de prévoyance pour l'invalidité et la vieillesse des ouvriers. Mais, d'après l'article 6 de la loi du 17 juillet 1898, seuls les citoyens italiens peuvent s'inscrire à la dite Caisse.

SECTION IV

L'ASSURANCE CONTRE LE CHÔMAGE

Jusqu'à présent, il n'y a que l'Angleterre qui a tenté d'organiser une assurance *d'État* contre le chômage. Encore, elle est limitée aux métiers du bâtiment, des

(1) V. *Annuaire de législation du travail*, 1898, p. 240 et suiv.

(2) *Ibid.*, 1901, p. 383 et suiv.

(3) *Ibid.*, 1904, p. 458 et suiv. et 462 et suiv.

travaux de construction (de chemins de fer, docks, canaux, ponts, etc.), de la construction des navires, de la construction des machines, de la sidérurgie, de la construction des véhicules, de la scierie et du travail mécanique du bois. Elle repose sur des contributions de l'ouvrier, du patron et de l'État. D'après la section 87 n. 3 de la loi d'assurance nationale, l'ouvrier ne reçoit pas le secours de chômage « tant qu'il réside temporairement ou d'une manière permanente en dehors du Royaume-Uni ». Cette disposition s'applique aussi bien aux nationaux qu'aux étrangers ; au surplus, aucune différence n'est faite entre les ouvriers à raison de la nationalité.

Dans un grand nombre d'autres États, des allocations et subsides sont accordés sur les fonds publics à des associations, soit à des syndicats professionnels, soit à des caisses spéciales de chômage. Les statuts de ces associations sont des plus variables. Il n'est pas impossible, sans doute, qu'il s'en trouve prononçant l'exclusion d'étrangers. Mais je n'ai pas eu l'occasion d'en rencontrer. Les fonds de chômage belges, en tout cas, n'en contiennent point.

Toutes ces caisses, d'ailleurs, exigent le versement de cotisations pendant un temps plus ou moins long, ce qui suppose en principe que l'ouvrier est établi à demeure non seulement dans le pays, mais dans le ressort de l'association.

Cependant il est intéressant de noter que des conventions ou contrats de réciprocité existent entre certaines grandes fédérations internationales, afin d'assurer précisément à leurs membres respectifs se trouvant à l'étranger, les avantages qu'ils obtiennent de leurs associations professionnelles (1).

---

(1) Je dois les renseignements qui suivent à l'aimable obligeance de

C'est ainsi que chez les typographes, la très ancienne institution du *viaticum* passe la frontière : il s'accorde même à l'étranger. L'article 25 des statuts (modifiés au congrès typographique de Bordeaux, les 18-23 juillet 1910) de la Fédération française des Travailleurs du Livre, porte : « Le viaticum doit être rigoureusement refusé à tout confrère venant de l'étranger et dont le livret ne contiendra pas une mention qui établira la régularité de la situation de l'intéressé et la marque de connaissement ». L'article 33 stipule que pour qu'un ouvrier étranger ait droit à l'indemnité de chômage et de maladie, il doit remplir les conditions fixées par les « conventions de réciprocité » conclues entre les fédérations.

L'article 36 indique ces conditions :

a) Pour les indemnités de chômage sur place : les membres de deux fédérations contractantes ont droit à ces indemnités dans le rayon de la fédération où ils deviennent chômeurs, à la condition de justifier d'un versement de cinquante-deux cotisations hebdomadaires au moins, sur lesquelles vingt-six doivent avoir été payées pendant le travail dans les caisses de la fédération où les indemnités sont demandées. Les dispositions statutaires de la fédération intéressée indiquent la durée et le montant de ces indemnités.

Les indemnités de déplacement ou de départ sont supportées par la fédération où le fédéré en cause a travaillé et versé ses cotisations en dernier lieu.

b) Quant aux indemnités de maladie, « les membres de deux fédérations contractantes qui justifient avoir versé au moins cinquante-deux cotisations hebdoma-

---

M. Max Lazard, secrétaire adjoint de l'Association internationale pour la lutte contre le chômage, et de ses collaborateurs.

daires acquièrent tous les droits des propres fédérés au moment où ils ont commencé à travailler ».

Il y a un traité-type, rédigé en allemand et en français, qui est adopté uniformément par les fédérations de typographes. Il détermine avec soin la *qualité de membre* donnant droit au secours. Ne sont pas reconnus comme tels, notamment « ceux qui, lors d'un différend au sujet du tarif ou d'un mouvement de salaire, occupent ou ont occupé les places laissées vacantes par des grévistes ». Les membres réguliers qui passent du ressort d'une fédération dans celui d'une autre sont assimilés aux membres propres de cette dernière, sans droit d'admission, mais ils sont tenus de verser leurs cotisations dans la caisse de leur nouvelle société. Quant aux secours auxquels ils ont droit, on prévoit : le *viaticum* ou secours de route, le secours de chômage sur place, celui de déplacement ou de départ, le secours de maladie, le secours d'invalidité, le secours de décès (un enterrement « décent »). Les différends relatifs à l'interprétation de ces contrats de réciprocité sont tranchés par l'arbitrage.

La Fédération typographique belge a organisé un « service du viaticum » conforme à ces principes.

Les fédérations professionnelles scandinaves ont depuis longtemps mis en pratique les traités de réciprocité. D'après le rapport présenté par M. Soerensen à la Conférence internationale du chômage de Paris, en **1910** (**1**), les caisses danoises ont organisé le « transfert » de leurs membres dans les caisses étrangères, ainsi que la conservation de leurs droits au sein de leurs caisses primitives. M. Huss, à la même conférence, nous apprend qu'en Suède, certaines associations

(1) V. Compte rendu, t. II, p. 29.

professionnelles ont constitué un fonds spécial de chômage, et que « presque tous les syndicats suédois qui ont organisé de cette manière l'assurance contre le chômage ont conclu des conventions avec un certain nombre d'associations étrangères correspondantes pour le soutien réciproque des sociétaires en voyage ».

Le Congrès international des Travailleurs du Bois tenu à Bruxelles en **1910** a voté « le principe d'une carte internationale » donnant droit aux avantages réciproques des membres affiliés à la fédération (**1**).

Les syndicats danois et allemands de l'industrie métallurgique sont unis par des traités de réciprocité presque identiques à ceux des typographes (**2**).

Il en est de même des peintres, dont le premier congrès international tenu à Zurich, du **10** au **13** septembre **1911**, a voté le « kartell » des organisations qui y étaient représentées, et qui comprenaient **150.000** membres (**3**).

Il n'y a, à notre connaissance, qu'un seul traité entre États qui ait visé l'assurance contre le chômage : c'est le traité franco-italien du **15** avril **1904**. Il a prévu, pour l'avenir, l'assimilation des nationaux des parties contractantes.

---

(1) V. *Le Travailleur du Bois*, organe mensuel de la Fédération nationale des travailleurs du bois de Belgique, janvier 1911. Le *Bulletin de l'Union internationale des ouvriers du bois* de juin 1912 contient des propositions du secrétaire, M. Th. Leipart, relatives à la formule de cette carte de légitimation, rédigée en quatre langues.

(2) Communication de Mlle Black.

(3) V. *Die Gewerkschaft.*, 24 novembre 1911.

CHAPITRE IV

Le droit d'association.

Pour l'ouvrier, le droit d'association a une importance capitale. Isolé et destitué de la faculté de joindre ses efforts à ceux de ses semblables, il est à la merci de l'employeur. L'association est, au contraire, un organe de protection incomparable. Organe de lutte, quand elle sert à revendiquer des avantages, matériels et moraux, à améliorer les conditions du travail, notamment à faire augmenter le salaire, elle peut être aussi un organe d'éducation, de prévoyance, de solidarité. Si l'on pense aux corporations médiévales, aux trade-unions anglaises et australiennes, à certains syndicats continentaux, on doit admettre que dans les mains de conducteurs d'hommes à la hauteur de leur mission, l'association des ouvriers est une force sociale de premier ordre. Elle est capable de bien et de mal, à coup sûr, et le problème du syndicalisme moderne est un des plus difficiles à résoudre, parce qu'il met précisément en question la liberté de classes importantes de la population, la liberté du travail et celle de la collectivité. Mais, quelles que soient les conceptions qu'on se fasse de l'une et de l'autre, il n'est plus possible, dans un État industriel contemporain, d'interdire l'association des ouvriers, et de ne pas lui laisser jouer son rôle de protection.

L'ouvrier a donc le plus grand intérêt à savoir si, se trouvant sur le territoire étranger, il pourra faire partie des associations diverses qui peuvent l'aider dans sa lutte pour le pain quotidien.

Les plus importantes sont le syndicat professionnel et la société de secours mutuels ou de prévoyance, quelque dénomination qu'elle porte.

Le droit de ces associations dépend, soit des lois relatives à l'association en général, soit de lois spéciales.

Nous ne pouvons songer à aborder ici l'étude de la législation comparée en matière d'association, et même au sujet des associations ouvrières, nous devons nous contenter de quelques indications exemplatives.

D'ailleurs, la comparaison des législations n'offre pas grand intérêt, parce qu'elle porte sur des détails. Le principe de l'assimilation de l'étranger au national est aujourd'hui admis partout où l'on a reconnu aux associations ouvrières une vie légale.

L'Allemagne fait, en théorie du moins, exception. Elle a, depuis le 19 avril 1908, une loi de l'Empire sur les associations (*Vereinsgesetz*) qui a mis fin à la grande variété des législations des États particuliers et a supprimé les interdictions existantes au sujet des associations politiques ou comprenant des femmes. L'article 1er est ainsi conçu : « Tous les sujets de l'Empire ont le droit de former des associations et de se réunir, à la condition que les buts qu'ils poursuivent ne tombent pas sous le coup des lois pénales ». M. Laband a démontré (1) que ce texte exclut les étrangers et que ceux-ci ne peuvent non plus bénéficier des dispositions des États particuliers. Les étrangers n'ont donc par conséquent pas le droit de faire partie d'une association.

(1) *Deutsche Juristenzeitung*, 1908, n. 1, p. 4 et 5.

Cette situation, nous apprend la notice du *Bulletin de l'Office international du travail* (1), fit naître, lors des discussions au Reichstag, de justes appréhensions qui portent cependant la marque du protectionnisme ouvrier. On craignait que « le droit des nationaux ne souffrît de cette absence de droits des étrangers ». Il arrive, faisait-on remarquer, que des patrons importent des ouvriers afin d'abaisser le salaire des ouvriers nationaux. Si le gouvernement peut refuser à ces étrangers le droit de prendre part à des associations et réunions, il enlève ainsi aux ouvriers nationaux la possibilité de se mettre en rapport avec eux afin de les éclairer et de les empêcher de faire baisser les salaires. De cette façon, le droit de coalition des ouvriers nationaux serait fortement menacé. Il faut cependant laisser à l'ouvrier allemand la liberté d'éclairer l'ouvrier étranger sur les dispositions légales et les conditions du travail du pays; l'état prospère de notre situation économique tout entière tient à ce que les ouvriers ont conquis de meilleures conditions de travail. Il ne faut pas entraver cette évolution. « Par contre, on affirma de divers côtés qu'il était impossible dans une loi d'Empire sur les associations de garantir des droits aux étrangers ; le Secrétaire d'État de l'Intérieur déclara qu'il ne pouvait être naturellement question d'une garantie de ce genre que pour les sujets des États étrangers qui garantissent les mêmes droits aux sujets de l'Empire et seulement dans la mesure où ils garantissent ces droits. Mais si la loi n'accorde pas expressément aux étrangers le droit de former des associations et de se réunir, les sujets de l'Empire n'en conservent pas moins le droit *de former des associations et de tenir des réunions auxquelles par-*

(1) 1908, p. XVII.

ticiperaient des étrangers ». Il semble donc, si cette interprétation est exacte, que les étrangers ne sont pas de fait exclus et qu'ils sont *tolérés* dans les associations d'Allemands. Mais, d'autre part, que cette tolérance sera subordonnée à la réciprocité de fait du droit d'association des Allemands à l'étranger.

Comme contraste, nous citerons la législation anglaise sur les Trade-Unions et les Friendly Societies, qui ne fait aucune allusion aux étrangers. Ceux-ci ont non seulement le droit de faire partie d'associations composées de sujets britanniques, mais ils peuvent en former à eux seuls; aucune restriction non plus n'est imposée à la composition des comités directeurs (1).

En France, les étrangers (admis à domicile ou non) sont placés sur le même pied que les Français, dans les syndicats professionnels, sauf deux exceptions :

1° Les administrateurs de tout syndicat professionnel fonctionnant en France doivent être Français (loi du 21 mars 1884, art. 4);

2° Aux colonies, les travailleurs étrangers et engagés sous le nom d'immigrants (Coolies, Chinois, Hindous, etc.) ne peuvent faire partie des syndicats (art. 10).

Cette dernière restriction se rattache à la protection de la main-d'œuvre blanche contre la concurrence des ouvriers d'autres races. C'est la preuve et l'aveu qu'on entend maintenir ceux-ci sous l'exploitation patronale.

La première provient de ce que, dans la loi de 1884, on avait laissé en vigueur la loi du 14 mars 1872 contre l'*Association internationale des travailleurs*. Les syndicats qui se seraient affiliés à une Internationale reconstituée auraient encouru des pénalités. La loi du 1er juillet 1901 (art. 21) a abrogé celle de 1872, tout en permet-

(1) V. HOWELL, *Handy book of labour laws*, 1886.

ant au gouvernement (art. 12) de dissoudre les associations internationales qui seraient un danger pour la sûreté de l'État ou son développement économique. Mais la loi de 1884 subsiste tout entière. Il en résulte que si des ouvriers étrangers peuvent former des syndicats composés uniquement d'étrangers, ils doivent tout au moins choisir des Français comme administrateurs.

Il est naturel que les syndicats étrangers soient exclus de toute mission représentative : aux comités de conciliation ou aux conseils d'arbitrage établis par la loi du 27 décembre 1892 (art. 15), au conseil supérieur du travail (décret du 30 avril 1909), aux conseils consultatifs du travail (loi du 17 juillet 1908).

Les sociétés de secours mutuels en France peuven être constituées par des étrangers et elles peuvent choisir leurs administrateurs (loi du 1er avril 1894, art. 4). Mais ces sociétés ne peuvent exister qu'avec l'autorisation du gouvernement, autorisation toujours révocable. Elles restent des sociétés « libres », et, par conséquent, leur capacité juridique est restreinte. Elles ne peuvent devenir des sociétés « approuvées » ni bénéficier des faveurs administratives réservées à cette catégorie de sociétés.

En Belgique, le droit d'association est, pour les étrangers comme pour les Belges, garanti par la constitution (art. 20). Les ouvriers étrangers ont donc le droit de former des syndicats et des sociétés de secours mutuels, d'y élire leurs administrateurs.

Mais certaines sociétés ont des faveurs légales :

1° Les sociétés de secours mutuels *reconnues* ont la personnalité juridique et jouissent d'une série de faveurs, parmi lesquelles les allocations gouvernementales ne sont pas les moindres. D'après l'article 12 de la loi du

23 juin **1894**, les administrateurs de ces sociétés doivent être Belges. Toutefois le gouvernement, la Commission permanente des sociétés de secours mutuels entendue, peut accorder une dispense *personnelle* quant à l'indigénat.

2° Les unions professionnelles *reconnues* ont également la personnalité juridique. La direction ne peut en être confiée qu'à des Belges ou à des étrangers autorisés à établir leur domicile dans le royaume et y résidant effectivement (loi du **31** mars **1848**, art. 4, n. 4).

Au droit d'association se rattache le droit de coalition, en ce sens que la grève est souvent l'arme dernière employée par le syndicat pour imposer ses conditions, et que, d'autre part, la grève est souvent organisée par le syndicat. Cependant, l'un ne dépend pas de l'autre. Mais le droit de faire grève est une garantie essentielle de la liberté de l'ouvrier.

Nous ne connaissons pas de législation qui accorde le droit de coalition aux nationaux et le refuse aux étrangers. L'injustice serait tellement criante qu'elle ne serait pas possible, même dans les pays où règnent les idées de protectionnisme ouvrier.

Mais il faut bien dire que les gouvernements qui veulent empêcher les étrangers de prendre une part active ou dirigeante dans une grève emploient un moyen plus efficace que ne le serait une interdiction légale : ils les expulsent administrativement.

CHAPITRE V

Les lois d'assistance.

L'ouvrier est souvent pauvre, et il suffit de quelque accident fâcheux de la vie — chômage, maladie — pour l'acculer au dénûment. Il tombe alors à la charge de l'assistance privée ou publique. Tous les assistés, sans doute, ne sont pas des ouvriers, et en ce sens les lois d'assistance ne sont pas des lois ouvrières. Mais, à raison du grand nombre d'ouvriers qui deviennent ou sont menacés de devenir des assistés, elles les intéressent.

C'est ainsi que le droit international ouvrier est amené à toucher à la question, si agitée en ce moment, de l'assistance aux étrangers.

Nous y retrouvons une autre face de la solidarité sociale, et les mêmes idées, les mêmes préoccupations que dans la protection ouvrière. Nous avons déjà vu, en matière d'assurance-vieillesse, les deux domaines se confondre. On peut dire qu'il en est de même des autres branches de l'assistance.

Dans un remarquable rapport qu'il a présenté au Congrès international de bienfaisance de Copenhague, en 1910, M. Cyrille Van Overbergh montre que, dans la pratique actuelle déjà, c'est le principe de l'assimilation des étrangers aux nationaux qui l'emporte (1). Il

---

(1) *L'assistance aux étrangers. La solution internationale.* Bruxelles, Dewit, 1912.

est vrai qu'il fait bon marché des défaveurs qui existent dans les lois d'assurance contre les ouvriers étrangers. Mais l'enquête sur laquelle repose ce rapport a montré que, dès à présent, en ce qui concerne l'assistance temporaire, il n'y a pas de différence de traitement entre les indigents étrangers et les indigents nationaux.

En ce qui concerne l'assistance permanente ou quasi permanente, celle des enfants abandonnés, des aliénés, des vieillards, on a vu déjà des États conclure des traités contenant une clause d'assimilation. Tel, l'accord franco-suisse du 27 septembre 1882 : « Chacun des gouvernements s'engage à pourvoir à ce que, sur son territoire, les enfants abandonnés de l'autre État soient assistés et traités à l'égard de ses propres ressortissants jusqu'à ce que leur rapatriement puisse s'effectuer sans danger ». Le rapatriement est là obligatoire. Il n'est plus que facultatif dans la convention conclue entre la Belgique et l'Italie le 24 janvier 1880 (1).

En principe, on conçoit que l'assistance permanente des étrangers donne lieu au remboursement des sommes dépensées respectivement par chaque État. Cependant, ces « comptes minimes » de services plus ou moins réciproques occasionnent plus de difficultés que de profits. Nombre de conventions internationales contiennent des stipulations qui renoncent au remboursement.

M. Van Overbergh cite (2) la convention entre la France et la Suisse au sujet de l'assistance des enfants abandonnés indiqués plus haut, qui stipule : « Le remboursement des frais résultant de ces secours et de ces soins, ainsi que des rapatriements jusqu'à la fron-

(1) Van Overbergh, *op. cit.*, p. 47.
(2) *Op. cit.*, p. 86.

tière, ou de l'inhumation des personnes secourues ne pourra être réclamé des caisses de l'État ou des communes ou des autres caisses publiques de l'État auquel ces personnes appartiennent ».

Le traité d'établissement entre l'Allemagne et la Suisse du 31 mai 1890 porte : « La bonification des frais résultant de l'application de ces dispositions (relatives aux indigents en général) ne peut être réclamée des caisses de l'État, des communes ou autres caisses publiques de l'État dont la personne secourue est ressortissante ». Même texte dans la déclaration entre l'Italie et la Suisse des 5 et 6 octobre 1876, dans le traité d'établissement entre l'Autriche et la Suisse du 7 décembre 1875, etc., etc. « C'est pour ainsi dire une clause de style depuis 35 ans », dit M. Van Overbergh.

Les législations internes des États tendent aussi à l'égalité de traitement. Telle, la loi belge du 3 décembre 1891, qui porte en son article 1er : « L'indigent, quelle que soit son origine ou sa nationalité, doit être secouru par la commune sur le territoire de laquelle il se trouve, au moment où l'assistance devient nécessaire ».

Il serait injuste de faire à la France un grief de réserver pour le moment à ses nationaux l'assistance aux vieillards, infirmes et incurables indigents, organisée par la loi du 14 juillet 1905. On sait qu'en vertu de cette loi, amendée par la loi de finances du 31 décembre 1907 et la loi du 30 décembre 1908, tout *Français* privé de ressources et, soit âgé de plus de soixante-dix ans, soit atteint d'une infirmité ou d'une maladie incurable qui le met dans l'impossibilité de subvenir par son travail aux nécessités de l'existence, *a droit* à l'assistance instituée par la loi, qui consiste en une allocation mensuelle de 5 à 20 francs. Les assistés qui ne peuvent être secourus à domicile sont, de leur consentement, placés dans des établissements hospitaliers. Les frais sont couverts par les communes, les départements et l'État. En 1909, la contribution du Trésor public se montait à 90 millions de francs, pour près d'un demi-million d'assistés. Nous disions qu'il se concevait que cette assistance ne fût pas étendue d'emblée aux étrangers. En effet, elle crée *un droit* à l'assistance, ce qui n'arrive nulle part ailleurs, sauf en Angleterre. Nous avons vu qu'en Angleterre aussi le bénéfice de l'assurance-vieillesse était réservé aux nationaux. C'est notamment à raison des frais énormes qu'entraîne cette assistance que la prudence recommandait au législateur de la réserver d'abord aux nationaux. Mais nous sommes convaincu qu'un jour viendra où elle sera étendue aux étrangers assimilables aux nationaux, c'est-à-dire à ceux qui ont fait un séjour prolongé sur le territoire.

Il est intéressant de constater qu'au Congrès international de la bienfaisance, de Copenhague, c'est la solution généreuse de l'assimilation qui a prévalu, et que ses résolutions seront vraisemblablement inscrites dans une convention internationale (que discutera la conférence convoquée à Paris cette année).

Pour les défendre, M. Van Overbergh emploie des arguments identiques à ceux que nous avons adoptés au sujet de l'immigration ouvrière. Parlant notamment de ce que la main-d'œuvre étrangère est une source de richesse pour le pays importateur, il dit, à propos de l'assurance temporaire : « Si maintenant l'existence ou la mauvaise organisation de l'assurance préventive contre les risques sociaux est la cause principale des cas d'indigence qui se produisent dans la masse ouvrière, pourquoi l'État en question n'inscrirait-il pas les frais d'assistance parmi ses dépenses obligatoires? N'est-ce point là, au fond, une rançon de son profit... Dans les grands nombres du reste, le pourcentage des indigents est infime, comparé à la masse des agents de production; et, si une statistique pouvait être dressée ainsi : d'une part, l'addition des bénéfices qu'apportent au pays en dizaines, parfois en centaines de milliers de travailleurs étrangers, d'autre part le montant des secours alloués aux quelques indigents temporaires, on serait stupéfait sans doute du manque de proportion » (1).

Les résolutions de ce Congrès de Copenhague, qui deviendront, on peut l'espérer, le droit de demain, distinguent la prévoyance, l'assistance préventive et l'assistance curative. Au sujet de la prévoyance, le Congrès émet le vœu « que, dans les divers pays, les institutions préventives des risques sociaux — assurances ou mutualités, etc. — s'orientent de plus en plus vers l'assimilation des étrangers aux nationaux; en cas de besoin, pour l'invalidité permanente et la vieillesse notamment, il pourra être établi des ententes internationales sur la base de la réciprocité ».

Il recommande ensuite l'assurance préventive, entre autres au moyen de sociétés de bienfaisance établies à l'étranger, pour empêcher les travailleurs de tomber à la charge de l'assurance curative.

Celle-ci est l'objet de la troisième résolution :

« 1° Pour l'assistance temporaire, spécialement dans les cas urgents, il n'y aura pas de différence entre le traitement des indigents étrangers et des indigents nationaux; il n'y aura pas lieu à remboursement;

» 2° Exceptionnellement, pour les cas d'assistance

(1) *Op. cit.*, p. 63.

permanente ou quasi permanente (enfants abandonnés, aliénés, vieillards, etc.), il convient, dans l'état actuel des choses, de s'orienter vers les conventions ou les ententes internationales, basées sur la réciprocité, de les multiplier, de les préciser et de tendre vers l'unification.

» Les catégories d'indigents définitifs ou permanents seront en principe à la charge de leur pays d'origine; ces indigents seront secourus, soit par le moyen de l'assistance privée (et notamment les sociétés nationales d'assistance établies à l'étranger), soit de toute autre manière; ils pourront être rapatriés ».

Le Congrès a aussi accueilli l'idée d'une « nationalité d'indigence » : « Après une durée de séjour assez longue, l'étranger doit être, par la législation intérieure de l'État où il réside, complètement assimilé aux nationaux de cet État, sans remboursement par le pays d'origine. Seront aussi assimilés aux nationaux les indigents qui auront perdu leur nationalité sans en acquérir une autre, ou dont la nationalité serait l'objet d'une contestation fondée ».

On sera certainement frappé de la convergence des tendances qui s'affirment ainsi dans la bienfaisance internationalisée et la protection légale des travailleurs. Ce sont les mêmes efforts, en somme, qui veulent plus d'égalité, plus de justice, dans les rapports des hommes par delà les frontières.

Il y a une forme particulière d'assistance qui doit être signalée. C'est l'assistance judiciaire gratuite qui donne à l'indigent le moyen de recourir à la justice. Ce n'est pas, pour l'ouvrier étranger, un avantage négligeable que de pouvoir y recourir. Aussi, la convention internationale signée à La Haye le 17 juillet 1905, sur l'assistance judiciaire des étrangers marque-t-elle un progrès. Son article 20 dispose que les ressortissants des États contractants sont admis dans les autres au bénéfice de l'assistance judiciaire gratuite comme les nationaux.

CHAPITRE VI

Les lois de faveur.

La loi belge du 9 août 1889 sur les habitations ouvrières offre l'exemple d'une loi établissant des faveurs exceptionnelles pour la classe ouvrière. Elle réduit de moitié les droits d'enregistrement à percevoir sur les actes de transcription et d'hypothèque quand ils ont pour objet l'acquisition d'un terrain en vue de la construction d'une maison, de l'achat d'une maison déjà construite, destinée exclusivement à l'habitation d'un *ouvrier manuel*. Jusqu'à présent, c'est donc une loi de faveur, uniquement réservée aux ouvriers. Il n'est pas douteux qu'un jour viendra où cette faveur sera étendue à d'autres classes de la société aussi dignes d'intérêt. Mais tant qu'il n'en est pas ainsi, elle garde son caractère exceptionnel.

Or, cette loi n'exige nullement que l'ouvrier soit citoyen belge. Les ouvriers étrangers peuvent donc en profiter, à condition qu'ils aient leur domicile en Belgique.

A côté des faveurs fiscales, cette loi permet à la Caisse générale d'épargne de prêter des fonds aux ouvriers en vue de l'acquisition de leur maison par l'intermédiaire des sociétés de crédit ou de sociétés coopératives. Les étrangers ne sont pas davantage exclus de ces avantages, qui ont réussi à provoquer en Belgique un développement inouï des habitations ouvrières.

TROISIÈME PARTIE

Les traités de travail.

CHAPITRE PREMIER

Esquisse historique de la protection légale internationale des travailleurs.

---

§ I. *Origine de l'idée.*

L'idée de rendre la protection du travail internationale par une entente des gouvernements remonte presque à l'origine même des lois ouvrières. On la retrouve, en effet, chez Robert Owen, le grand réformateur anglais, dont le nom est lié à la protection des enfants, à la limitation de la durée du travail, à l'association coopérative, à l'instruction obligatoire, à tant d'institutions de progrès social que le XIXe siècle a vu se développer.

Deux des traits de son caractère font immédiatement comprendre pourquoi, avant tout le monde, il a pensé à l'internationalisation de la protection légale : c'est avant tout un moraliste, et c'est un esprit généralisateur. Moraliste, il a passé sa vie à enseigner. Sa filature de New-Lanark était une école (1) et elle était entourée d'institutions éducatives, parce qu'il voyait dans l'ouvrier — enfant, femme ou homme — un être humain, un semblable à élever, avant d'y voir un instrument de travail et de profit. Généralisateur, dès qu'il avait une idée, il la voulait appliquer au monde entier : c'est ce qui le conduisit à New-Harmony, au *New moral world* (2), c'est-à-dire à l'utopie.

D'autre part, c'est un homme d'action, un grand industriel, le premier manufacturier de son époque. Il ne se contente pas d'exposer, il réalise. Sa fabrique est une fabrique modèle, où il fait continuellement des expériences. Il propose à ses associés d'augmenter de 5.000 liv. st. les dépenses d'éducation, « soutenant que l'efficacité plus grande du travail rembourserait sûrement cette dépense » (3). Comme on refuse de le suivre, l'association est dissoute, l'établissement mis en vente, et Owen fonde, pour le racheter, une société par actions. C'est alors qu'il fit circuler, pour recueillir des adhérents, des exemplaires de ses *Essays on the principle of the formation of the human character* (1813 à 1816). Dans l'un d'eux, nous trouvons tout un programme de législation du travail, où il préconise, comme moyens de formation du caractère, la limitation, par la loi, de la durée du travail dans les fabriques à douze heures y compris une heure et demie pour les repas, l'interdic-

---

(1) On connaît son *moniteur silencieux, silent monitor* : c'étaient « de petits blocs de bois quadrangulaires, dont les faces étaient de couleurs différentes et indiquaient quatre degrés de moralité : le noir correspondait à *mauvais*, le bleu à *indifférent*, le jaune à *bon*, le blanc à *excellent*. Ces blocs étaient placés au-dessus de la tête de tous les ouvriers dans la fabrique. Des registres recueillaient les indications sur la conduite de chacun ». H. Denis, *Histoire des systèmes économiques et socialistes*, t. II, p. 408.

(2) Son grand ouvrage publié de 1836 à 1842.

(3) H. Denis, *op. cit.*, p. 409.

tion d'employer des enfants au-dessous de dix ans, la limitation de la durée de leur travail à six heures jusqu'à l'âge de douze ans; en outre, ils ne devaient être admis à la fabrique que s'ils savaient lire, écrire, faire les quatre opérations, et les filles, coudre (1).

A l'occasion de l'ouverture de son école pour les enfants de sa fabrique de New-Lanark, il fit, le 1er janvier 1816, un discours où il déclara qu'il se proposait de faire de l'agitation en faveur d'une législation contenant les principes exposés dans ses *Essays*. Il ajoute que tous les bienfaits de cette législation ne doivent pas être limités à un pays : « Je ne connais pas, dit-il, ces divisions et ces différences imaginaires que les frontières tracent de peuple à peuple. Est-ce qu'une créature raisonnable pourrait nous dire pourquoi une partie de l'humanité doit être destinée à mépriser, à haïr, à détruire les autres ? » (2).

Il fit, en effet, de l'agitation en Angleterre et sur le continent. Dans son rapport au comité de l'Association pour le soulagement des pauvres des manufactures et des journaliers (mars 1817), il défend vigoureusement les mêmes idées. La loi sur le travail des enfants devant arriver, en avril 1818, à la Chambre des Communes, il écrit, le 20 mars, une lettre ouverte au premier ministre, lord Liverpool, puis, le 30 mars, aux patrons manufacturiers (3).

(1) *Observations on the effect of the manufacturing system*, 1815. V. *Life of* ROBERT OWEN *written by himself*, t. I, 1857. *Supplementary Appendix*.

(2) *An Address delivered to the inhabitants of New-Lanark on the 1st of January 1816 at the opening of the institutions established for the formation of character. The Life of* ROBERT OWEN *written by himself*, t. I, p. 333.

(3) V. *Life of* ROBERT OWEN, t. II, p. 53 et suiv. le *Report*; p. 185, la lettre à lord Liverpool; p. 197, les deux lettres aux industriels.

Nous le retrouvons sur le continent à Lausanne, en juillet 1818. Il est mis en relation par Charles Pictet, le plénipotentiaire suisse au congrès de Vienne, avec Sismondi « qui publiait précisément ses nouveaux principes d'économie politique dans l'*Encyclopédie d'Édimbourg* et en fit, pour la première fois, un système de critique contre la révolution industrielle, créatrice du prolétariat » (1). Owen visite les établissements d'éducation du pasteur Oberlin à Fribourg, de Fellenberg à Hofwyl et de Pestalozzi à Yverdon. En septembre, il est à Francfort et c'est de là qu'il adresse *à tous les gouvernements* son premier mémoire en faveur des classes laborieuses. Il y expose que « le règne de la richesse est devenu superflu, par suite de la productivité des machines, que l'ignorance, la fraude, la violence peuvent être abolies par des mesures d'éducation et que ces deux résultats peuvent être obtenus dans tous les pays par une sage entente des gouvernements » (2).

En octobre 1818, il envoie un mémoire resté célèbre aux plénipotentiaires de la Sainte-Alliance réunis à Aix-la-Chapelle. Il y décrit les conséquences de la révolution industrielle sur les masses ouvrières et ses dangers, ainsi que les bons résultats obtenus à New-Lanark. Il demande que le congrès nomme une commission « pour examiner ses institutions et faire rapport à une prochaine session » (3).

---

(1) V. S. Bauer, *Geschichtliche Motive des internationalen Arbeiterschutzes. Vierteljahrschrift für Sozial und Wirtschaftsgeschichte*, 1903, I, p. 84, et A. Aftalion, *L'œuvre économique de Sismonde de Sismondi*, 1899, p 38.

(2) E Bauer, *loc. cit.*

(3) *Two memorials on behalf of the working classes; the first presented to the governments of Europe and America, the second to the Allied Powers assembled in Congress at Aix-la-Chapelle. Life of* Robert Owen I. A. Appendix O., p. 209 et suiv.

C'est dans ces mémoires qu'on doit donc voir la première tentative faite auprès des gouvernements pour les engager à réaliser la protection internationale du travail.

On dit que Guillaume III de Prusse fit exprimer sa satisfaction à Owen. Mais l'inspirateur de la Sainte-Alliance, Friedrich von Gentz, lui aurait répondu avec une brutale sincérité : « Nous ne souhaitons nullement que les masses deviennent aisées et indépendantes de nous : comment pourrions-nous, alors, les dominer? » (1). Est-ce ce propos cynique, dévoilant l'irrémédiable égoïsme des dirigeants d'alors, qui refroidit Owen? Toujours est-il qu'il vécut encore près de quarante ans sans renouveler sa naïve démarche auprès des gouvernements étrangers.

Elle était, à coup sûr, prématurée. Avant que la protection internationale fût possible, il fallait nécessairement que la législation du travail se développât dans chaque pays d'une manière indépendante.

Il n'est pas indifférent de constater que dans les idées généreuses de ce précurseur de génie nous ne trouvons aucune trace de l'argument tiré de la concurrence étrangère. Ce n'est pas un économiste qui parle; c'est un philanthrope, c'est un moraliste. Il ne cherche pas l'utile, mais le juste, et c'est au nom de l'humanité tout entière qu'il demande la généralisation de ce qu'il considère comme un bien social de premier ordre. Ses requêtes, il faut le dire, n'eurent aucune influence et tombèrent dans l'oubli. Il a fallu des recherches d'historiens pour y trouver un intérêt.

---

(1) *Life of* ROBERT OWEN, I, p. 183, cité par St. BAUER, *loc. cit.*

§ II. *Daniel Le Grand.*

A partir de **1838-1839**, c'est en France que l'on voit réapparaître l'idée d'une protection légale internationale du travail, et elle est liée aux discussions qui précédèrent la première loi française sur le travail des enfants.

Dès **1835**, Villermé avait entrepris, à la demande et sous les auspices de l'Académie des sciences morales et politiques, une enquête sur la situation des classes laborieuses dans l'industrie textile. Son rapport fut présenté en **1839**, et il est devenu le célèbre *Tableau de l'état physique et moral des ouvriers employés dans les manufactures de coton, de laine et de soie* (Paris, **1840**, **2** vol.) que l'on ne relit plus aujourd'hui sans effroi.

M. Bauer (**1**) y a relevé un passage où se fait voir la perception de la dépendance où se trouvent les industriels les uns des autres et la nécessité d'une entente internationale. Villermé dit (t. II, p. **93**) : « Le propriétaire d'une filature de coton ne peut donc rien seul, absolument rien, partout où il existe un second établissement semblable au sien. Il faudrait que tous les manufacturiers, non seulement de la localité qu'il habite, mais encore des pays où ses marchandises sont vendues, s'unissent avec lui d'une *sainte alliance* pour faire cesser le mal qui nous occupe, au lieu de l'exploiter à leur profit. Certes, on ne saurait compter sur un tel désintéressement : aucune classe de la société jusqu'ici n'en a donné l'exemple ni en France, ni ailleurs ».

Sans doute, une telle entente bénévole est illusoire; mais il est bon de dire que, dès **1833**, la loi anglaise avait commencé à établir une protection efficace du

---

(1) *Geschichtliche Motive*, p. 95.

travail, sans s'inquiéter de la réciprocité internationale ni de la concurrence étrangère.

C'est peut-être chez l'économiste libéral Blanqui que l'on trouve formulée pour la première fois la proposition de traités internationaux. Dans son cours d'économie industrielle de 1838-1839, il écrit : « Un seul moyen existe de l'accomplir [la réforme] en évitant ses suites désastreuses : ce serait de la faire adopter en même temps par tous les peuples industriels exposés à faire concurrence au dehors. Mais le voudra-t-on ? Mais le pourra-t-on ? Pourquoi pas ? On a bien fait jusqu'ici des traités de puissance à puissance pour s'engager à tuer des hommes, pourquoi n'en ferait-on pas aujourd'hui pour leur conserver la vie et la leur rendre douce ? » (1). Ici, nous avons, en partant de la concurrence étrangère, la suggestion formelle de traités internationaux.

Mais il était réservé à un industriel alsacien d'attacher son nom aux premiers efforts tentés, depuis Owen, auprès des gouvernements eux-mêmes. Daniel Le Grand (1783-1829) était fils d'un fabricant de soie, Jean-Luc Le Grand, qui fut Ratsherr de Bâle, et, pendant quelques mois, directeur de la République Helvétique en 1798. Sa fabrique, établie d'abord à Arlesheim, puis à Saint-Morand, fut transportée, en 1813, dans le Steinthal (Alsace). Le père de Le Grand était intimement lié avec le pasteur J.-F. Oberlin, également philanthrope et fondateur d'écoles, et avec Pestalozzi. C'est dans ce milieu d'éducateurs, d'hommes d'œuvres et d'esprits religieux que fut élevé Daniel Le Grand. L'influence piétiste d'Oberlin sur lui fut renforcée par Schleier-

---

(1) BLANQUI, *Cours d'économie industrielle*, 2e édit., *recueilli et annoté par* M. AD. BLAISE, 1838-1839, p. 119-120, cité par M. BAUER, *loc. cit.*, p. 94.

macher, qu'il connut à Berlin en 1816. C'est dans cet esprit qu'il fonda des crèches et autres institutions de bienfaisance. Caractère énergique et convaincu, il avait un goût prononcé pour les adresses aux ministres, aux chefs d'États, probablement parce qu'il voyait combien les efforts isolés d'un individu étaient insuffisants.

Nous devons à M. Bauer (1), grâce à des communications de la famille même de Le Grand, la reconstitution de la série de ses démarches. Son premier écrit date de 1832 : « c'est un *Mémoire adressé d'une chaumière des Vosges à M. le Ministre de l'Intérieur* pour établir en France l'impôt sur le revenu, qui existait à Bâle, et dans lequel Le Grand voyait le principal moyen de satisfaire les besoins moraux et matériels des nécessiteux; il y trouvait aussi une valeur éducative, parce que l'impôt sur le revenu rappelle aux citoyens les droits de la société et les devoirs de l'individu. C'est dans ce mémoire qu'il demande le repos dominical, non seulement au nom de la religion, mais des intérêts bien compris des fabricants et des ouvriers.

Puis, c'est pendant l'élaboration de la loi sur le travail des enfants que Le Grand multiplia ses adresses et ses mémoires. Comme beaucoup d'industriels, particulièrement des filateurs, de cette époque, il réclame l'intervention du législateur. Nous avons trouvé les mêmes préoccupations chez des filateurs de Gand, qui, jusqu'en 1867, demandaient à cor et à cri une législation que le gouvernement belge, pour des raisons de principe, refusait de leur donner (2). M. Bauer cite aussi les grands filateurs de Normandie qui, en 1844,

---

(1) St. Bauer, *Geschichtliche Motive des internationalen Arbeiterschutzes. Vierteljahrschrift für Social und Wirtschaftsgeschichte*, 1903, I, p. 79-104.

(2) V. mon discours à l'Académie royale de Belgique, 1911.

demandaient la journée du travail de douze heures (1). C'est à eux que se rattache le fabricant de soie du Steinthal. Mais ce qui est un trait de son argumentation, c'est qu'elle s'appuie sur la législation comparée et vise à l'internationalisation.

En 1838, il prend la plume après l'enquête du gouvernement français auprès des Chambres de commerce, pour demander que le projet de loi présenté alors, qui limitait à douze heures le travail des enfants au-dessous de 16 ans, fût étendu aux adolescents au-dessous de 18 ans, et il s'appuie sur l'exemple de l'Angleterre, dont la loi de 1833 contenait semblable interdiction (2).

Il y eut une discussion à ce sujet à la Chambre des députés le 28 mai 1838. Le Grand avait fait communiquer un écrit au ministre du commerce par le député Delessert. Le ministre était Cunin-Gridaine, fabricant de drap à Sedan. Il répondit que les enfants étaient mieux traités en France qu'en Angleterre ; qu'ils recevaient l'instruction et qu'une loi n'était pas nécessaire pour l'industrie de la laine. Le Grand répliqua dans une *Nouvelle lettre* (3) : « Comment l'honorable député de Sedan peut-il mettre en doute la nécessité de semblables mesures pour l'industrie de la laine, alors que dans une petite ville industrielle d'Alsace, trois suicides d'enfants de fabriques viennent de se produire, et que la fameuse instruction des enfants se borne à

---

(1) *Loc. cit.*, p. 95.

(2) *Lettre d'un industriel des montagnes des Vosges, à MM. Gros, Odin, Roman et Cie à Wesserling : distribuée aux membres des deux Chambres et du Ministère*, Strasbourg, 1838, BAUER, *loc. cit.*, p. 81.

(3) *Nouvelle lettre d'un industriel des montagnes des Vosges à M. Fr. Delessert, membre de la Chambre des députés pour être communiquée à M. le Ministre du commerce, distribuée aux membres des deux Chambres et du Ministère*. Strasbourg, août 1839, BAUER, *loc. cit.*, p. 90.

une heure par jour, où il n'est question ni de religion ni de morale, et dont les frais sont souvent supportés par les enfants eux-mêmes » ? Et Le Grand indique même que la Prusse prépare une réglementation légale du travail des enfants, en demandant ce qui empêche la France de la réaliser.

Le 11 janvier 1840, le Gouvernement français avait déposé un projet de loi qui se bornait à donner au pouvoir exécutif le droit de prendre des décrets déterminant, pour certains cas, l'âge d'admission des enfants, des heures de travail, etc. Le Grand revient à la charge, et le 15 novembre 1839 il fait distribuer aux Chambres un nouveau mémoire (1), où il propose pour toute l'industrie textile l'âge d'admission de 10 ans, l'interdiction du travail de nuit et du système des relais pour les ouvriers de moins de 16 ans.

Dans l'intervalle, la *Régulative* prussienne sur le travail des enfants avait été promulguée le 6 avril 1839. Le Grand trouva nécessaire de l'envoyer avec un mémoire au Ministre du commerce français, puis, le 5 décembre 1840, aux Gouvernements de la France, de l'Allemagne et de la Suisse, et aux plénipotentiaires des États du Zollverein allemand assemblés à Berlin « comme une respectueuse demande de ne plus tarder à introduire la loi prussienne, qui est conçue dans des vues si profondes et avec tant de sagesse ». C'est, comme dit M. Bauer, la première tentative pour former une union de l'Europe centrale, sur le terrain de la protection des enfants (2).

(1) *Mémoire d'un industriel des montagnes des Vosges adressé à M. le Ministre du commerce et des manufactures, distribué aux membres des deux Chambres et du Ministère.* Strasbourg, 1840 (ce mémoire est daté du 15 nov. 1839). BAUER, *loc. cit.*, p. 91.

(2) *Loc. cit.*, p. 92.

En décembre 1840, le projet de loi voté par la Chambre des députés vint devant la Chambre des pairs. Le Grand ne manque pas l'occasion d'adresser de nouveau des mémoires. Il y en a deux de janvier 1841. Dans le premier, du 4 janvier, au baron Charles Dupin (1), se trouve un tableau synoptique de la législation comparée — en Prusse, en Angleterre, en France — et une critique approfondie du projet, notamment du système des relais dont Le Grand pressentait le danger (2). Dans le second, il demande qu'une « loi internationale » limite à douze heures par jour la marche des moteurs mécaniques. Cette loi devrait être le premier pas vers la justice et l'amour de l'humanité. L'adoption immédiate d'une telle loi serait un des plus éclatants bienfaits pour la classe ouvrière (3).

A partir de ce moment, l'idée de l'internationalisation de la protection le hante et il saisit toutes les occasions pour la préconiser. On sait que la loi du 22 mars 1841 ne fut pas exécutée faute de sanction. Le régime des relais la rendait d'ailleurs inexécutable. En 1844, les filateurs de Normandie ayant demandé la révision de la loi et la journée maximum de douze heures, Le Grand s'adresse à Guizot, chef du Cabinet, et lui demande de prendre l'initiative d'une réglementation internationale. Il lui suggère qu'il aurait l'appui de la Cour, parce que la princesse Hélène d'Orléans, avec qui il avait été en

(1) *Lettre d'un industriel des montagnes des Vosges à M. le baron Charles Dupin* (4 janvier), 1841, Bauer, p. 93.

(2) Il l'expose à nouveau dans une histoire touchante de la vie ouvrière : *Les relais ou la mère de famille et le fileur. Fiction d'une triste réalité,* 1840 et 1841.

(3) *Très humble requête d'un industriel des montagnes des Vosges adressée à M. le Chancelier de France et à MM. les Membres de la Chambre des pairs,* 25 janvier 1841, Bauer, *loc. cit.*, p. 93.

rapport fortuitement, avait paru approuver ses idées (1).

L'année suivante encore, la France ayant signé avec l'Angleterre un traité pour l'abolition de la traite des esclaves, Le Grand rappelle à Guizot, ministre des affaires étrangères, qu'il doit également abolir l'esclavage des blancs. Le moment lui paraissait venu pour tenter pareille action internationale : la France et l'Angleterre s'unissaient pour pousser au percement de l'isthme de Suez ; elles devaient, comme Agénor de Gasparin le disait à la Chambre en janvier 1845, s'unir pour réduire de commun accord la journée de travail.

Toutes ces tentatives restèrent sans résultat.

Alors, Le Grand se tourna vers l'Angleterre et envoya son projet de loi internationale aux hommes d'État britanniques, à lord Ashley (Shaftesbury), à sir Robert Peel, à lord John Russel. Mais l'Angleterre poursuivait, sans attendre, le développement de sa législation du travail. Le 3 juillet 1847, la loi des dix heures pour les femmes dans l'industrie textile était promulguée, tandis qu'en France, devant l'échec de la loi de 1841, le gouvernement avait présenté un nouveau projet contenant limitation à douze heures du travail journalier des jeunes filles.

La crise économique de 1847 et l'éveil du socialisme parurent à Le Grand deux circonstances propices pour renouveler sa propagande. Le 31 décembre 1847, il envoya un nouveau mémoire à l'ambassadeur français à Londres, à lord Palmerston, à lord Russel et à M. von Bunsen, « le docte et pieux représentant d'un roi qui s'honore du titre de chrétien ». Le titre du mémoire en dit tout le contenu : « Appel respectueux adressé aux Gouvernements de la France, de l'Angle-

(1) Bauer, *loc. cit.*, p. 95. Le mémoire est du 26 septembre 1844.

terre, de la Prusse, des autres États de l'Allemagne et de la Suisse dans le but de provoquer des lois particulières et une loi internationale destinée à protéger la classe ouvrière contre le travail précoce et excessif, cause première et principale de son dépérissement physique, de son abrutissement moral et de sa privation des bénédictions de la vie de famille » (1).

Mais la révolution de février, que Le Grand avait prédite, vient enrayer toute velléité d'action internationale. Le Grand ne paraît pas avoir eu confiance dans l'action sociale du second Empire, car c'est vers la Prusse qu'il se tourna de nouveau, le 12 février 1853, au moment où le ministre von der Heydt présenta à la seconde Chambre un projet de loi destiné à remplacer la Régulative de 1839. Il lui fut répondu par un refus : le Gouvernement entendait s'occuper d'abord des intérêts spéciaux de la patrie. Malgré cela, quand, au mois de juin de la même année, les plénipotentiaires de Prusse et d'Autriche se réunirent pour discuter le Zollverein, Le Grand s'adressa de nouveau au roi de Prusse, et l'engagea à faire un traité de travail avec l'Autriche. Le gouvernement prussien déclara qu'avant de songer à un accord international, il convenait d'attendre les résultats de la nouvelle loi prussienne du 16 mai 1853.

Deux ans après encore, au moment de l'exposition universelle de Paris, Daniel Le Grand reproduisit sa démarche auprès des gouvernements des pays industriels (2). Il demande encore la journée du travail de

---

(1) Strasbourg, impr. de Vve Berger-Levrault, janvier 1848.

(2) *Appel respectueux adressé aux gouvernements des pays industriels dans le but de provoquer une loi internationale sur le travail industriel, dont les dispositions seraient à arrêter par leurs délégués réunis en un congrès lors de l'exposition de Paris, 8 mars 1853 et 25 avril 1855* (hui

douze heures au maximum, avec une heure et demie de repos ; le repos dominical, l'interdiction du travail de nuit, l'âge d'admission fixé à dix ans pour les garçons et à douze ans pour les filles, l'instruction primaire poursuivie jusqu'à douze ans, l'interdiction du travail pour les adolescents au-dessous de dix-huit ans dans les industries à marche continue et les industries dangereuses, la journée de huit heures dans les mines. Mais dans tous ses mémoires il a eu soin de déclarer que le progrès de la protection nationale, notamment des femmes et des enfants, doit être indépendant de l'adoption de la « loi internationale » (1).

Cette démarche fut la dernière de Daniel Le Grand, qui mourut en 1859. Elle fut d'ailleurs aussi vaine que les précédentes. Il n'en convient pas moins de garder le souvenir de ces tentatives, parce qu'elles indiquent une vue juste et féconde : s'il est vrai que la législation protectrice peut se développer sans des traités, il est hors de doute que les traités sont un moyen de vaincre bien des résistances nationales. D'autre part, Le Grand avait su voir à l'œuvre dans la législation du travail des motifs d'humanité et de progrès intellectuel et moral qui ont gardé toute leur force.

§ III. *La période des vœux.*

On oublia longtemps les appels du bon industriel alsacien et de l'utopiste anglais, mais leur idée ne mourut pas. On la retrouve, répétée avec une insistance

---

pages bibliographiées), un exemplaire existe à la bibliothèque publique de Bâle, Oc. IV, n. 13. Bauer, *loc. cit.*, p. 100.

(1) V. Bauer, *loc cit.*, p. 101, comparaison du contenu des quatre projets de Le Grand, de 1841, 1844, 1848 et 1853-1855.

qui va croissant, jusqu'au moment où le Conseil fédéral suisse pose le premier acte diplomatique.

Nous n'essaierons pas d'énumérer tous les vœux qui furent émis dans ce sens, mais nous avons à cœur de montrer que l'idée s'est imposée d'une façon constante à des esprits très différents, avant sa réalisation.

En 1855, le canton de Glaris qui, le premier, avait élaboré une législation des fabriques, s'adressa au conseil d'État de Zurich et sollicita de lui un accord, sur le terrain intercantonal en cette même matière : « Il serait sans doute nécessaire, ajouta-t-il, de créer un système uniforme au moyen de stipulations internationales entre les États industriels de l'Europe, mais cette idée rentre pour le moment dans la catégorie des vains désirs » (1). Le projet n'eut pas de suite.

L'année suivante, c'est le premier vœu de Congrès : au Congrès international de bienfaisance, tenu à Bruxelles, un Bavarois, M. Hahn, soumit l'idée « d'une loi internationale relative au travail industriel ». Le vœu fut adopté et reproduit l'année suivante au Congrès de Francfort (2).

Dans son livre sur *L'industrie contemporaine, ses caractères, ses progrès chez les différents peuples*, qui date aussi de 1856, Audiganne écrit : « Le droit diplomatique, le droit des gens a ses règles et ses principes placés sous la sauvegarde de tous les peuples. Pourquoi, à une époque où les échanges internationaux se multiplient chaque jour, le droit industriel n'aurait-il pas les siens? L'unité de cette partie des lois chez les nations civilisées serait un progrès au point de vue chrétien et au point de vue social ».

---

(1) *Actes de la Conférence diplomatique pour la protection ouvrière, réunie à Berne, du 17 au 26 septembre 1906*. Berne, 1906, p. 9.

(2) J. Martin, thèse, p. 177; L. Chaplain, thèse, p. 13.

La même idée est sommairement indiquée chez un éminent auteur de droit international, au *Handwörterbuch der Staatswissenschaften* de Bluntschli, à propos du repos dominical.

D'après une communication personnelle faite à M. Bauer, Adolf Wagner s'était déjà prononcé pour la même idée dans son cours de 1864. Il devait la reprendre en 1871 dans son célèbre discours sur la question sociale (1).

L'Internationale l'inscrivit à son programme dès le Congrès de Genève en 1866, et le vœu fut répété à tous ses congrès successifs.

Il faut citer, en 1868, l'opinion de Louis Wolowski, parce qu'il appartient à l'école libérale. « S'il était vrai, dit-il, que les peuples fussent poussés par une nécessité d'équilibre industriel à exploiter à l'envi les uns des autres, l'enfant, l'adolescent et la femme, ce serait le cas de recourir à une entente internationale qui, d'un commun accord, fît cesser un aussi douloureux trafic, comme elle a fait cesser l'abominable scandale de la traite des nègres. Tant de traités ont été conclus dans le but de faire tuer des hommes, on saluerait avec une reconnaissance profonde ceux qui auraient pour but de les faire vivre » (2). Il y a là comme un écho de Blanqui et de Le Grand. Mais, ajoute-t-il, « la concurrence extérieure n'impose point ces sacrifices humains, et la France moins qu'aucun autre peuple pourrait se prévaloir d'une aussi dure nécessité ». Ainsi, il y avait là une adhésion de principe, dont des raisons d'oppor-

---

(1) *Rede über die soziale Frage*, 1871 ; v. Bauer, *Geschichtliche Motive*, p. 103.

(2) *Le travail des enfants dans les manufactures, leçons de* L. Wolowski, 14 et 17 avril 1868, p. 31, cité par Chatelain, *Protection ouvrière internationale*, p. 14.

tunité faisaient différer l'exécution. C'est le même Wolowski qui, le 5 février 1873, fit une proposition dans le sens de la réglementation internationale du travail à l'Assemblée nationale.

En 1871, se place une démarche de Bismarck d'autant plus intéressante qu'il deviendra plus tard un adversaire résolu de la protection internationale : « Se rencontrant à Gastein avec le comte de Beust, il lui proposa une conférence entre l'Autriche et l'Allemagne pour résoudre la question sociale dans les deux pays; elle eut lieu à Berlin du 7 au 9 novembre 1872, mais resta infructueuse » (1).

C'est en 1871 aussi que parut le livre de Schœnberg sur les *Arbeitsämter,* l'une des premières œuvres du socialisme de la chaire : mention y est faite de la protection internationale.

J.-B. Dumas adressa, le 18 mars 1874, une pétition à l'Assemblée nationale en faveur de la même idée.

Un théologien allemand, Heinrich W.-J. Thiersch, reprit les appels de Daniel Legrand, en demandant à l'empereur d'Allemagne de prendre l'initiative d'une conférence internationale — puisque des congrès sont bien possibles pour le droit de la guerre (2).

Puis, c'est en 1877 un vœu du Congrès socialiste de Lyon, en 1879 un autre des fabricants industriels chrétiens de la région du Nord de Lille, répété dans un congrès tenu à Paris en 1881 (3).

Le 5 juin 1876, en ouvrant la session du conseil

---

(1) V. SINZOT, *Traités internationaux pour la protection ouvrière*, 1911, p. 6. L'auteur n'indique pas sa source. D'autre part, M. BAUER, *op. cit.*, p. 103, parle d'une lettre de Bismarck en faveur de la protection internationale adressée au ministre du commerce, comte ITZENPLITZ.

(2) Allusion à la Conférence de Bruxelles, THIERSCH, *Ueber den christlichen Staat*, p. 251, cité par BAUER, *op. cit.*, p. 103.

(3) V. CHATELAIN, *op. cit.*, p. 15.

national suisse, le président, M. le colonel Frey, déclara, en faisant allusion au projet de loi soumis aux chambres sur les fabriques, qu'il y avait lieu d'examiner « si la Suisse ne devait pas provoquer la conclusion de traités internationaux tendant à régler des questions ouvrières d'une manière uniforme dans tous les États industriels » (1). Le 9 décembre 1880, il présenta une motion invitant le Conseil fédéral « à entrer en négociations avec les principaux États industriels dans le but de provoquer la création d'une législation internationale sur les fabriques ». Cette motion fut prise en considération le 20 avril 1881, et le Conseil fédéral fit pressentir les gouvernements d'Allemagne, d'Autriche, de Belgique, de France, de Grande-Bretagne et d'Italie. « Mais les réponses furent loin d'être encourageantes » dit la notice insérée aux *Actes de la Conférence de Berne,* si bien que la démarche resta dans le domaine des vœux.

A partir de ce moment, on peut dire que l'idée est en marche. Il n'y a plus un congrès socialiste qui ne vote une résolution dans ce sens. César de Paepe en saisissait, en 1880, le congrès d'hygiène de Bruxelles, initiative dont il aimait à revendiquer le mérite (2). En 1883, un congrès ouvrier à Paris vota une motion émanant des trade unions anglaises ; en 1884, ce fut le congrès socialiste de Roubaix.

Dans la science, tout particulièrement la science allemande, l'idée est discutée. En général, on y est défavorable. M. Gustav Cohn était alors professeur au Polytechnikum de Zurich. A plusieurs reprises, il prit violemment position contre l'idée de la protection inter-

---

(1) *Actes de la Conférence de Berne*, p. 10.
(2) Lettre à l'auteur du 20 juin 1888.

nationale (1). Le *Verein für Sozialpolitik* fit de cette question l'objet de son assemblée générale de 1882 (à Francfort-sur-Mein) (2). M. G. Cohn fut l'un des rapporteurs et son corapporteur était également un adversaire, le fabricant Franck, de Charlottenburg. Il ne semble pas d'ailleurs que les partisans de la protection internationale se soient donné grand'peine pour la soutenir. Lorenz von Stein y apporta toutefois l'autorité de son adhésion dans un article étendu où il soutenait que la législation du travail, augmentant sérieusement le coût de production, devait être la même dans tous les pays (3).

Cependant, dans les Parlements, les propositions et les discussions se succédaient. Le premier ordre du jour voté par la Chambre des députés française date du 25 janvier 1884 ; il avait pour auteur M. le comte de Mun ; il invitait le gouvernement « à préparer l'adoption d'une législation internationale qui permette à chaque État de protéger l'ouvrier, sa femme et son enfant contre les excès du travail, sans danger pour l'industrie nationale » (4).

Le conseil municipal de Paris ne voulut pas être en reste avec la Chambre et le 11 mars 1885, sur la pro-

---

(1) *Internationale Fabrikgesetzgebung*, CONRAD'S *Jahrbücher*, 1881, Bd 37. — *Referat über internationale Fabrikgesetzgebung, Verhandlungen der Vereins für Sozialpolitik*, 1882. — *Internationale Fabrikgesetzgebung*, dans ses *Volkswirtschaftliche Aufsätze*, 1883.

(2) *Verhandlungen der am 9 und 10 Oktober 1882 in Frankfurt a. M. abgehaltenen Generalversammlung des Vereins für Sozialpolitik*, 1883, p. 57-81.

(3) *Einige Bemerkungen über das internationale Verwaltungsrecht. Jahrbuch für Gesetzgebung, Verwaltung und Volkswirtschaft*, 1882, p. 395-442.

(4) *Discours du comte de Mun*, III, p. 123 et suiv., par SINZOT, *op. cit.*, p. 9.

position de M. Vaillant, il votait un vœu dans le même sens (1). Quelques mois après, c'était le tour des « catholiques sociaux allemands, réunis chez le prince de Lœwenstein » (2).

Il est vrai qu'au Reichstag, le 25 janvier 1885, un débat avait eu lieu au sujet d'une proposition du baron Hertling en faveur de la protection des travailleurs et que le prince de Bismarck y était intervenu, pour déclarer impossible, impraticable, la protection internationale. Ce discours fit impression sur une grande partie de l'opinion. Il n'intimida pas la fraction socialiste, qui déposa un vœu invitant le chancelier à prendre l'initiative d'une conférence, vœu qui ne fut pas adopté (3).

La Chambre française, le 5 décembre 1885, prenait, au contraire, en considération une proposition de loi déposée par MM. Camélinat et consorts, qui traçait tout un programme à la « loi internationale ».

Au Conseil national suisse, un catholique, M. Decurtins, et un socialiste, M. Favon, déposèrent, le 23 octobre 1887, une proposition fortement motivée, qui fut le point de départ du premier succès de la cause de la protection internationale et aboutit à la Conférence de Berlin en 1890. Cette proposition invitait le Conseil fédéral à reprendre les pourparlers avec les gouvernements étrangers (4).

Peu de temps après, à la Chambre française, c'est une proposition, au bas de laquelle nous rencontrons

---

(1) Chatelain, *op. cit.*, p. 18.

(2) Sinzot, *op. cit.*, p. 10.

(3) V. G. Adler, *Die Frage des internationalen Arbeiterschutzes*, p. 88.

(4) Elle est reproduite, dans tous les développements aux *Archives diplomatiques*, t. XXXVI, 1890, p. 45 et suiv.

le nom de M. Millerand, qui est adoptée; elle tendait à la nomination d'une commission de vingt-deux membres pour étudier la question d'une législation protectrice du travail qui deviendrait l'objet de lois et de traités internationaux.

Signalons encore, à cette époque, avant les démarches définitives du gouvernement suisse, une étude remarquable de Georg Adler, qui était un éloquent et profond plaidoyer en faveur de la protection internationale (1), tandis que Karl Bücher l'attaquait violemment (2).

§ IV. *La Conférence de Berlin.*

Le Conseil fédéral suisse avait, le 27 juin 1888, accepté la motion Decurtins et Favon, tout en déclarant « qu'il ne faut pas se faire trop d'illusions sur des résultats énormes que les mesures à prendre pourront produire » (3). Il supprima notamment du programme la journée normale du travail comme n'ayant aucune chance d'être adoptée. Le 15 mars 1889, il adressa une circulaire aux divers gouvernements, les invitant à une conférence préparatoire pour le mois de septembre. Cette conférence ne devait pas aboutir d'emblée à une convention internationale, mais elle devait en chercher les bases d'après un programme sommaire en six points : interdiction du travail du dimanche, fixation de l'âge d'admission des enfants, maximum de la journée

---

(1) *Die Frage des internationalen Arbeiterschutzes nebst eine Kritik der Ansicht Gustav Cohns,* Separat Abdruck ans den *Annalen des Deutschen Reichs,* 1888. Nous y avons consacré un article dans la *Revue d'Économie politique* de novembre 1888, sous le titre de : *La question de la protection internationale des travailleurs,* p. 594-613.

(2) *Deutsche Worte,* Februar 1888, p. 49-71.

(3) Phrase de M. Deucher à la séance du 27 juin 1888. V. *Archives diplomatiques,* t. XXVI, 1890, p. 46.

des adolescents, interdiction du travail des femmes et des enfants dans les industries dangereuses, restriction du travail de nuit pour les femmes et les jeunes gens, mode d'exécution des conventions (1).

Cette fois-ci, les gouvernements firent à la Suisse un accueil autrement encourageant qu'en **1881**. L'Autriche-Hongrie, la Belgique, la France, le Luxembourg, les Pays-Bas et le Portugal se déclarèrent disposés à se faire représenter à la conférence. L'Espagne accusa réception de l'invitation. La Russie la refusa formellement. L'Allemagne, le Danemark, la Suède et la Norvège ne répondirent point.

Mais, « en raison d'événements politiques », dit la notice des *Actes de la Conférence de Berne*, la conférence dut être ajournée de quelques mois ; l'ajournement au printemps suivant en fut proposé par une circulaire du **12** juillet **1889**, et accepté par la France, la Belgique, la Grande-Bretagne et les Pays-Bas. Le Conseil élabora alors un projet du programme sous forme de questionnaire, trois ou quatre questions se rapportant à chacun des six points indiqués plus haut. Puis il lança ses invitations définitives, pour le lundi 5 mai **1890**, à trois heures de relevée, dans la salle du Conseil des États, au palais fédéral, à Berne.

C'est alors que se produisit un coup de théâtre : le 5 février, le *Reichsanzeiger* publiait deux rescrits de l'empereur d'Allemagne relatifs à la question sociale. Dans l'un, l'empereur ordonnait au chancelier, le prince de Bismarck, de charger ses représentants officiels en France, en Angleterre, en Belgique et en Suisse de « poser officiellement la question de savoir si les gouvernements sont disposés à entrer en négociations »

(1) Notice des *Actes de la Conférence de Berne*, en 1906, p. 10.

avec lui. Il ajoutait que dès que la proposition aurait été acceptée en principe, il chargeait le chancelier de convoquer la Conférence.

L'événement fit un bruit d'autant plus considérable qu'il fut lié au renvoi du Chancelier de fer par son jeune et autoritaire souverain. On savait que Bismarck était opposé au projet de Conférence, comme il était opposé, en somme, à la protection légale des travailleurs — sauf aux assurances. L'acte de Guillaume II apparut donc comme un acte personnel au premier chef.

La Suisse ne lui tint pas rigueur de son manque d'égards, et elle consentit, sur la demande de l'empereur, à renoncer à son projet (circulaire du 25 février).

Le programme de la Conférence était le même que le programme suisse, sauf qu'il contenait en plus le travail dans les mines.

L'invitation à la conférence fut adressée à tous les États de l'Europe, à l'exception de la Russie — probablement dans la crainte d'essuyer le même refus que le Conseil fédéral. L'empereur écrivit, le 8 mars, une lettre au pape Léon XIII, lui envoyant le programme de la conférence « dont le succès serait singulièrement facilité, ajoutait il, si Votre Sainteté voulait prêter à l'œuvre humanitaire que je poursuis son bienfaisant appui ». Le pape répondit le 14 mars par une lettre plus que courtoise (1); aussi, parmi les délégués de l'empire d'Allemagne à la Conférence, figura M. Kopp, prince-évêque de Breslau, qui, sans être l'envoyé du Saint-Siège, y représentait ses vues. L'encyclique *Rerum novarum* est du 15 mai de l'année suivante. Il n'est pas

---

(1) V. *Actes de la Conférence de Berlin*, édition officielle, p. 33.

impossible que l'initiative du jeune empereur n'ait eu quelque influence sur le souverain pontife.

La Conférence de Berlin se réunit le 15 mars. Elle comprenait des délégués de douze États : l'Allemagne, l'Autriche-Hongrie, la Belgique, le Danemark, la France, la Grande-Bretagne, l'Italie, le Luxembourg, les Pays-Bas, le Portugal, la Suède et Norvège et la Suisse. Elle fut présidée par le baron de Berlepsch, alors ministre du commerce et de l'industrie. Les délégations étaient composées de diplomates de carrière, d'hommes d'État éminents (Jules Simon pour la France, sir John Gorst pour l'Angleterre), de techniciens, parmi lesquels des ingénieurs des mines (Emile Harzé pour la Belgique, M. Linder pour la France) et même un ouvrier : M. Victor Delahaye. Il y avait un grand industriel dans la délégation anglaise : M. David Dale.

Les débats durèrent quinze jours ; mais, dès le début, il était évident qu'ils ne pouvaient aboutir ; toutes les puissances industrielles importantes avaient donné des instructions restrictives à leurs délégués. La France, l'Angleterre, la Belgique, celle ci surtout par l'organe de M. Victor Jacobs, ministre d'État et chef du parti catholique, faisaient, à toutes les propositions, des réserves (1). M. Tolain, sénateur français, dit dans la

(1) Il est piquant de relire aujourd'hui par exemple les scrupules qui empêchaient M. Jacobs de voter en faveur du repos dominical. Il avait bien dit, à la première commission (*Actes*, p. 42), que l'art. 15 de la constitution belge n'interdisait pas au législateur de prescrire un repos hebdomadaire, mais « la liberté du législateur rencontre d'autres obstacles que les textes constitutionnels. Le respect de la liberté du travail des majeurs est un principe de la législation belge ; bien qu'il ne soit écrit aucune loi, il les domine toutes ». C'est pourquoi il fit supprimer les mots *par la loi* dans le texte, disant « qu'un jour de repos par semaine devait être assuré *par la loi* à tous les ouvriers ». « Les gouvernements parlementaires, expliquait-il à la séance du 27 mars, sont esclaves de la constitution et des lois de leur pays ; ils ne peuvent souscrire des engagements contraires aux prescrip-

commission pour la mise à exécution des résolutions : « Le gouvernement français a toujours et exclusivement considéré la réunion de la Conférence comme un moyen de faire une enquête sur la condition du travail dans les États participants et sur les vœux de l'opinion à cet égard, mais il n'a nullement entendu en faire, au moins pour le moment, le point de départ d'engagements internationaux ».

Dans ces conditions, il n'y a rien d'étonnant à ce qu'on n'aboutit qu'à des vœux. Le protocole final, en effet, est rédigé sous la forme suivante : « Il est désirable que... », et, au sujet de la mise à exécution, il emploie un conditionnel bien significatif : « pour le cas où les gouvernements donneraient suite aux travaux de la Conférence, les dispositions suivantes se recommandent... ».

Les vœux (1) eux-mêmes étaient des plus modérés, — quoique cependant dépassant parfois la législation de certains pays, comme la Belgique. En ce qui concerne les mines, on demandait l'élévation à 14 ans de l'âge d'admission des enfants aux travaux souterrains, la limitation du travail dans les mines particulièrement insalubres, l'interdiction du travail sous terre aux femmes.

Pour le repos hebdomadaire, on en prévoyait l'exten-

---

tions constitutionnelles ou aux principes servant de base à la législation. De là... l'impossibilité où se trouve le gouvernement belge de poursuivre, par voie d'autorité, la réalisation des vœux exprimés dans les §§ 3 et 4 » (*Actes*, p. 106). V. aussi le vote de M. Kint de Roodenbeke (p. 74). Les mots *par la loi* ayant été supprimés, la Belgique a pu voter le texte. Mais elle vota contre l'interdiction du travail de nuit des femmes. Bien plus, quand elle votait une résolution, elle avait soin de dire que cela ne l'engageait en rien : « On pourrait induire des motifs d'abstention de la France, disait encore M. Jacobs le 27 mars (*Actes*, p. 138) que les pays qui votent les résolutions proposées consentent à s'engager sur le terrain diplomatique. Telle n'est pas la pensée de la Belgique ».

(1) V. *Actes*, p. 195 et suiv.

sion à tous les ouvriers de l'industrie, des exceptions pour les industries de première nécessité et les industries à marche continue. On recommandait une entente entre les gouvernements pour la détermination des exceptions.

Au sujet du travail des enfants, la Conférence souhaitait voir l'âge d'admission être porté à 12 ans (10 ans dans les pays méridionaux), les enfants avoir satisfait préalablement aux prescriptions concernant l'instruction primaire, ceux au-dessous *de 14 ans* ne pas travailler la nuit, ni plus de six heures par jour, tous être exclus des occupations insalubres ou dangereuses.

A propos du travail des jeunes ouvriers, on demandait que, de 14 à 16 ans d'âge, ils ne travaillent ni la nuit ni le dimanche, ni plus de 10 heures par jour, avec repos d'une heure et demie — des exceptions cependant étant admises « pour certaines industries », et qu'une protection soit aussi assurée aux jeunes garçons de 16 à 18 ans.

Quant au travail des femmes, la Conférence désirait l'interdiction du travail de nuit, la journée de onze heures, avec repos d'une heure et demie, — exceptions toujours réservées, — des restrictions spéciales pour les industries dangereuses et quatre semaines de repos obligatoire après un accouchement.

La mise à exécution des résolutions de la Conférence se bornait à un vœu pour l'organisation de l'inspection du travail et à l'échange de documents. Cependant, on trouvait qu'il est désirable « que les délibérations des États participants se renouvellent, afin que ceux-ci se communiquent réciproquement les observations que les suites données aux délibérations de la présente Conférence auront suggérées, et afin d'examiner l'opportunité de les modifier ou de les compléter ».

Quand on se demande les raisons de l'échec de la Conférence, on les ramène aisément à deux : elle venait trop tôt, les gouvernements et l'opinion publique n'étant pas préparés, et aussi elle n'avait pas la méthode voulue : ce ne sont pas des délégations composées de la façon que nous avons dite qui étaient en mesure d'aboutir sur un programme aussi vaste.

Aussitôt après la clôture de la Conférence, on assista à une éclosion de publications où les économistes libéraux chantaient victoire. La convocation de la Conférence les avait inquiétés ; son protocole final les faisait respirer. M. Rolin Jaequemyns écrivait dans la *Revue de droit international et de législation comparée* (1) : « Ce résultat aura rassuré, par son caractère platonique, ceux qui croient que la question de la réglementation du travail est exclusivement du ressort de chaque législateur particulier, qu'elle est étrangère au domaine du droit international et qu'un système de conventions par lequel on chercherait à la faire entrer dans ce domaine en établissant une législation internationale du travail serait ou inefficace ou plein de dangers pour l'autonomie des États industriels qui se lieraient de cette manière ».

Ce ton fut celui d'un grand nombre d'appréciations.

Et pourtant, on peut dire que l'initiative de l'empereur d'Allemagne a fait un bien énorme. Si la tentative fut honorable pour Guillaume II, il est hors de doute que son geste fit impression sur une partie de l'opinion publique. Elle fit plus qu'attirer l'attention, elle attira les réflexions. En outre, l'échec lui-même ne prouvait rien. Il devenait clair que, convenablement préparées

(1) *Le socialisme dans le droit international, Revue de droit international*, 1890, t. XXII, p. 21.

et étudiées, des conventions internationales étaient possibles. Le premier pas venait donc d'être fait dans une voie qui devait conduire, tôt ou tard, à des résultats positifs.

L'événement a montré qu'il en était bien ainsi.

§ V. *L'Association internationale pour la protection légale des travailleurs.*

Nous ne relèverons pas les ordres du jour de congrès, les vœux et résolutions, les déclarations individuelles en faveur de la protection internationale des ouvriers qui suivirent la Conférence de Berlin.

Mais il n'est pas sans intérêt de fixer l'origine de l'Association internationale pour la protection légale des travailleurs qui a eu tant d'influence sur la conclusion des traités de travail.

Lors d'une assemblée générale de la Fédération des ouvriers suisses (Schweizerischer Arbeiterbund) tenue à Bienne en 1893, M. Decurtins fit voter une motion priant le comité « de convoquer en congrès des délégués des organisations ouvrières des différents pays en vue de délibérer sur la question de la protection légale internationale des travailleurs ». Les invitations furent envoyées au printemps de 1894. « Mais le congrès, dit M. le professeur Reichesberger (1) qui est à même de bien être renseigné, ne put d'abord se tenir, parce que les partis sociaux-démocratiques d'Allemagne et d'Autriche répondirent qu'ils ne pouvaient prendre part à un congrès auquel participeraient aussi des délégués d'autres partis politiques, les discussions devant vrai-

(1) *Handwörterbuch der schweizerischen Volkswirtschaft, Sozialpolitik und Verwaltung.* Bern, 1901, t. I, p. 16.

semblablement être stériles et inutiles. Le congrès fut donc ajourné à une date indéterminée. Ce ne fut qu'au printemps de 1897 qu'on put penser à faire des démarches pour la convocation, grâce aux efforts incessants du secrétaire ouvrier, M. Greulich ».

A cette date, un comité belge était constitué depuis plus d'un an et demi en vue d'organiser à Bruxelles un congrès de législation du travail (1). Il essaya en vain d'obtenir la fusion des deux congrès. Le congrès suisse était organisé sur la base des « délégations » de groupements ouvriers, tandis que le congrès belge était un congrès ouvert à tous. Ils s'organisèrent donc séparément.

On sait le caractère nouveau et le succès de celui de Zurich : il s'y fit une « trève de Dieu » entre socialistes démocrates et socialistes chrétiens. Tous les points du programme de la Conférence de Berlin firent l'objet de vœux plus ou moins radicaux. Le Conseil fédéral suisse fut invité à provoquer de nouvelles négociations diplomatiques et la fondation d'un Office international de la protection ouvrière. Finalement, un comité d'exécution fut formé du président, M. H. Scherrer, de M. Curti et du secrétaire ouvrier suisse, M. Greulich.

Un mois après, se réunissait à Bruxelles le Congrès international de législation du travail (2) où se rencontrèrent des représentants éminents de la science allemande, MM. Schmoller, Brentano, von Mayr, Sombart, Herkner, accompagnés de M. de Berlepsch, avec MM. Yves Guyot et A. Raffalovich qui, secondés par

---

(1) V. MAHAIM, *L'Association internationale pour la protection légale des travailleurs. Son histoire, son but, son œuvre. Revue économique internationale*, octobre 1904.

(2) V. *Congrès international de législation du travail tenu à Bruxelles du 27 au 30 septembre 1897*. Bruxelles, 1898, 1 vol.

M. Louis Strauss, représentaient l'école économique libérale, avec M. Paul Pic et le regretté M. Bourguin qui appartenaient à « l'école nouvelle ». Les adhérents belges comprenaient, outre des industriels et des hommes d'administration, une phalange de jeunes économistes. Le souci des organisateurs avait été de rattacher très visiblement le Congrès de Bruxelles à la Conférence de Berlin. Tous les diplomates qui avaient pris part à celle-ci furent invités spécialement. A la présidence du Congrès on plaça, à côté de M. de Berlepsch, MM. Linder et Harzé, à raison de leur qualité de délégués à Berlin.

Par suite de sa composition même, le Congrès s'était interdit de voter sur les questions du programme. Il n'y eut donc que des débats sans conclusion. Mais la dernière question portait : « Est-il désirable que des rapports internationaux s'établissent entre les Offices du travail et qu'on organise internationalement la statistique du travail ? » Le rapporteur était M. Hector Denis, qui proposait la création d'un bureau international officiel. Déjà, dans la discussion qui suivit ce rapport, on avait conscience que le Congrès devait aboutir à un résultat pratique, mais en même temps, que ce résultat serait difficilement atteint si l'on devait continuellement renouveler des discussions de principes semblables à celles qui avaient agité le Congrès. Aussi, fidèle à son règlement, le Congrès se sépara sans prendre de résolution. Mais, après la dernière séance, les partisans divers du principe d'intervention se réunirent et désignèrent une commission de trois membres, le duc d'Ursel, M. Victor Brants, et l'auteur de ces lignes, pour « rechercher les moyens de donner une suite au Congrès ».

Cette suite ne pouvait être qu'une grande association

internationale des amis de la législation du travail. Elle devait accueillir l'aile droite comme l'aile gauche; elle ne devait exclure de ses rangs que les irréductibles adversaires de l'intervention légale.

Après deux ans de pourparlers (1), cette association fut fondée au Congrès de législation du travail organisé à Paris par MM. Paul Cauwès et Raoul Jay en 1900 (2). Dès la séance d'ouverture, M. Millerand, alors ministre du commerce, en avait salué la fondation. A la dernière séance, les statuts étaient adoptés sans soulever d'autre discussion que celle relative à la représentation du Saint-Siège, qui fut admise.

Le but de l'association est ainsi tracé à l'article 2 de ses statuts :

1° Servir de lien entre ceux qui, dans les différents pays industriels, considèrent la législation protectrice des travailleurs comme nécessaire;

2° Organiser un *Office international du travail* qui aura pour mission de publier en français, en allemand et en anglais, un *recueil périodique de la législation du travail dans tous les pays,* ou de prêter son concours à une publication semblable.

Ce recueil comprendra :

a) Le texte ou le résumé de toutes les lois, règlements et arrêtés en vigueur relatifs à la protection des ouvriers en général, et notamment au travail des enfants et des femmes, à la limitation des heures de travail des ouvriers mâles et adultes, au repos du dimanche, aux repos périodiques, aux industries dangereuses;

b) Un exposé historique relatif à ces lois et règlements ;

c) Le résumé des rapports et documents officiels

(1) Les détails sont contés dans mon article cité.

(2) *Congrès international pour la protection légale des travailleurs, tenu à Paris, au Musée social, du 25 au 28 juillet 1900.* Paris, 1901, 1 vol.

concernant l'interprétation et l'exécution de ces lois et arrêtés;

3° Faciliter l'étude de la législation du travail dans les divers pays et, en particulier, fournir aux membres de l'association des renseignements sur les législations en vigueur et leur application dans les divers États;

4° Favoriser, par la préparation de mémoires ou autrement, l'étude de la question de la concordance des diverses législations protectrices des ouvriers, ainsi que celle d'une statistique internationale du travail;

5° Provoquer la réunion de Congrès internationaux de législation du travail.

L'Association est constituée par des sections nationales, aujourd'hui au nombre de quinze, qui sont autonomes. Le Comité international qui dirige l'association est composé des délégués des sections et aussi des représentants des gouvernements (y compris le Saint-Siège).

L'Office international du travail est l'œuvre la plus importante et la plus considérable de l'association. Son rôle est tout objectif : il a, avant tout, à réunir et à publier en français, en allemand et en anglais, les documents officiels de la protection légale de tous les pays. Des raisons financières ont fait ajourner la publication des lois anciennes, et le Gouvernement belge a, dès le début, assumé la charge de publier, en langue française, un *Annuaire de la législation du travail,* ce qui dispense l'Office de cette tâche. Mais il publie un *Bulletin* en français, en allemand et en anglais où se trouvent rassemblées toutes les indications utiles sur la protection légale du monde entier.

Dès son assemblée constitutive de Bâle, en septembre 1901, quand il s'agit de formuler son programme d'études, l'association adopta une méthode à laquelle

elle est restée fidèle et qui a fait sa force. Elle a comme objectif de reprendre et d'étendre le programme de la Conférence de Berlin. Mais au lieu de l'embrasser dans son ensemble, elle concentre tout son effort sur un point précis et limité, le fait étudier par les diverses sections nationales, puis par une commission spéciale, avant d'adopter, en assemblée générale, la formule définitive de ses résolutions. Celles-ci enfin sont présentées accompagnées de mémoires explicatifs aux divers gouvernements dont la besogne est considérablement facilitée. C'est par cette méthode et le jeu libre de ses sections que l'association se différencie des congrès ordinaires et des organisations de partis.

L'esprit qui l'anime et qu'elle a également gardé depuis son origine nous a permis de la caractériser de la manière suivante : « Une ligue de la paix sociale groupant, au sein des principales nations industrielles, dans tous les partis, dans toutes les confessions, dans toutes les classes, des bonnes volontés résolues qui acceptent l'intervention moderne du législateur dans les questions de travail et entendent en poursuivre le progrès ; un programme d'action très limité, très précis, qu'on étudie à fond et qu'on réalise; des assemblées périodiques nombreuses, suivies, où, malgré la diversité des opinions, des tempéraments, des intérêts, il n'y a ni désordre, ni discorde, ni hostilité véritable, où les plus ardents donnent l'exemple de la modération et les plus timides celui de la fermeté; une œuvre pratique, enfin, fondation privée qui assume des charges que, seuls, pensait-on, des États pouvaient assumer et qui vit, prospère et se développe en bonne intelligence avec tous les gouvernements. Tel est le spectacle qu'offre l'Association internationale » (1).

---

(1) *Revue économique internationale*, octobre 1904.

Lorsqu'à Bâle, en 1901, il s'agit de choisir les premiers points sur lesquels son effort devait se porter, l'accord se fit sur ceux qui semblaient offrir le moins de résistance de la part des gouvernements. L'on choisit l'interdiction du travail de nuit des femmes, et la réglementation des industries insalubres, mais en spécifiant : celle du phosphore blanc et celle du plomb.

L'assemblée de Cologne, en 1902 (1), élimina encore du programme la question des industries du plomb, puis elle chargea une commission spéciale de chercher les moyens de faire adopter par les États l'interdiction générale du travail de nuit des femmes et la prohibition du phosphore blanc. Cette commission se réunit à Bâle, en 1903, arrêta les bases principales des résolutions, et confia au Bureau le soin de rédiger deux mémoires explicatifs à adresser aux gouvernements. A peine ceux-ci étaient-ils envoyés que le Conseil fédéral suisse put annoncer l'adhésion en principe des gouvernements à la réunion d'une Conférence internationale.

Celle-ci eut lieu à Berne, en 1905. Mais il était entendu d'avance qu'elle se bornerait à adopter non un texte formel de convention, mais seulement des *bases* d'entente. Elle était composée presque exclusivement de techniciens, directeurs des Offices du travail, fonctionnaires et experts. Après huit jours de discussion, elle aboutit à deux textes, qui furent soumis à une nouvelle Conférence réunie à Berne, du 17 au 26 septembre 1906, où cette fois, se trouvaient des diplomates de profession, qui transformèrent les « bases » arrêtées précédemment en deux traités (2).

---

(1) V. *Compte rendu de la deuxième Assemblée générale de l'Association tenue à Cologne, les 26 et 27 septembre 1902,* Berne, Paris et Iéna, 1903 (publ. n. 3 de l'Association).

(2) V. plus loin chap. II, sect. II.

Mais, dans l'entre-temps, les gouvernements avaient déjà signé des traités bilatéraux. Le premier en date est le traité franco-italien du 15 avril 1904. On peut dire qu'il a été conçu à l'Association internationale. Il fut négocié à Rome par M. Luzzatti, alors ministre du Trésor, et M. Arthur Fontaine, directeur du travail de France. A l'Assemblée générale de Cologne, déjà, M. Luzzatti parlait, dans les couloirs, des « traités du travail » ; mais il semblait vouloir les marier aux traités de commerce. Il était préoccupé des inégalités de traitement que la législation française consacrait à l'égard des ouvriers étrangers, et il voulait saisir l'occasion pour en demander l'allègement. En compensation, le Gouvernement français estima le moment venu de demander à l'Italie une législation protectrice des ouvriers semblable à la sienne et surtout une inspection du travail capable de veiller à l'exécution rigoureuse des lois. Telle est la pensée fondamentale du premier « traité de travail », que nous étudierons plus loin (1). Il fut exposé à l'Association par M. Fontaine lui-même à la session de Bâle 1904.

On peut dire aussi que les autres traités bilatéraux subséquents, sans être aussi directement liés à l'histoire de l'Association, ont certainement été inspirés par les débats qui avaient lieu, au sujet des accidents du travail, à chacune de ses assemblées générales.

L'Association continue, d'ailleurs, son œuvre. Au moment où nous écrivons ces lignes, les gouvernements sont saisis de nouveau de la proposition de réunir une conférence qui aurait à limiter la durée journalière du travail des femmes et à interdire le travail de nuit des adolescents. En perspective, encore, pour un avenir

---

(1) V. *infra*, p. 221.

plus éloigné, se trouve la conclusion d'une convention relative au travail dans les industries à marche continue, qu'une commission spéciale, réunie à Londres, vient d'étudier.

On le voit, c'est au sein de l'Association que s'élaborent les traités de travail.

CHAPITRE II

Les traités de travail.

Le droit international ouvrier conventionnel est encore à l'heure présente fort réduit. Il se borne à quelques traités dans lesquels ne figurent que deux parties contractantes, et à deux traités signés par un plus grand nombre d'États, auxquels d'autres États peuvent adhérer. Il convient de les étudier séparément, leurs caractères n'étant pas les mêmes.

SECTION PREMIÈRE

LES TRAITÉS BILATÉRAUX

Quand deux États négocient un traité de travail, ils n'ont en vue, en principe, que leurs intérêts propres. Ils entendent l'un et l'autre obtenir pour leurs ressortissants des avantages définis, plus ou moins étendus, plus ou moins durables. Par conséquent, ils envisagent leurs situations respectives dans toutes leurs modalités, ce qui leur permet de tirer parti de circonstances particulières et d'organiser, au besoin, des sanctions inapplicables ou impossibles dans des traités où un plus grand nombre d'États sont parties.

En un sens, c'est un avantage. La convention s'adapte mieux aux contingences ; elle vise plus aisément ce qui doit être réglé. Le jeu des compensations réciproques est plus facile et plus varié.

Mais d'autre part, cela offre aussi un inconvénient. Il y a, au fond de tout traité de travail, des intérêts généraux qui ne sont pas relatifs aux seuls ressortissants des parties contractantes. Quand la France obtient, par exemple, de l'Italie, un progrès dans sa législation du travail et l'organisation sérieuse de l'inspection, elle stipule, on peut dire, pour toutes les autres nations. En outre, on aboutit nécessairement à des solutions partielles, qui font des inégalités, des situations disparates, des injustices. Si tel traité abolit le régime de défaveur vis-à-vis des sujets d'un État, il le laisse subsister pour les autres, et l'injustice n'en est que plus criante.

Quoi qu'il en soit, l'idée ne viendra à personne de condamner cette forme de convention et de ne recommander que les traités généraux. Les traités bilatéraux sont, en effet, beaucoup plus faciles à conclure, non seulement parce qu'ils n'exigent pas le concours d'un grand nombre de volontés, mais parce que l'objet en est aisément perçu, l'exécution plus certaine et mieux surveillée. Et puis, ils servent d'étape, d'acheminement vers des solutions plus générales. Les divers traités relatifs aux assurances contre les accidents du travail finiront probablement par aboutir à une convention multilatérale. Mais leurs rédactions diverses et leurs imperfections mêmes auront servi à quelque chose : elles permettront sans doute d'arriver à une forme plus parfaite, qu'on n'aurait pas atteinte autrement.

§ I. *Le traité entre la France et l'Italie du 15 avril 1904 et les arrangements qu'il a provoqués.*

Le traité franco-italien du 15 avril 1904 est le type des traités bilatéraux de travail : d'une part, il a en vue exclusivement la protection du travail, d'autre part, il embrasse tout un ensemble de points, toute une *situation* entre deux États. En outre, c'est un traité de principes, appelant, pour être complété, une série d'arrangements postérieurs. Enfin, il contient un ingénieux système de sanction.

Nous avons déjà eu l'occasion d'exposer l'origine du traité. Le souci de M. Luzzatti de chercher à réduire les défaveurs que la législation française consacrait contre ses compatriotes, le portait primitivement à offrir des compensations douanières. La disproportion était manifeste, entre l'intérêt des deux pays, si l'on s'en tenait à la recherche d'avantages réciproques en matière de lois d'assurances : M. Fontaine évaluait en 1904 à 200.000 le nombre des Italiens travaillant en France et à 2.000 celui des Français travaillant en Italie (1). Mais on écarta les compensations douanières, parce que, comme l'expliquait M. Millerand à la session de Bâle de l'Association internationale en 1904, « on avait tenu à affirmer que la concurrence commerciale devait s'établir sur la base de conditions humaines du travail préalablement définies aussi bien entre les nations qu'entre les individus d'une même nation (2) ».

---

(1) Les chiffres des recensements étaient en 1901 : en France, 206.715 sujets italiens, dont 187.911 ouvriers et employés ; en Italie, 5.033 Français domiciliés, et 1.920 de passage, dont 554 ouvriers et employés. V. MÉTIN, *Les traités ouvriers*, p. 48.

(2) *Compte rendu* de la session de Bâle 1904, p. 35, exposé de M. ARTHUR FONTAINE.

Puis, « on était voué à l'insuccès si, aux difficultés spéciales de la réglementation internationale du travail, on superposait les difficultés plus complexes encore des traités de commerce ».

La compensation tirée de la protection légale des travailleurs même parut donc plus aisée à la fois et plus adéquate. La France voulut demander que la concurrence que l'industrie italienne faisait à la sienne ne se fît pas au moyen de conditions de travail inhumaines. Il était important, par exemple, pour la France que l'Italie mît en vigueur réellement en 1907, comme le voulait la loi de 1902, l'interdiction du travail de nuit des femmes dans les filatures. « Il était important, dit M. Arthur Fontaine, que l'Italie, liée par l'intérêt même de ses nationaux à l'étranger, ne pût être amenée, sous la pression d'autres intérêts économiques, à revenir sur les dispositions de sa loi de 1902, et qu'elle fût incitée, au contraire, à réaliser de nouveaux progrès. C'est cette liaison des intérêts qu'essaie de réaliser la convention du 15 avril 1904. Elle ne fait pas marché de la protection due aux travailleurs par chaque pays. Elle stipule une série de choses justes en elles-mêmes, que chaque peuple avait inscrites dans son programme de réformes à plus ou moins lointaine échéance, et dont la réalisation est facilitée par l'accord. Au point de vue de la concurrence, certaines des stipulations du traité sont plus avantageuses aux Italiens, d'autres plus avantageuses aux Français, toutes méritent par elles-mêmes d'être réalisées ».

Tels sont les motifs du traité, dans les termes mêmes de l'un de ses auteurs.

Le préambule de la convention les reproduit avec clarté :

« Le Président de la République française et Sa

Majesté le Roi d'Italie désirant, par des accords internationaux, assurer à la personne des travailleurs des garanties de réciprocité analogues à celles que les traités de commerce ont prévues pour les produits du travail et particulièrement : 1° faciliter à leurs nationaux travaillant à l'étranger la jouissance de leurs épargnes et leur ménager le bénéfice des assurances sociales; 2° garantir aux travailleurs le maintien des mesures de protection déjà édictées en leur faveur et concourir au progrès de la législation ouvrière ».

De là, une division des stipulations du traité (1) : l'article 1er contient les dispositions relatives à la prévoyance; les articles 2, 3, 4, celles relatives à la protection légale du travail; l'article 5 contient la sanction.

L'article 1er porte que « des négociations seront engagées à Paris, après la ratification de la convention, pour la conclusion d'arrangements fondés sur les principes énoncés ci-après et destinés à régler le détail de leur application » — sauf l'arrangement relatif aux caisses d'épargne.

Les arrangements prévus sont au nombre de cinq :

1° Sur le transfert des fonds déposés dans les caisses d'épargne;

2° Sur les caisses de retraites existantes;

3° Sur l'admission des ressortissants des deux États aux retraites ouvrières;

4° Sur les lois d'assurances contre les accidents du travail;

5° Sur l'assurance (éventuelle) contre le chômage.

1. — Le premier de ces arrangements n'était pas une nouveauté. En 1882, déjà, la France et la Belgique en

(1) V. Annexe n° III.

avaient conclu un semblable, « pour assurer des facilités nouvelles aux déposants » des deux pays. Ces déposants n'étaient pas en nombre égal, puisqu'au recensement français de 1881, on comptait en France 432.265 Belges, et au recensement belge de 1880, 51.089 Français en Belgique. Si l'on devait donc mesurer l'utilité d'un traité au nombre de personnes qui en profitent, il est vraisemblable que celui-ci était tout à l'avantage de la Belgique. C'était elle, d'ailleurs, qui l'avait demandé. Mais, chose intéressante, elle l'avait obtenu sans avoir à faire aucun sacrifice, — sans compensation. « En l'accueillant, nous apprend M. Métin (1), la France s'assurait un bénéfice moral que son gouvernement ne crut point négligeable, en raison des bonnes relations qui ont toujours uni les deux États contractants, et enfin parce que l'accord venait onze ans après le traité de Francfort et au moment où se formait la Triple Alliance. C'est donc en auxiliaire de la diplomatie propre que la prévoyance sociale apparaît dans ce traité ». Comme on souhaiterait que les rapports de bon voisinage et la recherche d'un « bénéfice moral » d'aussi bon aloi engagent les États à conclure beaucoup de traités de ce genre !

Quoi qu'il en soit, l'accord franco-belge du 31 mai 1882 peut rentrer dans le droit international ouvrier : s'il est vrai que les avantages qu'il accorde aux nationaux des deux États ne sont pas réservés aux seuls ouvriers, il est à croire que la majorité des « déposants » aux caisses d'épargne appartiennent à la classe laborieuse. L'encouragement à l'épargne, d'ailleurs, figure dans la protection ouvrière.

L'arrangement franco-belge consistait essentiellement à permettre que des fonds versés à titre d'épargne, soit

(1) *Traités ouvriers*, p. 28.

à la Caisse d'épargne postale en France, soit à la Caisse générale d'épargne et de retraite de Belgique, puissent, à la demande des intéressés, être transférés sans frais d'une caisse à l'autre, par l'entremise des administrations des postes des deux pays. Le montant maximum de ces transferts était fixé en 1882 à 2.000 francs par livret. Mais le 4 mars 1897, un nouvel accord est intervenu, réduisant ce maximum à 1.500 francs, parce que c'est à cette somme que la loi française du 29 juillet 1895 avait déterminé le maximum de dépôt pour les individus. La révision était d'ailleurs rendue nécessaire pour accorder la franchise postale dans une plus large mesure aux intéressés. Les dispositions de l'arrangement de 1897 disent dans quelles conditions les transferts et les remboursements peuvent se faire. Nous noterons, cependant, que, déjà dans l'arrangement de 1882, se trouve une disposition (art. 7) par laquelle chaque partie contractante se réserve la faculté, dans le cas de force majeure ou de circonstances graves, de suspendre le service des transferts et des remboursements internationaux. L'article 9 de l'arrangement de 1897 est identique.

En exécution de l'article 1er de la convention franco-italienne, un premier arrangement fut signé en même temps que le traité : il se rapporte uniquement aux caisses d'épargne *postales* des deux pays, et il reproduit littéralement le texte de l'accord franco-belge (1). Un second arrangement fut signé le 20 janvier 1906, étendant les mêmes dispositions aux caisses d'épargne *ordinaires* (2).

---

(1) V. Annexe n° III. Il a été rendu exécutoire en France par décret en même temps que la convention elle-même. V. MÉTIN, *Traités ouvriers*, p. 80.

(2) V. Annexe n° IV. Cet arrangement fut soumis au Parlement français

2. — L'article 1er, littera *b*, de la convention se rapporte aux caisses nationales de retraites existantes au moment de la négociation de l'accord, Caisse nationale de prévoyance en Italie, Caisse nationale des retraites en France. Les versements y sont volontaires, mais ils y sont majorés par l'État. L'article stipule que les deux gouvernements faciliteront le versement des cotisations des Italiens en France et des Français en Italie à ces deux institutions, ainsi que le paiement des pensions.

Un instrument diplomatique n'est pas nécessaire pour cela : ce sont des mesures administratives dictées par relations de bon voisinage des deux pays, « sans charge notable pour aucun d'eux » (1).

Le 9 août 1910, un nouvel arrangement a été conclu entre la France et l'Italie pour régler les conditions d'application du § 6 de l'article 1er de la convention de 1904 (2). Cet arrangement permet aux Italiens en France et aux Français en Italie de faire des versements destinés à la Caisse nationale de leur pays, de jouir de la pension échue, — bref d'user de la caisse du pays sur le territoire duquel ils se trouvent comme d'un organisme national. Les rapports financiers des deux caisses sont également réglés et l'envoi des fonds par la poste est effectué gratuitement. C'est pourquoi le projet doit être approuvé par le Parlement : tel est le but du projet de loi du 8 juin 1911, qui n'est pas encore voté.

3. — Les stipulations reprises sous la lettre *c* de l'article 1er sont relatives aux retraites ouvrières. Il faut

---

et mis en vigueur par la loi du 3 août 1906. Un décret du 4 juillet 1907 et un arrêté ministériel du 20 septembre de la même année en ont réglé les mesures d'exécution. V. Métin, *Traités ouvriers*, p. 82-90.

(1) A. Fontaine, Exposé à Bâle, 1904. *Compte rendu*, p. 38.

(2) V. Annexe n° V.

se rappeler qu'au moment de la conclusion du traité, dans aucun des deux pays n'existait d'assurance-vieillesse, et que la loi des retraites ouvrières française était en élaboration.

Nous avons indiqué plus haut les dispositions du traité, qui ne sont guère généreuses. Elles n'assimilent pas complètement l'Italien au Français. Une distinction est opérée, dans les parts de la pension, qui proviennent des versements de l'ouvrier, du patron et de l'allocation de l'État. La première lui est acquise intégralement. Quant à la seconde, « il sera statué par l'arrangement, dans des conditions de réciprocité ». Espérons que l'accord en projet fera disparaître, pour les Italiens, l'iniquité de la loi française qui fait passer les cotisations patronales au fonds de réserve.

En ce qui concerne l'allocation de l'État, la convention dispose ingénieusement « qu'elle sera laissée à l'appréciation de chaque État, et payée sur ses ressources à ses nationaux ayant acquis une retraite dans l'autre pays ». Ainsi, il sera *permis* à l'Italie de bonifier aux Italiens qui ont toute leur vie fait des versements en France, une somme égale ou supérieure à celle que l'État français alloue à ses nationaux. On veut bien lui laisser toute liberté à cet égard.

Après cela, les États s'engagent sans difficulté à faciliter le paiement des pensions acquises sur leur territoire par des étrangers; puis, à étudier un régime spécial d'acquisition de retraites pour les ouvriers saisonniers ou pérégrinants.

4. — En ce qui concerne l'assurance-accidents, l'art. 1er, litt. *d*, ne prononce pas, comme on pourrait le croire, l'assimilation complète des Italiens aux Français. Il commence par mettre sur le même pied que les Français (et réciproquement) les ouvriers et employés

italiens, victimes d'accidents, ainsi que leurs représentants *résidant en France* — ce qui est le droit commun de la loi du 9 avril 1898. Quant aux « Italiens bénéficiaires de rentes cessant de résider en France, ainsi que les représentants de la victime qui ne résidaient pas en France au moment de l'accident, ils auront droit à des indemnités à déterminer ». La suite de l'alinéa ne se rapporte qu'aux mesures d'exécution.

L'arrangement qu'appelait ce paragraphe a été conclu le 9 juin 1906 (1), après que la loi du 31 mars 1905 fut venue autoriser des dérogations à celle de 1898 par accords internationaux. Il est remarquablement plus large que le texte de 1904. C'est que, dans l'intervalle, le 21 février, la France avait conclu avec la Belgique, un traité consacrant le principe de l'assimilation. L'arrangement franco-italien le consacre également de la façon la plus formelle, pour les victimes (art. 1er) et leurs ayants droit (art. 2). Il règle les questions relatives aux enquêtes à faire au moment de l'accident, permet aux chefs d'entreprises et aux assureurs ayant des arrérages à verser aux pensionnés de se libérer entre les mains de l'autorité consulaire (art. 4), et arrête une série de mesures destinées à faciliter, par l'intermédiaire des caisses nationales compétentes, les versements.

5 — Le dernier arrangement prévu par la convention est encore à venir, parce qu'il s'agit de l'assurance-chômage, qui n'est encore réalisée dans aucun des deux pays. « L'admission des ouvriers et employés italiens, en France, à des institutions d'assurances ou de secours contre le chômage subventionnées par les pouvoirs publics, l'admission des ouvriers et employés français, en Italie, aux institutions de même nature, seront

(1) V Annexe n° VI.

réglées, le cas échéant, après le vote dans les deux pays de dispositions légales relatives à ces institutions ».

Le cycle des assurances ouvrières est ainsi achevé.

L'article 1er stipule dans un paragraphe *f*, que tous les arrangements prévus sont conclus pour cinq ans; que le délai de dénonciation est d'un an, et que, faute d'avis, l'arrangement est prorogé d'année en année.

Telles sont les dispositions relatives aux assurances et à la prévoyance.

Celles qui touchent à la réglementation du travail commencent par l'article 2, dont nous avons fait l'analyse, avec celle de l'arrangement auquel il a donné lieu, à propos des jeunes Italiens travaillant en France (1). Nous avons montré l'intérêt et la portée de ces stipulations, qui contiennent des engagements bien caractéristiques et tout à fait dans l'esprit de la protection légale.

L'article 3 fait à chacune des parties contractantes une obligation d'adhérer à une conférence internationale du travail, si l'autre y prend part. C'était assurer à l'avance la représentation des deux États à la Conférence de Berne qui était alors en projet.

L'article 4 contient la partie la plus originale et la plus délicate de la convention : ce sont les engagements du gouvernement italien.

Il s'oblige d'abord à compléter l'organisation dans tout le royaume, et plus particulièrement dans les régions où le travail industriel est développé, du service de l'inspection du travail. On comprendra la portée de ces termes quand on saura qu'à l'époque de la signature du traité, il n'y avait en Italie que trois inspecteurs en principe et en fait qu'un seul. La convention précise que ce service d'inspection à compléter devra « offrir,

(1) V. plus haut, p. 66 et suiv.

pour l'application des lois, des garanties analogues à celles que présente le service de l'inspection du travail en France ». En particulier, on énumère expressément les points de la loi italienne du 29 juin 1902 auxquels l'inspection devra tenir la main. Ce sont les prescriptions qui concernent : 1° l'interdiction du travail de nuit; 2° l'âge d'admission du travail dans les ateliers industriels; 3° la durée du travail journalier; 4° l'obligation du repos hebdomadaire. Ce sont les prescriptions auxquelles la France attache le plus grand prix, parce que leur inobservation « serait précisément de nature à rendre plus difficile le fonctionnement de sa propre législation ouvrière » (1).

Enfin, vient une déclaration du gouvernement italien, sur ses intentions : « il a l'intention de mettre à l'étude et de réaliser graduellement la réduction progressive de la durée de la journée du travail journalier des femmes dans l'industrie ». Cette formule, si vague soit-elle, ne paraissait pas aux auteurs de la convention dépourvue d'intérêt, parce qu'elle se lie à l'ensemble des clauses du traité. « Elle autorise la France, tout naturellement, à attendre de l'Italie un progrès, à demander qu'elle ne reste pas en retard sur les peuples environnants dont la législation progresse lentement mais sûrement ».

Cet engagement rentre, comme les autres, dans le cadre de la sanction, qui est prévue à l'article 5. « Chacune des deux parties contractantes se réserve la faculté de dénoncer à toute époque la présente convention et les arrangements prévus à l'article 1er, en faisant connaître son intention un an d'avance, s'il y a lieu de reconnaître que la législation relative au travail des

(1) M. Fontaine, *loc. cit.*, p. 41.

femmes et des enfants n'a pas été respectée par l'autre partie, sur les points énoncés spécialement à l'article 4, alinéa 2, faute d'une inspection suffisante, ou par suite de tolérances contraires à l'esprit de la loi, ou que la législation aura diminué sur les mêmes points la protection édictée en faveur des travailleurs ».

Ainsi, la menace de dénonciation du traité suffit pour le rendre efficace parce que les avantages matériels qu'il consacre d'un côté sont tellement considérables, tellement importants pour la classe ouvrière, — et si facilement abrogeables, — que l'Italie doit y regarder à deux fois avant de mécontenter, au sujet de la législation du travail, sa puissante voisine. M. Fontaine expliquait ainsi excellemment le jeu de cette sanction : « Les Français ont un véritable intérêt au développement des lois ouvrières en Italie, les Italiens un intérêt primordial à une participation plus large de leurs nationaux aux assurances sociales en France. En réalisant parallèlement et progressivement ces deux ordres de réformes, les deux peuples rendent aisé ce devoir de justice et de progrès, améliorent la condition des travailleurs des deux côtés des Alpes et rendent plus intime l'entente des deux peuples. *En interrompant cette œuvre, en dénonçant la convention, chacun des deux peuples éprouverait un dommage d'autant plus grand que l'œuvre serait déjà plus avancée.* Et chacun des progrès prévus étant basé sur la justice, sur le développement du bien-être populaire, *il n'est pas à prévoir que jamais une marche en arrière se produise sur la route tracée par la convention du 15 avril 1904* ».

Les mots que nous soulignons ont une importance capitale. Ils caractérisent admirablement la nature, très spéciale, du traité et de sa sanction. Celle-ci, au fond, est tout entière contre l'Italie, et elle est terrible. Voit-on le gouvernement français retirer brusquement toutes les facilités relatives aux caisses d'épargne et aux caisses de retraites, toutes les exceptions au régime de droit commun des assurances-accidents? Ce serait évidemment un acte « peu amical » et même une *rétorsion* du moment que l'Italie l'aurait provoquée en n'exécutant pas le traité. Il y a plus, l'Italie s'expose bénévolement à une surveillance de la part du gouvernement français, surveillance qui pourrait, en temps de tension diplomatique, être extrêmement gênante. Cette surveillance de l'inspection du travail, ce contrôle sur la législation même, ont un très léger contrepoids dans l'ingérance dans les affaires françaises qu'institue l'arrangement sur les jeunes ouvriers. Mais on peut en faire abstraction, et dire qu'ici encore, l'Italie est plus menacée que la France.

Dès lors, on aperçoit avec évidence le fond de la pensée des deux gouvernements. Il est bien clair que l'Italie ne s'exposerait pas à semblable sanction, si elle n'avait la meilleure volonté de promouvoir sa législation du travail. Mais pour assurer la *continuité* et le *progrès* de cette législation, le gouvernement italien demande, en somme, l'aide du gouvernement français Il y a toujours dans un état progressif des forces qui tendent à ralentir le mouvement en avant, quand elles ne tendent pas à revenir en arrière. C'est contre celles-là que le traité est fait, — contre elles et pour le bien du peuple, auquel l'État étranger a un intérêt direct, à cause de la concurrence internationale, et indirect, pour le maintien et le progrès de sa propre législation.

Ajoutons que l'événement a bien montré la bonne volonté de l'Italie : dès 1906, son inspection du travail était organisée, elle se monte maintenant à plus de vingt inspecteurs, sans compter les ingénieurs des mines (1). Sa législation du travail s'est développée : sans compter les lois multiples relatives à l'organisation de la Caisse nationale de prévoyance, il y a eu, en 1907, une loi sur le repos hebdomadaire et une loi sur le travail des femmes et des enfants, qui a sérieusement renforcé les dispositions de la loi de 1902 ; en 1908, une loi interdisant le travail de nuit dans les boulangeries et les pâtisseries montre qu'on ne recule pas devant la réglementation du travail des adultes ; en 1909 et 1910, les lois prises en exécution des conventions de Berne. Toutes ces étapes, personne n'aurait affirmé qu'elles se seraient accomplies dans le même temps, si le traité de 1904 n'avait pas été signé.

§ II. *Les accords relatifs aux accidents du travail.*

Nous grouperons dans ce paragraphe les accords, déjà nombreux, où les puissances modifient le régime appliqué aux ouvriers étrangers par leurs lois nationales ou essaient de résoudre le conflit des lois.

Nous nous en sommes déjà occupé dans la deuxième partie de cet ouvrage (2). Nous n'aurons plus qu'à les confronter et signaler leurs traits caractéristiques.

1. — Rappelons, pour mémoire, l'article 1er, litt. *d*, du traité franco-italien du 15 avril 1904, dont nous quittons l'étude, pour marquer une date. Ce texte, timide et incomplet, appelait un arrangement subséquent, qui vint, comme nous l'avons dit, le 9 juin 1906.

2. — Le premier traité spécial consacré à l'assurance-accidents, est celui du 15 avril 1905 entre la Belgique

---

(1) *L'inspection du travail en Europe, publ. de l'Office international de travail,* Paris, 1910.

(2) V. *supra*, p. 113 et suiv., 140 et suiv.

et le Luxembourg. La loi luxembourgeoise du 5 avril 1902 (1) contenait seule des restrictions au sujet des ouvriers étrangers; elle laissait, d'autre part, grande latitude au gouvernement, et permettait la conclusion d'accords internationaux. La Belgique bénéficiait du traité incomparablement plus que le grand duché.

Le traité est très court (2), et il contient déjà des stipulations qui vont devenir de style dans les conventions subséquentes. L'article 1er consacre l'assimilation des nationaux, et en même temps le principe de l'application de la loi du lieu de l'accident, au point de vue du conflit des lois par les mots : « Les ouvriers belges victimes d'accidents du travail *dans* le grand-duché de Luxembourg ».

A ce principe, l'article 2 prévoit une exception : c'est « lorsqu'il s'agira d'ouvriers, sans distinction de nationalité, qui sont occupés *passagèrement*, c'est-à-dire pendant six mois au plus, sur le territoire de celui des deux États contractants où l'accident est survenu, mais qui sont attachés à une entreprise située sur le territoire de l'autre État, auquel cas la législation de ce dernier État sera seule applicable ».

Il y manquait une seconde exception : elle fit l'objet d'une convention additionnelle conclue à Bruxelles le 22 mai de l'année suivante, et qui ajoutait à l'article 2 : « Il en sera de même pour les personnes attachées à des entreprises de transports et occupées de façon intermittente, *même habituelle*, dans le pays autre que celui où les entreprises ont leur siège ».

Les autres articles du traité du 15 avril 1905 prévoient

---

(1) V. *supra*, p. 115 et suiv.

(2) V. notre Annexe no VIII et *Annuaire de législation du travail*, 1908, p. 128.

la suspension de l'application des articles contraires de la loi luxembourgeoise, l'extension des lois d'accidents aux « personnes que les lois de chacun des Etats assimilent aux ouvriers », l'extension des faveurs fiscales aux sujets du cocontractant, et les bons offices des administrations respectives.

3. — Dès le **12** mai **1905**, le grand-duché de Luxembourg avait suspendu, en faveur des sujets de l'Empire allemand, les dispositions de la loi réglant l'assurance-accidents qui constituaient le régime de défaveur. En même temps, une ordonnance du Bundesrat allemand levait pour le Luxembourg les restrictions contenues dans les lois d'assurance-accidents *relatives à l'industrie et au bâtiment*. Déjà auparavant, le Luxembourg avait été déclaré tout entier « district frontière » par le Bundesrat et, comme tel, relevé du régime restrictif contenu dans les lois d'assurance-accidents dans l'industrie, la construction, l'agriculture et la sylviculture et la marine. Cette dernière ordonnance ne s'appliquait qu'aux ouvriers luxembourgeois habitant habituellement dans le Luxembourg, tandis que la première s'applique même aux Luxembourgeois qui ont ailleurs leur résidence habituelle.

Il ne devait donc plus s'agir, dans le traité du 2 septembre 1905, que du conflit des lois (1). Le traité consacre (implicitement) l'application de la loi du lieu de l'accident; il s'occupe surtout du cas des entreprises ayant des exploitations dans les territoires des deux pays, et il décide que quand une partie de l'exploitation s'étend *passagèrement* sur le territoire de l'autre État, elle reste soumise, elle et les ouvriers qu'elle emploie, aux lois de l'État où se trouve son siège principal. Il définit

(1) V. Annexe n° IX.

aussi l'exploitation passagère : c'est celle « dont la durée probable ne dépasse pas six mois ». Une autre exception au principe de la territorialité est faite pour le personnel ambulant des chemins de fer.

On remarquera que ce n'est pas le travail de l'ouvrier qui doit être temporaire, mais la durée de l'exploitation.

Les autres articles du traité règlent des questions de procédure administrative, qui ne sont pas sans importance pratique. L'article 3 décide entre autres que « s'il s'agit d'un accident donnant sans aucun doute lieu à indemnité, mais que des difficultés subsistent sur le point de savoir s'il incombe aux assureurs de l'un ou de l'autre État, le premier assureur saisi de l'affaire doit prendre soin de l'assuré ». De même aussi les administrations compétentes doivent se prêter mutuel appui et faire des enquêtes l'une pour l'autre.

A la suite de ce traité, nombre d'entreprises qui devaient s'assurer en double purent ne le faire qu'une fois.

4. — Ce n'est pas un accord diplomatique que l'ordonnance du Bundesrat du 22 février 1906 relative aux sujets belges (1). Nous la signalons pourtant, parce qu'elle en tient la place.

Cette ordonnance ne s'occupe pas du tout du conflit des lois ; elle se borne à admettre l'assimilation des sujets belges, victimes ou ayants droit, aux sujets allemands, sous la seule condition de se conformer aux prescriptions décrétées ou à décréter pour les nationaux par l'Office impérial des assurances quand ils séjourneront en pays étranger.

Cette ordonnance ne se rapporte qu'à l'assurance-

(1) V. Annexe n° XI.

accidents dans l'industrie et dans les entreprises de construction.

Déjà, le 13 octobre 1900, le Bundesrat avait considéré comme districts-frontières les arrondissements de Liége, Verviers, Marche et Bastogne.

Nous avons déjà dit qu'en vue de régler le conflit des lois, une convention vient d'être signée par les deux gouvernements. Le texte n'en est pas encore connu.

5. — L'arrangement entre la France et la Belgique du 21 février 1906 est, dans son laconisme, un traité type. Il a été reproduit, mot pour mot, par l'arrangement entre la France et le Luxembourg, le 27 juin de la même année (1).

Les situations respectives n'étaient cependant pas tout à fait les mêmes. La Belgique ne fait aucune différence entre les nationaux et les étrangers, tandis que le Luxembourg gardait, comme l'Allemagne, des restrictions appréciables, — bien que moindres, toujours, que celles de la France.

L'article 1er de l'accord pose en principe l'assimilation des ressortissants des parties contractantes.

En conséquence, comme l'a démontré M. Capitant dans une remarquable étude que nous avons déjà citée (2), les ouvriers étrangers victimes d'accidents ont *droit* aux indemnités et aux garanties arrêtées par la loi de l'autre État; ce n'est pas une faculté d'option qui leur est donnée (3). En outre, cette assimilation s'étend à tous les bénéfices accordés par les lois d'accidents, donc à l'assistance judiciaire gratuite, et aux exemptions fiscales qu'elles contiennent.

---

(1) V. Annexe nº X.

(2) *Revue de droit international privé,* 1910, p. 337 et suiv.

(3) *Contra* jugement de Marseille, 30 janv. 1908.

En ce qui concerne le conflit des lois, l'article 1er pose implicitement le principe de l'application de la loi du lieu de l'accident, auquel l'article 2 apporte les deux exceptions que nous avons souvent indiquées, en faveur des ouvriers détachés à titre temporaire, et du personnel ambulant des entreprises de transport.

L'article 3 garantit la réciprocité des exemptions fiscales, et l'article 4 impose aux autorités respectives l'obligation de se prêter leurs bons offices.

Une note concertée entre la France et la Belgique le 12 mars 1910 déclare « qu'en cas d'accident donnant lieu à enquête, avis de la clôture de ladite enquête doit être immédiatement donné à l'autorité exécutive dans le ressort de laquelle se trouvait la résidence de la victime au moment de l'accident, afin que cette autorité puissse prendre connaissance de ladite enquête dans l'intérêt des ayants droit » (1).

6. — Nous avons déjà signalé l'arrangement franco-italien du 9 juin 1906 qui est venu heureusement élargir les stipulations du traité de 1904. Nous dirons seulement ici qu'il ne s'occupe pas du conflit de lois d'une manière complète. Sans doute, l'article 1er adopte la territorialité de la loi du lieu de l'accident; mais aucun autre article ne vise le cas d'exceptions. Nous croyons, avec M. Capitant (2), qu'il ne faut pas voir là une intention expresse des rédacteurs de l'accord, et qu'il appartient à la jurisprudence des deux pays de dire quand leurs lois s'appliqueront aux étrangers.

7. — Il n'y a pas de traité du même genre entre la France et l'Allemagne — ce qui est extrêmement regrettable, le nombre de sujets de l'un de ces deux États

---

(1) V. *Bulletin de l'Office international du travail,* 1911, p. 154.

(2) *Op. cit.*, p. 358.

occupés sur le territoire de l'autre n'étant pas négligeable.

Mais il y a eu, pourtant, des pourparlers échangés sur un point accessoire. D'après ce que nous apprennent les *Amtliche Nachrichten* de l'Office impérial des assurances du 15 octobre 1906, les commissions rogatoires envoyées d'un pays à l'autre pour affaires d'accident sont favorablement accueillies. Une commission rogatoire d'un juge de paix français transmise par l'ambassadeur de France au Secrétaire d'État pour les affaires étrangères ayant reçu une suite favorable, l'ambassadeur français fit connaître au gouvernement allemand que son gouvernement était disposé à user de réciprocité.

8. — Le traité du 27 août 1907 (1) entre l'Allemagne et les Pays-Bas, se rapproche beaucoup du traité du 2 septembre 1905 entre l'Allemagne et le Luxembourg. Il est intéressant parce qu'il cherche à supprimer les conflits de lois découlant de l'article 9 de la loi néerlandaise. Cet article aboutissait souvent à obliger les employeurs à une double assurance, et il arrivait que les ouvriers n'étaient pas assurés du tout : ainsi les ouvriers d'établissements hollandais qui n'ont pas l'importance d'une dépendance en Allemagne, ne sont pas touchés par la loi allemande et ne sont assurés, ni en Allemagne, ni en Hollande s'ils ont leur domicile en Hollande.

Le traité s'occupe d'abord des entreprises ayant des établissements dans les deux pays et c'est pour poser le principe de la territorialité de la loi d'assurance-accidents : toute « dépendance » est désormais considérée

(1) V. Annexe n° XII et *Bulletin de l'Office international du travail*, 1907, p. LXXI et 454.

et traitée comme un établissement indépendant. Cependant, il est fait à ce principe deux dérogations (art. 2) pour « la partie ambulante » des entreprises de transport, et pour les entreprises de toute nature qui n'ont pas six mois de durée d'exploitation (art. 3). Elles restent soumises à la loi du siège de l'entreprise.

On cite parfois ce traité comme consacrant l'application de la loi du siège de l'entreprise; mais nous pensons qu'il faut y voir, au contraire, une application nouvelle de la théorie appliquée dans les autres conventions, et qui repose sur la territorialité de la loi. La raison de douter vient de ce qu'il considère une dépendance comme un établissement du territoire. Mais la raison de décider est que les deux dispositions qui appliquent la loi du siège de l'entreprise sont, *par le traité,* considérées comme des *dérogations.*

Les autres dispositions du traité sont relatives à des mesures de procédure administrative. L'une d'elles (art. 7) stipule formellement que les chefs d'entreprises ne peuvent être astreints pour l'assurance accidents dans l'un des pays à des cotisations ou des primes majorées parce qu'une entreprise a son siège dans l'autre pays.

9. — Le 3 juillet 1909, l'Angleterre et la France signaient, à leur tour, une convention relative aux accidents du travail (1). Elle est comparable aux autres conventions conclues par la France, en ce sens qu'elle consacre le principe de l'assimilation et l'application de la loi du lieu de l'accident, sauf les deux exceptions habituelles pour les ouvriers des entreprises de transport et ceux détachés temporairement — c'est-à-dire moins de six mois.

---

(1) V. Annexe nº XIII et *Bulletin de l'Office international du travail,* 1909, p. 299 et LXXXI.

Mais la ratification du traité était subordonnée à des modifications de la législation anglaise, portant sur cinq points énumérés à l'article 5. Le premier exige que les indemnités destinées à des Français en Angleterre soient obligatoirement fixées par la Cour de Comté, tandis que la loi anglaise permet la fixation des indemnités par des accords entre parties ou des arbitrages. Les autres points prévoient aussi l'intervention de la Cour de Comté et de la Caisse nationale française des retraites pour la vieillesse en vue de faciliter le versement des pensions.

Une loi du 20 octobre 1909 (1) a autorisé le gouvernement anglais à apporter à la loi de 1906 sur la réparation des accidents du travail, en vue de son application aux citoyens français, toutes les modifications jugées nécessaires pour la mise en vigueur de la convention.

Une note concertée entre les deux administrations en vue de l'article 5, litt. 2 de la convention a été publiée le 15 novembre 1910 par le *Journal officiel* français (2). Elle détermine les dispositions à prendre par les Cours de Comté d'Angleterre pour le paiement des indemnités aux ouvriers français victimes d'accidents, ayant obtenu une pension en Angleterre, et revenant résider en France.

10. — Entre l'Italie et la Hongrie, il y a un traité conclu le 19 septembre 1909 (3). Il est intéressant parce que le texte en a été très soigneusement rédigé, et parce qu'il est plus complet que beaucoup d'autres. Nous avons vu plus haut que la loi hongroise n'assimilait les étrangers aux nationaux que quand il y avait

(1) *Bulletin de l'Office international du travail*, 1911, p. 46.

(2) *Bulletin de l'Office international du travail*, 1911, p. 153.

(3) V. Annexe nº XIV et *Bulletin de l'Office international du travail*, 1910, p. 1 et LXII.

réciprocité. C'est bien le cas en Italie, mais on a voulu préciser et viser quelques conflits particuliers. Ainsi, ce traité est le seul qui assimile aux nationaux de l'une des parties contractantes l'ouvrier de la nation de l'autre Etat, victime d'accident dans un état *tiers,* s'il appartient à une entreprise soumise à l'assurance dans l'un des deux États contractants et *qui n'y serait pas soumise dans le pays de l'accident.*

La convention contient d'ailleurs les mêmes principes que les autres pour les autres cas de conflit des lois. Elle règle avec soin les questions de procédure administrative.

Enfin, dans son article 9, elle prévoit l'arbitrage au cas où des différends surgiraient entre les deux États sur l'interprétation ou l'application de la convention. Le mode de nomination des arbitres est déterminé avec précision. Chaque État nomme deux arbitres parmi ses concitoyens ; ceux-ci choisissent un surarbitre « appartenant à un troisième État ami ». « Les deux États se réservent même la faculté de désigner, par anticipation et pour une période de temps à déterminer, la personne qui exercera, en cas de différend, les fonctions de surarbitre ». Le tribunal arbitral siégera alternativement dans les deux pays ; la procédure en sera arrêtée par les deux États, ou, à défaut, par le tribunal, et, en principe, elle pourra avoir lieu par écrit.

On voit qu'il n'est pas question dans la pensée des deux gouvernements de soumettre les cas de ce genre à la Cour de La Haye. Il semble qu'on a plus de confiance dans un tribunal arbitral composé de spécialistes ; et la désignation éventuelle, à l'avance, d'un surarbitre étranger, également spécialiste, qui peut être en fonctions pendant une période de temps plus ou moins considérable, est une disposition originale, croyons-nous, du traité.

On voit par ce qui précède :

1° Que les traités relatifs à l'assurance-accidents sont nombreux et variés ;

2° Qu'ils contiennent un certain nombre de dispositions communes.

Les uns sont plus complets, mieux rédigés que les autres. Tous laissent quelque chose à désirer, soit au point de vue du conflit des lois, soit au point de vue de la procédure administrative.

Il y a lieu de penser qu'une convention générale non seulement serait possible, mais profitable à tous.

§ III. *Clauses insérées dans les traités de commerce.*

1. — Le traité de commerce entre l'Italie et la Suisse, conclu le 13 juillet 1904, renferme un article 17 ainsi conçu :

« Les parties contractantes s'engagent à examiner d'un commun accord et amical le traitement des ouvriers italiens en Suisse et des ouvriers suisses en Italie à l'égard des assurances ouvrières, dans le but d'assurer, par des arrangements opportuns, aux ouvriers des nations respectives dans l'autre pays un traitement qui leur accorde des avantages autant que possible équivalents.

» Ces arrangements seront consacrés indépendamment de la mise en vigueur du présent traité par un acte séparé ».

Cette clause n'a pas reçu de suite, jusqu'à présent.

2. — On la retrouve, presque dans les mêmes termes, dans le traité additionnel au traité de commerce du 6 décembre 1891, conclu entre l'Italie et l'Allemagne le 3 décembre 1904 (art. 4).

3. — Elle se lit encore dans l'article 6 du traité addi-

tionnel au traité de commerce du 6 décembre 1891, conclu le 25 janvier 1905 entre l'Allemagne et l'Autriche-Hongrie. Cependant, ici, on a ajouté : « la protection des travailleurs » aux assurances ouvrières.

4. — Le traité de commerce entre l'Italie et l'Autriche-Hongrie du 11 février 1906 (protocole final) la renferme également.

5. — Il en est de même du traité de commerce entre la Suède et l'Allemagne, du 8 mai 1906.

Jusqu'à présent, ces clauses sont restées sans effet.

SECTION II

LES TRAITÉS MULTILATÉRAUX

Au lieu de deux États ayant des intérêts précis et s'accordant des avantages réciproques, il y a, dans les traités de travail multilatéraux l'ensemble des États. Les engagements pris le sont non pas envers un autre, mais vis-à-vis de tous les États qui adhèrent ou adhéreront.

Ces engagements ne sont pas les mêmes pour toutes les parties. Les unes concèdent beaucoup, d'autres peu de chose, et d'autres — chose remarquable — rien du tout. On va voir prendre part à ces traités, des États qui n'ont pas d'industries intéressées à la réglementation, pas d'ouvriers à protéger par celle-ci. De sorte que, à première vue, les « concessions » faites par certains États ne paraissent pas avoir de compensation.

Mais ce serait bien mal comprendre les traités de travail que de les envisager seulement de cette manière. Il y a, au fond, un intérêt général, pour tous les États contractants. Cet intérêt est celui qu'ils ont à l'unité des principes de la législation du travail dans le monde entier. Intérêt matériel, dans une certaine mesure (plus limité qu'on ne le croit d'habitude) quand il s'applique à la concurrence internationale. Intérêt moral et social de premier ordre, quand il s'applique à la protection ouvrière elle même. Tout État soucieux de ses devoirs vis-à-vis de la classe laborieuse a intérêt à ce que les autres États les comprennent de même. C'est la garantie pour lui de la consolidation et du progrès possible de sa législation.

Ajoutons que ces traités multilatéraux sont seuls capables de supprimer les divergences dans les solutions données au conflit des lois, et de faire disparaître les contradictions que nous avons constatées dans les traités bilatéraux.

§ I. *Les Conférences de Berne en 1905 et 1906.*

La circulaire que le Conseil fédéral suisse avait adressée le 30 décembre 1904 aux divers gouvernements des États industriels avait adopté le programme tout à fait limité de l'Association internationale pour la protection légale des travailleurs, et proposé seulement à leur délibération les deux points suivants :

1° L'interdiction de l'emploi du phosphore blanc dans l'industrie des allumettes ;

2° L'interdiction, pour les femmes, du travail industriel de nuit.

La circulaire ajoutait : « Nous avons le ferme espoir que la Conférence ne se contentera pas de manifestations théoriques, mais qu'elle s'efforcera de *préparer* une entente effective entre les États. Nous estimons, à cette fin, qu'il y aurait lieu, pour la conférence, *d'établir les principes de conventions internationales ;* ce travail ne préjugerait en rien les intentions des gouvernements représentés à la Conférence, et la conclusion même des conventions demeurerait entièrement réservée à d'ultérieures négociations diplomatiques ».

Ainsi, le travail s'est effectué en deux étapes : une conférence préliminaire en 1905, une conférence définitive en 1906.

En 1905, on n'envoya point à Berne des plénipotentiaires, des diplomates de carrière mais des « délégués » chargés de préparer l'œuvre ultérieure. Les chefs de mission accrédités à Berne n'y ont point figuré, à une exception près. Le Conseil fédéral a pensé, très justement, que pour aboutir à une œuvre concrète, il fallait réduire la tâche de la diplomatie. C'est à cette méthode qu'est dû le résultat final. Tandis que la grande conférence de Berlin, où les diplomates et les hommes d'État politiques étaient en nombre, n'était parvenue à émettre que des « vœux », celle de Berne, en 1905, rédigeait des « bases de conventions » qu'il suffisait de couler en forme de traités.

A la vérité, ces « bases » ne constituaient pas des engagements actuels. Mais il eût été bien difficile à un gouvernement de les éluder : en effet, à la différence des réunions de l'Assemblée internationale, où il n'y a que des particuliers et des opinions individuelles, les opinions exprimées à la conférence étaient celles des gouvernements eux-mêmes ; les intentions étaient dévoilées ; les signatures liaient moralement les mandants.

Le nombre et la composition des délégations de la première conférence offraient de l'intérêt à plus d'un titre. Le Conseil fédéral avait adressé sa circulaire à tous les États d'Europe, sauf la Russie et la Turquie. Les États-Unis d'Amérique, quoique puissance industrielle de premier ordre, n'avaient pu être invités, parce que les questions de législation du travail ne rentrent pas dans la compétence du pouvoir central. Le Japon n'avait pas été invité non plus. Et cependant son adhésion eût été extrêmement précieuse, au sujet de l'interdiction du phosphore, comme on le verra plus loin.

La Grèce, la Roumanie et la Serbie ne donnèrent pas suite à l'invitation helvétique. L'Espagne était représentée par son ministre plénipotentiaire à Berne; mais celui-ci déclara qu'il n'assistait à la conférence qu'*ad audiendum* et ne prit pas part, en fait, aux débats.

De sorte que quatorze États, en réalité, se trouvaient représentés à la conférence de 1905 : l'Allemagne, l'Autriche, la Hongrie, la Belgique, le Danemark, la France, la Grande-Bretagne, l'Italie, le Luxembourg, la Norvège, les Pays-Bas, le Portugal, la Suède et la Suisse.

Bon nombre de délégués, et notamment ceux des grands États, s'étaient déjà rencontrés, pour l'étude des mêmes questions, aux réunions de l'Association à Bâle. Les chefs des départements du travail s'y trouvaient tous. Dans la délégation française il y avait, comme à Berlin, un ouvrier : c'était M. Keufer, ouvrier typographe. Des États où il n'y avait point encore de sections de l'Association étaient représentés : les États Scandinaves, le Danemark, le Portugal. La Grande-Bretagne avait délégué deux fonctionnaires du ministère de l'Intérieur, dont l'attitude fut très réservée. La section anglaise de l'Association venait seulement d'être fondée.

La composition de la délégation belge fit sensation et donna lieu, au sujet des intentions du gouvernement belge, à des appréhensions qui se dissipèrent au cours des délibérations. En tête figuraient le vice-président du Sénat, M. A. Simonis et M. le sénateur Ed. Peltzer de Clermont, deux des plus importants industriels de Verviers. Ils étaient accompagnés par M. Jean Dubois, l'éminent directeur général de l'Office du travail de Belgique, et des deux plus compétents inspecteurs du travail belges. La part prise par cette délégation aux travaux de la conférence fut considérable, à raison même de l'importance que l'attitude de la Belgique devait avoir sur le résultat possible.

La discussion générale qui fut ouverte dès le début sur les deux questions du programme fit déjà pressentir les intentions de la plupart des gouvernements. Il était évident que sur chacun des deux points il y avait un noyau d'États disposés à conclure une convention; d'autres, moins catégoriques, ne se prononçaient pas et tout l'effort des premiers allait consister à obtenir des concessions; quelques autres, enfin, devaient rester totalement indifférents au projet d'entente internationale.

Après avoir écarté un projet de programme élaboré par la délégation suisse qui sortait quelque peu du cadre tracé par la convocation, la Conférence se divisa en deux commissions, l'une pour la question du phosphore, l'autre pour le travail des femmes; mais, en fait, les délégués assistaient presque tous à toutes les séances.

Les débats à propos de la question du phosphore furent très courts, tout l'intérêt étant concentré sur la seconde, où l'adhésion de la Belgique mit quelque temps à se faire connaître et où la rédaction des modalités et des exceptions à adopter fut assez pénible.

La Conférence aboutit, le 17 mai 1905, à des bases de convention, quatre articles pour celle du phosphore, cinq articles pour celle du travail de nuit des femmes, qui paraissaient devoir être signées purement et simplement par les diplomates.

Cependant, à la simple lecture de la circulaire par laquelle, le 14 juin 1906, le Conseil fédéral suisse invitait les États représentés l'année précédente à Berne à une nouvelle Conférence, il devint évident qu'on ne pourrait se borner à un pur entérinement et qu'une discussion était inévitable.

En effet, la Conférence de 1905 avait laissé de côté deux questions relatives à l'exécution de la future convention : celle du délai de validité et celle de l'application aux colonies des États contractants.

D'autre part, l'attitude du gouvernement anglais s'était complètement modifiée; les élections de 1906 venaient d'appeler aux affaires le cabinet libéral. En 1905, le représentant de la Grande-Bretagne s'était borné à laisser faire et à laisser dire. Il avait prononcé maint discours, avait plus d'une fois affirmé la sympathie du gouvernement britannique pour les efforts de la Conférence, mais il s'était abstenu à tous les votes. Voici, au contraire, qu'en acceptant l'invitation de revenir à Berne l'Angleterre annonçait « qu'il convenait de prendre des garanties suffisantes en vue d'une application rigoureuse des restrictions statuées par les conventions; elle se demandait s'il ne conviendrait pas de constituer un tribunal ou une commission qui pût être saisie des cas dans lesquels serait alléguée une non-observation par tel État des règles acceptées ». Bref, l'indifférence faisait place à un si vif intérêt que l'on désirait donner à la Conférence une sanction coercitive que ses plus chauds partisans n'avaient pas osé formuler.

C'était là, à coup sûr, une proposition nouvelle de la plus haute gravité.

Les gouvernements intéressés l'avaient si bien compris qu'ils ne se sont pas contentés de charger leurs ministres accrédités à Berne de prendre part à la Conférence, mais qu'ils leur adjoignirent, pour la plupart, des délégués qui avaient assisté à la conférence précédente.

Cependant, quand au matin du 17 septembre, dans la même salle du palais fédéral, sous la présidence du même conseiller suisse, M. Deucher, les délégations de l'Allemagne, de l'Autriche, de la Hongrie, de la Belgique, du Danemark, de la France, de l'Italie, du Luxembourg, des Pays-Bas et de la Suisse retrouvaient des figures de connaissance, on avait l'impression qu'il ne s'agissait pas d'un recommencement. L'atmosphère n'était plus la même. L'incertitude n'était plus aussi grande dans l'attitude de certains États; la présence des diplomates de carrière donnait à l'assemblée un caractère de plus grave solennité. Puis, l'attention était concentrée sur la délégation britannique, qui avait pour chef un jeune membre du gouvernement lui-même, M. Herbert Samuel, M. P., alors sous-secrétaire d'État parlementaire du ministère de l'Intérieur, aujourd'hui ministre des Postes. On savait que ses propositions soulèveraient de nouveaux problèmes pour lesquels elle devait mettre en œuvre toutes les ressources d'une habileté parlementaire consommée, et recourir à l'appui autorisé de la délégation française, où se trouvait, à côté de M. Arthur Fontaine, l'ambassadeur, M. Revoil, le négociateur habile de la conférence d'Algésiras.

La convention sur l'interdiction du phosphore fut bientôt signée, et ne rencontra qu'une adhésion mêlée de scepticisme.

Tout l'intérêt se porta sur la discussion des propositions anglaises au sujet de la convention sur le travail de nuit des femmes. L'opposition de l'Allemagne représentée par M. de Bülow — le frère du chancelier — les fit échouer après huit jours de débat. Nous aurons l'occasion d'y revenir plus loin.

Nous avons maintenant à étudier séparément chacune des conventions.

§ II. *La convention sur l'interdiction de l'emploi du phosphore blanc (jaune) dans l'industrie des allumettes.*

L'interdiction de l'emploi du phosphore blanc dans l'industrie des allumettes avait toujours paru à beaucoup de bons esprits comme une de celles qui pouvaient le plus facilement être réalisées par voie de convention internationale. Depuis longtemps, elle avait été réclamée par les hygiénistes. Au Congrès de Bruxelles, en 1897, un rapporteur qui était en même temps un inspecteur du travail, M. Henrotte, avait conclu en faveur de l'interdiction par voie de convention, comme s'imposant d'elle-même. A l'Assemblée constitutive de Bâle, en 1901, quand on cherchait les questions à mettre à l'étude qui devaient offrir « la moindre résistance », elle fut adoptée sans opposition et en toute première ligne.

Jamais la prohibition de l'emploi d'une matière toxique n'a été mieux justifiée. On sait que la manipulation du phosphore occasionne une maladie professionnelle atroce, la « nécrose phosphorique » qui s'attaque d'abord aux dents et à la mâchoire, et qui, après avoir défiguré et fait horriblement souffrir sa victime, atteint son système osseux tout entier (1). Il était démontré en

(1) V. une description à l'usage des profanes dans *le Mémoire explicatif du bureau de l'Association internationale* (Publications n. 4). Paris, 1905, p. 5.

outre, par l'expérience des nombreux pays qui avaient édicté les règlements les plus sévères, que ceux-ci étaient inefficaces. D'autre part, il existe un succédané excellent, supérieur même aux allumettes phosphoriques : ce sont les allumettes dites « suédoises ». Enfin, un certain nombre d'États avaient, déjà, au moment de la Conférence, prononcé sur leur territoire l'interdiction absolue, sans que cela eût fait un tort sérieux ni à l'industrie ni à la consommation.

Les seuls arguments invoqués en faveur du maintien de l'industrie étaient ceux de la routine ou de l'intérêt. La routine, on la voulait souveraine chez les paysans, notamment, qui ne pouvaient s'habituer aux allumettes suédoises! L'intérêt, on le voyait dans le bon marché des allumettes phosphoriques pour le consommateur, et surtout dans les bénéfices de l'exportation pour les industriels. On ajoutait aussi que les allumettes sans phosphore se comportaient moins bien dans les pays tropicaux.

Cependant, à comparer à la question bien plus complexe et plus grave du travail de nuit des femmes, celle du phosphore a rencontré « la plus grande résistance », au point même qu'on considérait la convention comme un échec.

La position respective des puissances pouvait être caractérisée de la manière suivante à la Conférence de 1905 :

L'Allemagne qui avait interdit le phosphore blanc par une loi de 1903, à mettre en vigueur en 1907; la France qui n'employait plus cette substance dans sa régie depuis 1898; les Pays-Bas qui avaient l'interdiction absolue depuis 1901 ; la Suisse qui l'avait décrétée définitivement en 1898; le Luxembourg qui ne fabriquait pas d'allumettes, étaient disposés à signer sans réserve et sans délai une convention internationale.

L'Italie occupait 7.000 ouvriers dans ses fabriques d'allumettes et en exportait pour près de 700.000 francs dont une bonne partie d'allumettes phosphoriques. Elle était disposée à faire bon marché de l'état de choses existant et à souscrire à l'interdiction.

Le Danemark a prohibé la fabrication d'allumettes phosphoriques depuis 1874. Mais son délégué, chose singulière, commença par déclarer que c'était une raison, à ses yeux, pour ne pas signer de convention.

La Norvège était pays exportateur, surtout vers l'Angleterre; elle n'a pas interdit le phosphore. Son délégué était sans instructions, comme celui de l'Espagne.

Au Portugal existe un monopole affermé à une compagnie pour un long terme, et le délégué était obligé de faire des réserves au sujet de tout engagement immédiat.

La résistance venait de la Suède, la Grande-Bretagne, l'Autriche, la Hongrie et la Belgique, mais pour des raisons différentes. La Suède a interdit la vente des allumettes phosphoriques, mais seulement à l'intérieur du pays. Elle continue à en fabriquer pour l'exportation. En 1903, elle avait vendu à l'étranger 16.648.106 kilogrammes d'allumettes, représentant une valeur de 8.391.647 krone, dont la moitié provenait d'allumettes contenant du phosphore. Son délégué soutenait que la réglementation sévère de cette industrie, qui date de 1896, avait diminué considérablement les cas de nécrose; il contestait que les allumettes dites suédoises, sans phosphore blanc, fussent un succédané satisfaisant des autres dans les pays chauds et les climats humides, et il faisait une condition absolue de l'adhésion très éventuelle de son gouvernement, que les concurrents de la

Suède, notamment le Japon et l'Orient britannique, y adhérassent à leur tour. Au vote final, il s'est abstenu.

La Grande-Bretagne était alors grand pays exportateur d'allumettes phosphoriques, dans ses colonies et à l'étranger. Son délégué se contenta d'exposer, avec un grand luxe de détails, la réglementation en vigueur depuis 1899. Il exprima toute sa confiance dans l'emploi des machines, assura que les cas de nécrose disparaissaient presque totalement, et montra une indéfectible indifférence à tout projet d'entente internationale.

La Belgique et l'Autriche-Hongrie faisaient preuve de plus de bonne volonté, mais étaient retenues par le souci de leur industrie d'exportation. En 1903, l'Autriche-Hongrie exportait pour 2.518.286 kronen d'allumettes, notamment en Turquie, en Égypte, dans l'Inde anglaise et en Extrême-Orient, où elle trouvait le Japon parmi ses concurrents. L'industrie des allumettes phosphoriques faisait vivre en Belgique environ 3.000 ouvriers; elle exportait les trois quarts de sa production. L'un de ses principaux débouchés était l'Australie, où le Japon aussi lui faisait concurrence. L'exportation des allumettes de toute espèce se montait, en 1903, à 2.705.918 francs dont 1.732.835 francs vers l'Angleterre, mais en réalité à destination des colonies. L'Australie recevait alors par mois, d'une seule maison de Gand, 3.000 caisses de 14.400 boîtes.

En Autriche, en Hongrie comme en Belgique, la sévère réglementation du travail a, d'après les enquêtes administratives, supprimé pratiquement la nécrose. Cependant, un délégué autrichien, M. Bach, se joignit au délégué allemand pour reconnaître que les mesures administratives ne donnent pas la solution définitive, puisqu'il suffit d'un relâchement, toujours possible, dans la surveillance, pour voir l'horrible maladie faire de nouveau des ravages.

Déjà avant la réunion de la Conférence, l'Autriche-Hongrie avait demandé au Conseil fédéral d'y inviter les États impliqués dans le commerce international des allumettes, déclarant que sinon il lui serait impossible de prendre part aux délibérations. Dans la suite, elle avait renoncé, par esprit de conciliation, à cette condition absolue et s'était rendue aux objections de principe que le Conseil fédéral faisait valoir pour écarter les États extra-européens.

Mais au cours des débats, il devint évident que les puissances intéressées ne pourraient consentir à l'interdiction du phosphore si elle n'était générale, et tous les efforts des autres puissances aboutirent à réduire le plus possible le nombre d'États dont le consentement devait être acquis.

On finit par n'exiger plus que celui du Japon, en dehors des États représentés à la Conférence, et l'on aboutit au texte suivant, qui constitue les *bases d'une convention internationale sur l'interdiction du phosphore blanc dans l'industrie des allumettes.*

ART. 1er. — A partir du 1er janvier 1911, il sera interdit de fabriquer, d'introduire ou de mettre en vente des allumettes contenant du phosphore blanc.

ART. 2. — Les actes de ratification devront être déposés au plus tard le 31 décembre 1907.

ART. 3. — Le gouvernement du Japon sera invité à donner son adhésion à la présente convention avant le 31 décembre 1907.

ART. 4. — La mise en vigueur de la convention reste subordonnée à l'acceptation de tous les États représentés à la Conférence et au Japon.

Ce texte fut adopté par onze États ; la Grande-Bretagne, le Danemark, la Suède et la Norvège s'abstinrent.

On pensait alors que, pour voir réussir la réforme, il fallait arriver à vaincre l'indifférence de l'Angleterre, et l'on croyait qu'une fois celle-ci gagnée, la Suède et la Norvège suivraient. D'autre part, on paraissait ne pas perdre l'espoir de rallier le Japon. Mais tout le monde considérait le succès de la convention comme très aléatoire.

Quand se réunit la Conférence de 1906, on apprit que le Japon, sollicité par le Conseil fédéral suisse, avait répondu que, « tout en reconnaissant l'importance de la question au point de vue sanitaire, il regrettait de ne pouvoir, pour le moment, prendre une décision définitive, ni par conséquent adhérer aux résolutions de la Conférence de 1905 ». Il n'avait, d'ailleurs, pas envoyé de délégués à Berne.

La Norvège, qui est un des concurrents de l'Angleterre sur le marché des allumettes phosphoriques, n'était pas représentée non plus.

La seule question qui se posait donc était de savoir si les États qui avaient subordonné leur adhésion à l'unanimité des concurrents, maintenaient leur manière de voir.

Sur l'interrogation du président, les représentants de l'Autriche, de la Hongrie et de la Belgique déclarèrent qu'il ne leur était pas possible de faire autrement.

La Grande-Bretagne, en 1905, n'avait pas même voulu donner une adhésion éventuelle et s'était abstenue. Elle fit, cette fois, un pas de plus. Elle déclara, par l'organe de M. Samuel, qu'elle serait désolée de décourager les autres États par son abstention, et qu'elle était prête à se joindre à eux si elle avait la certitude que les allumettes phosphoriques de ses rivaux ne viendraient plus faire la concurrence aux siennes sur ses marchés et les marchés neutres, et elle indiquait spécialement comme rivaux la Norvège, la Suède et le Japon. Il y avait là, à coup sûr, un effort de bonne volonté qui contrastait avec la réserve de 1905, mais il faut bien dire qu'il ne coûtait pas grand'chose, puisque le refus du Japon et de la Norvège était catégorique.

La Suède, qui s'était également abstenue en 1905, prit, cette fois, la même attitude que l'Angleterre.

Il devenait donc évident qu'un accord unanime était impossible.

On ne voulut point cependant se contenter d'un procès-verbal de carence, et les États qui avaient donné leur adhésion sans réserve se décidèrent à signer une convention. C'étaient : l'Allemagne, les Pays-Bas et la Suisse, qui avaient, comme nous l'avons dit, déjà interdit le phosphore chez eux, la France, qui depuis des années ne l'employait plus dans sa régie, le Luxembourg, qui n'a pas de fabrique d'allumettes, et l'Italie Il n'y avait donc vraiment que pour ce dernier pays que la convention constituait un progrès.

Qui donc n'aurait douté de la portée de semblable traité ?

Et cependant l'événement a montré que, loin d'être un geste vain, ce fut, au contraire, un acte fécond en résultats, tout gros d'heureuses conséquences.

Il avait, en effet, attiré l'attention des gouvernements et du monde parlementaire dans tous les pays. La première adhésion importante fut celle de l'Angleterre. Quelques cas de nécrose phosphorique, constatés officiellement en 1905 et 1907, suffirent à donner à la propagande de la section britannique de l'Association internationale un appui efficace. En outre, des fabricants eux-mêmes, employant un matériel perfectionné qui servait surtout à la fabrication d'allumettes suédoises, demandèrent l'interdiction au gouvernement.

Celui-ci n'hésita pas, et le **21** décembre **1908** (1), un Act du Parlement interdisait la fabrication, l'emploi, la vente, la détention en vue de la vente et l'importation des allumettes phosphoriques.

L'Autriche suivit bientôt. Un projet dû à l'initiative parlementaire et accepté ensuite par le Gouvernement devint la loi du **13** juillet **1909** (2). Il prononçait de même l'interdiction absolue.

Le **29** octobre 1909, l'Espagne, par une note de sa légation à Berne, adhérait à la Convention de **1906**, tout en demandant un délai pour la mise en vigueur de ses dispositions sur son territoire (**3**).

L'exemple de l'Angleterre fut immédiatement suivi par un certain nombre de ses colonies; l'une des premières fut la Confédération australienne, qui interdit l'importation des allumettes phosphoriques le **8** décembre **1908** (4), frappant ainsi sérieusement les industries meurtrières des pays exportateurs.

A leur tour, les Indes néerlandaises leur furent fermées par une adhésion des Pays-Bas, au nom de leurs colonies en date du **7** mars **1910**.

Nous avons vu que la Hongrie, qui avait eu à Berne la même attitude que l'Autriche, avait une industrie des allumettes assez considérable. Cela ne l'empêcha pas de prononcer l'interdiction, après une enquête très instructive, menée par des membres de la section hongroise de l'Association internationale.

Enfin, aux États-Unis, la section de l'Association nationale parvint à intéresser vivement l'opinion publique et le Congrès, grâce à une publicité intelligente et

---

(1) *Annuaire de législation du travail,* 1908, p. 318.
(2) *Annuaire de législation du travail,* 1909, p. 312.
(3) *Bulletin de l'Office international du travail,* 1909, p. LXXXVII.
(4) *Ibid.,* p. 18.

démonstrative des horreurs de la nécrose. On sait que le pouvoir central n'a pas qualité pour interdire une fabrication, ni pour adhérer à la Convention de Berne. Mais on adopta un moyen tout aussi efficace : une loi de **1912** vient de frapper les allumettes phosphoriques d'un impôt tellement élevé que la vente en est matériellement impossible.

Ainsi il est arrivé que cette pauvre petite convention qui paraissait si mince, si inutile en **1906**, a fait son tour du monde Au moment où nous écrivons ces lignes, l'interdiction de l'emploi du phosphore existe :

a) Dans les États suivants qui ont signé la Convention de Berne : l'Allemagne, le Danemark (avec les îles Feroë et les Antilles), la France (avec ses colonies suivantes : la côte des Somalis, la Réunion, Madagascar, l'Afrique Occidentale, les possessions dans l'Océan Pacifique, la Nouvelle-Calédonie et Tunis), l'Italie, le Luxembourg, les Pays-Bas et la Suisse;

b) Dans les États qui ont adhéré à la convention : l'Espagne, la Grande-Bretagne et l'Irlande (avec ses colonies : Rivière Orange, Chypre, Protectorat de l'Afrique Orientale, Gibraltar, Malte, Maurice, les Seychelles, la Nigérie du Nord et du Sud, l'Ouganda, les îles Leeward (comprenant les îles Vierges, Saint-Christophe et Nevis, Montserrat, la Dominique, Antigua), les îles Fidji, la Gambie, la Côte-d'Or, Sierra-Leone, l'Union sud-africaine, Bermude, la Rhodésie du Sud, la Nouvelle-Zélande), enfin les Indes néerlandaises;

c) Dans les États qui, sans avoir adhéré à la convention, ont prononcé l'interdiction. Ce sont : les États-Unis d'Amérique, l'Autriche, la Hongrie, la Fédération australienne, Victoria et la Finlande.

Un projet de loi a été déposé par le gouvernement des Indes britanniques et ne tardera pas à être voté.

Le Canada aurait suivi l'exemple des autres colonies anglaises si le gouvernemeut libéral n'avait été renversé aux dernières élections.

Il ne reste plus guère, comme pays où la fabrication et l'exportation sont importantes, que la Suède, la Norvège et la Belgique. Un rapport de l'inspection du travail belge prévoit que, dans un délai rapproché, l'industrie des allumettes phosphoriques y disparaîtra *faute de débouché*.

Il est difficile de nier, après cela, que la conclusion de traités du travail puisse avoir une influence morale considérable. Rien n'est de nature à encourager davantage les puissances signataires de semblables arrangements. Il ne faut pas s'arrêter aux résultats immédiats : le temps en apporte d'autres.

Le texte adopté définitivement en 1906 (1) est quelque peu différent de celui de 1905. L'article 1er est resté le même. L'article 2 fait aux signataires l'obligation de prendre les mesures administratives nécessaires et de se communiquer les lois et règlements qu'ils édicteront.

L'article 3 rend applicable la convention aux colonies d'un État, quand celui-ci en aura fait notification au Conseil fédéral suisse.

L'article 4 prévoit les ratifications, dont l'échange était fixé au 3 décembre 1908, et stipule que la convention entrera en vigueur trois ans après la clôture du procès-verbal de dépôt.

Par l'article 5, les Etats non signataires sont autorisés à y adhérer, et la mise en vigueur de la convention chez ceux-ci est portée à cinq ans à partir de la notification; il en est de même pour les colonies.

(1) V. notre Annexe n° XVII.

Enfin, l'article 6 prévoit la dénonciation dans un texte que nous retrouverons à la convention sur le travail de nuit des femmes.

L'interprétation de l'article 1er a donné lieu à un échange de vues diplomatiques sur trois points.

Le gouvernement français avait fait demander aux autres gouvernements signataires, par l'entremise du Conseil fédéral suisse, si la convention s'appliquait au *transit* et à l'*entrepôt* pour l'exportation d'allumettes phosphoriques.

Le texte porte simplement : « la fabrication, l'introduction et la mise en vente ».

Les gouvernements de l'Allemagne, du Danemark, de la Grande-Bretagne, du Luxembourg et des Pays-Bas répondirent négativement, et le gouvernement suisse se rallia à cette interprétation. Le gouvernement allemand se déclara disposé, comme le gouvernement français, à examiner s'il n'y aurait pas lieu d'étendre l'interdiction au transit et à l'entreposage. Le Luxembourg expliqua que l'entreposage n'étant pas une mise en vente ne tombe pas sous l'application de la convention. Mais il en serait autrement de l'opération consistant à recevoir les allumettes et à les réexpédier à l'étranger après avoir divisé l'envoi ou l'avoir soumis à l'une ou l'autre manipulation.

Le second point a été soumis par le gouvernement anglais. Il demandait si « les *mèches paraffinées* servant à allumer mécaniquement les lampes de sûreté dans les mines » tombaient sous l'application de la convention.

L'Allemagne, le Danemark, l'Italie, le Luxembourg, les Pays-Bas et la Suisse ont répondu négativement. La France n'a pas répondu.

Le gouvernement britannique demandait aussi si des

mesures de sûreté étaient requises dans les Etats contractants pour la fabrication de ces mèches. L'Allemagne et les Pays-Bas ont répondu que leurs législations ne contenaient pas de dispositions particulières à ce sujet. Pour les autres pays, la question n'a pas d'intérêt, parce qu'on n'y fabrique pas le produit dont il s'agit (1).

La troisième question d'interprétation a plus d'importance.

Au courant de 1911, il résulta d'une correspondance échangée entre le gouvernement britannique et le gouvernement allemand que, au jugement de ce dernier, l'article 1er de la convention ne s'appliquait pas à l'importation d'envois d'*échantillons* d'allumettes au phosphore blanc.

La légation de la Grande-Bretagne à Berne demanda aussitôt au Conseil fédéral suisse de solliciter sur ce point l'avis des États qui ont signé la convention ou y ont adhéré, ce qui fut fait par une circulaire du 17 juillet 1911.

Les réponses de ces États ont été communiquées par la circulaire du Conseil fédéral suisse du 20 décembre 1911 (2).

Le gouvernement allemand considère que l'envoi d'échantillons ne tombe pas sous l'application de l'article 1er. « Il tient pour conforme au sens de la convention de n'interdire que l'importation des allumettes au phosphore destinées au commerce, parce que seule l'interdiction d'introduire de telles allumettes peut servir à la protection des ouvriers indigènes. L'interdiction

(1) V. *Circulaire du Conseil fédéral suisse aux puissances,* en date du 5 mai 1909. *Bulletin de l'Office international du travail,* 1909, p. LXXXV.

(2) V. *Bulletin de l'Office international du travail,* 1912, p. 1 et suiv.

contenue dans la loi de l'Empire du **10** mai **1903**, concernant les articles au phosphore, ne s'applique également qu'à l'importation dans un but commercial, et *c'est dans ce sens seulement que l'Allemagne a conclu la convention internationale* ».

Seul, le gouvernement luxembourgeois s'est rangé pleinement à cet avis, à raison des étroites relations économiques entre le Grand-Duché et l'Empire, liés par les traités du Zollverein.

Les Pays-Bas ont admis aussi que l'article 1er ne s'oppose pas à l'importation des allumettes phosphoriques « dans des quantités tellement petites qu'on ne pourrait y voir le commerce ou l'usage général de ces objets, comme par exemple l'importation par des voyageurs venant de l'étranger d'une boîte d'allumettes au phosphore blanc pour leur usage personnel et de même l'importation d'échantillons de ces allumettes, *pourvu que la quantité importée reste très restreinte* ».

Tous les autres gouvernements se sont prononcés pour la négative : l'Angleterre, la France, l'Espagne, l'Italie et la Suisse. Le Conseil fédéral n'a pu s'empêcher d'ajouter, très judicieusement, « qu'il ne voit pas le but que pourrait avoir l'envoi d'échantillons d'allumettes au phosphore blanc dans les États contractants, puisque, dès l'entrée en vigueur de la convention, la vente de tels articles sera interdite dans ces États ».

§ III. *La convention sur l'interdiction du travail des femmes employées dans l'industrie.*

M. Millerand disait, à la seconde séance plénière de la Conférence de Berne en 1905 : « Ce n'est pas diminuer l'importance de la première question que de constater que la seconde, celle de l'interdiction du travail de nuit des femmes, la dépasse beaucoup par sa généralité ».

En effet, il ne s'agissait plus ici d'une industrie déterminée, mais de l'ensemble des industries qui emploient les femmes, et qui deviennent de plus en plus nombreuses. En outre, réglementer le travail de nuit, prescrire un repos légal de nuit, c'est, qu'on le veuille ou non, régler en quelque mesure le travail de jour. Comme on avait en vue surtout le travail des femmes adultes et non des adolescentes, qui étaient partout protégées, la question conduisait au cœur des principes mêmes de la législation du travail.

Mais, ce qui avait décidé l'Association internationale à commencer sa campagne par cette question, c'est que dans nulle autre la nécessité d'une intervention du législateur n'était plus manifeste et plus incontestée. Dans tous les États civilisés, il y a des lois spéciales pour protéger la femme ouvrière, et au moment de la Conférence la plupart contenaient déjà l'interdiction du travail nocturne, comme étant au premier chef destructeur de la moralité, de la santé des mères et des filles, destructeur aussi de la vie de famille.

Dans le mémoire qu'il présenta aux gouvernements à l'appui de sa première requête, le bureau de l'Association internationale a essayé de chiffrer l'étendue de la réforme à accomplir. Il évaluait à un million le nombre des ouvrières de tout âge qui pouvaient être astreintes à travailler la nuit, dans les États qui n'avaient pas prononcé à cet égard aucune interdiction. Mais ceux-ci ne comprenaient, en Europe, que l'Espagne où la durée du travail journalier des femmes était limitée à onze heures. Les autres étaient le Japon, des États américains et un État australien.

Dans d'autres États, le travail de nuit était légalement

permis aux femmes à partir d'un certain âge : en Belgique et en Portugal, à partir de 21 ans; en Danemark, en Norvège et en Suède, à partir de 18 ans; en Hongrie et au Luxembourg, à partir de 16 ans. En comptant les États américains et australiens qui rentrent dans cette catégorie, on estimait à 350.000 ouvrières le nombre qu'il fallait ajouter pour avoir le total des ouvrières privées de toute protection légale en ce qui concerne le travail de nuit.

Il s'en fallait, cependant, que ce fut là le nombre des femmes astreintes réellement au travail de nuit. En fait, puisque la Conférence se bornait aux États industriels d'Europe, elle ne s'intéressait qu'au sort d'un nombre relativement restreint d'ouvrières. En Belgique, on n'évaluait guère à plus de 2.000 le nombre de femmes occupées régulièrement la nuit dans des établissements industriels; 1.300 d'entre elles étaient occupées au peignage et à la filature de laine dans l'arrondissement de Verviers.

Mais, d'autre part, il s'en fallait aussi que le travail nocturne des femmes eût totalement disparu même dans les États qui en avaient prononcé l'interdiction légale : l'Allemagne, l'Autriche, la France, la Grande-Bretagne, l'Italie (à partir de 1907), les Pays-Bas et la Suisse.

Dans tous ces pays, en effet, la loi prévoyait des exceptions et la plus grande variété régnait dans la formule qui les déterminait. Tantôt ce sont des industries, spécialement désignées, tantôt des établissements se trouvant dans des circonstances spécifiées; ici, les exceptions sont limitées à un certain nombre de jours par an; là, il n'y a pas de limitation et les autorisations peuvent se renouveler. Toute la portée de la loi dérive des exceptions et de la manière de les interpréter.

Aussi, aux assemblées de l'Association internationale, s'était-on attaché à en diminuer autant que possible le nombre ; mais naturellement il était hors de propos de parler de celles-ci tant que le principe même de l'interdiction légale n'était pas partout proclamé.

Si l'on avait fait abstraction de la Hongrie, du Portugal et des pays scandinaves dont l'importance industrielle est réduite, c'était la Belgique qui tenait la réforme en échec, et en Belgique c'était Verviers qui était le siège de la résistance. On aurait, à coup sûr, fait bon marché du travail nocturne de quelques femmes dans les charbonnages (à la surface), dans les verreries, dans les sucreries, mais proposer de la supprimer dans la filature de laine, c'était demander la ruine de l'industrie verviétoise.

Du moins, telle était la thèse des industriels quand le Comité belge fit chez eux son enquête en **1902**, pour préparer l'étude de la question de l'Association internationale. Et quand on leur demandait comment et pourquoi ils étaient seuls, dans les pays industriels du continent, à réclamer le travail nocturne des femmes comme une nécessité, ils répondaient qu'ils n'étaient pas dans une situation comparable à celle de leurs concurrents. Ceux-ci, du moins en Allemagne et en France, avaient à leur disposition un grand marché intérieur, protégé au point que l'exportation verviétoise avait progressivement décliné et disparu pour certains articles. Or, Verviers ne vit que d'exportation : les deux tiers ou les trois quarts de la production doivent être destinés à l'étranger, et il ne servirait de rien de protéger, à son tour, le marché indigène, que les concurrents étrangers leur disputent cependant avec facilité, grâce à la pratique du *dumping*. L'abaissement du prix de revient est donc, pour Verviers, une condition de vie. Et comment soutenir que l'interdiction du travail de nuit des femmes n'augmenterait pas le prix de revient ? Le remplacement des ouvrières par des hommes était techniquement impossible. Supprimer le travail de nuit des femmes, c'était donc supprimer tout travail de nuit, au moins dans toute une série d'opérations du peignage de la laine. Pour maintenir la production actuelle, il faudrait donc doubler, ou à peu près, l'outillage, c'est-à-dire augmenter le capital à amortir et à rémunérer. Une raison toute locale venait rendre cette opération particulièrement onéreuse — on disait impossible — à Verviers. Les fabriques y sont construites en pleine agglomération, dans une cité surpeuplée, entourée de collines élevées. Le terrain y est terriblement cher et même fait défaut.

Nous avions beau répondre à ces arguments que l'Angleterre avait interdit le travail de nuit dans l'industrie textile sans protéger son marché intérieur, pas plus que la Suisse ni les Pays-Bas. On nous répliquait que la situation « n'était pas la même ». En vain invoquions-nous l'exemple de tant de chefs d'établissements, en Allemagne, en Suisse, qui, après avoir résisté aussi à l'intervention de la loi, avaient fini par reconnaître qu'au bout d'un certain temps le prix de revient ne se ressentait plus de la suppression du travail de nuit. On répliquait que c'était inconcevable, à moins de circonstances exceptionnelles. En vain disions-nous qu'on devait se faire des illusions sur la productivité du travail de nuit et exprimions-nous l'espoir que des perfectionnements d'outillage, des améliorations dans l'organisation du travail viendraient compenser en partie la perte momentanée : on répétait que l'outillage de Verviers était la perfection et qu'il n'y avait pas moyen de produire, en moins de temps, davantage ou autant. Si nous osions marquer notre scepticisme à l'endroit de la ruine totale que causerait la réforme, en rappelant que, depuis que la législation du travail existe, l'argument avait été produit à chacune des mesures proposées, et que chaque fois, l'industrie, loin de péricliter, avait progressé en s'adaptant aux nouvelles conditions ; on nous assurait que, cette fois, c'était bien définitif et que nous verrions les établissements se fermer..... pour émigrer en Allemagne — où le travail de nuit est interdit.

On ne manquait pas non plus d'ajouter que ni les ouvrières, ni les ouvriers, d'ailleurs, les principaux intéressés, ne demandaient à cet égard la protection de la loi, qui leur ravirait du pain. Le fait est que nous n'avions pas l'espoir de faire naître un mouvement d'opinion capable d'imposer l'intervention légale.

Dans ces conditions, on comprend qu'en Belgique aussi bien qu'à Berne, quand on vit le gouvernement nommer en tête de sa délégation les chefs des deux plus puissantes maisons de Verviers, on conçut des doutes sérieux sur ses intentions, et qu'on attendit avec angoisse leurs déclarations et leurs votes.

Dès la première séance plénière, cependant, il fut évident que leurs instructions n'étaient pas de faire une irréductible opposition. Ce fut un soulagement général, et un espoir ardent d'aboutir. Le noyau des puissances dont la législation était la plus avancée était bien résolu à conclure une convention ; mais n'eût-ce pas été un échec, si cette convention s'était bornée à l'Allemagne, la France, la Suisse, l'Autriche et les Pays-Bas ? L'avantage eût été bien mince. Au contraire, du moment qu'on parvenait à rallier la Belgique à la réforme, la cause de la législation internationale avait fait un pas énorme, la justification des efforts de l'Association et des gouvernements était éclatante.

C'est pourquoi on était décidé à faire toutes les concessions, à admettre tous les compromis, si du moins le principe de l'interdiction était adopté par la grande majorité des États, y compris la Belgique.

Ainsi s'explique, d'une part, le grand intérêt qui gravitait autour de la délégation belge et, d'autre part, la modestie du texte final.

La Conférence accepta tout d'abord, sans débat, que l'interdiction devait viser le travail industriel de toutes les femmes, sans distinction d'âge, qu'elles fussent mariées ou célibataires.

On s'occupa ensuite de déterminer le champ d'action de la convention. Ce qu'on voulait, c'était réglementer le travail des femmes dans la grande industrie. La petite industrie et l'industrie à domicile devaient rester en dehors. Il fallait donc définir ce qu'on entendait par « établissement industriel ». Les législations sont, à cet égard, très diverses : les unes prennent comme critérium l'emploi de moteurs, d'autres le nombre d'ouvriers. C'est à ce dernier mode de distinction qu'on s'est arrêté, malgré l'opinion contraire d'un certain nombre d'États, la Belgique, le Danemark, la France, la Grande-Bretagne et la Suède, qui croyaient possible de n'excepter que le travail à domicile. On craignit de voir l'atelier de famille où une machine à coudre serait mue à l'électricité, soumise à l'inspection du travail. Mais à quel nombre d'ouvriers s'arrêter? L'Italie et le Portugal proposaient cinq, chiffre auquel se ralliaient les Pays-Bas et la Suède. L'Autriche et la Hongrie proposaient vingt. On admit, par transaction, le nombre de dix, proposé par l'Allemagne et le Luxembourg, et l'article 1er des *Bases* de convention fut rédigé sous la forme suivante, qu'il conserva dans le traité définitif :

« Article premier. — Le travail industriel de nuit

sera interdit à toutes les femmes, sans distinction d'âge, sous réserve des exceptions prévues ci-après.

» La convention s'appliquera à toutes les entreprises industrielles où sont employés plus de 10 ouvriers et ouvrières ; elle ne s'appliquera en aucun cas aux entreprises où ne sont employés que les membres de la famille.

» A chacune des parties contractantes incombera le soin de définir ce qu'il faut entendre par entreprises industrielles. Dans celles-ci sont comprises les mines et carrières, ainsi que les industries de fabrication et de transformation des matières ; la législation nationale précisera, sur ce dernier point, la limite entre l'industrie d'une part, l'agriculture et le commerce, d'autre part ».

La question de la durée du repos nocturne donna lieu à de longs débats. C'est celle où les divergences de vues commençaient à avoir de l'importance.

Sur la proposition de la délégation belge, on reconnut unanimement que, comme il serait impossible de fixer d'une manière absolue les heures du repos obligatoire de nuit, il y avait lieu, cependant, d'en fixer une partie, pour éviter qu'on élude la loi en organisant des équipes, et l'on convint de déclarer que les sept heures au moins, comprises entre dix heures du soir et cinq heures du matin, seraient toujours interdites au travail des femmes.

Mais, sur la durée totale du repos de nuit, les avis furent partagés. L'Allemagne, l'Autriche, la Hongrie, le Danemark, la France, la Grande-Bretagne, le Luxembourg et la Suisse acceptaient qu'il fût de douze heures. La Belgique, la Norvège et la Suède n'en acceptaient que dix. Dans un premier vote, douze délégations se prononcèrent pour onze heures, chiffre proposé par l'Italie. Les Pays-Bas s'abstinrent provisoirement, les délégués belges restèrent seuls à se tenir au délai de dix heures, leurs instructions ne leur permettant pas d'aller au delà. A ce moment, il y eut un sentiment de désappointement qui fit craindre de ne jamais arriver à une entente.

La préoccupation des délégués belges paraît avoir été moins de permettre de longues heures supplémentaires de jour que de faciliter la transition du régime de la liberté absolue à celui de la réglementation. Ils ont voulu, à coup sûr, éviter tout ce qui paraissait tendre à une réglementation du travail de jour.

C'est dans ces sentiments qu'on aborda l'examen des exceptions à apporter au principe de l'interdiction.

On admit, sans débat, que des « dispenses pourront être prévues pour les cas d'accident imminent ou déjà survenu ».

Le programme prévoyait ensuite une exception en faveur des industries travaillant « des produits susceptibles de s'altérer très rapidement, par exemple ceux de la pêche et de certaines industries fruitières ». Tout le monde trouvait cela raisonnable. Mais on se demanda s'il était nécessaire de donner dans le texte des exemples, puisque les industries rentrant dans cette catégorie devaient varier de pays à pays. Le délégué hongrois demanda de réserver aux législations nationales d'en faire la nomenclature. Malheureusement, il a donné immédiatement un exemple du danger de cette disposition : il a réclamé, avec le délégué de l'Autriche, la faculté de faire rentrer dans ce cadre la fabrication du sucre brut de betterave, expliquant que, pour éviter les dommages causés aux betteraves par la gelée, on était obligé souvent de terminer la fabrication en quelques semaines, à l'aide de la population agricole, hommes et femmes recrutés sur place.

Cette interprétation extensive de la notion « d'industries travaillant des matières rapidement altérables » fut énergiquement combattue. Mais on promit aux délégués de la Hongrie et de l'Autriche d'accorder à l'industrie sucrière des délais particulièrement longs. Cette concession prépara les voies à l'admission d'autres industries dans les mêmes conditions.

L'événement a montré qu'il eût été fort prudent de s'en tenir à la première rédaction, même si elle ne donnait que des exemples. Cela eût probablement arrêté des demandes d'exceptions qui paraissent très discutables et que les gouvernements ont fini par accueillir. C'est ainsi qu'en Belgique, on a accordé une exception — heureusement temporaire — à l'industrie de la soie artificielle parce que le collodion, employé dans cette fabrication, se solidifie pendant l'arrêt des machines. Il est clair que de telles circonstances se rencontrent dans toutes les fabrications, et que jamais à Berne, on n'a pensé aux procédés au collodion en parlant des « matières premières ou des matières en élaboration qui seraient susceptibles d'altération très rapide », surtout que l'on ajoutait « chaque fois que cela sera nécessaire pour sauver ces matières d'une perte inévitable ». Dira-t-on qu'il s'agit de sauver le collodion d'une perte inévitable?

Un autre cas, qui se présente également en Belgique, dépasse toutes les prévisions qu'on pouvait faire à Berne. L'industrie *verrière* belge a demandé aussi au gouvernement de faire une exception en sa faveur, sous prétexte que « le verre soufflé en cylindres dans le four doit être étendu immédiatement. En effet, le verre soufflé en cylindres n'est point dans un état moléculaire stable. Refroidi brusquement, par la nature du travail du soufflage au four, ce verre a besoin d'être recuit sans délai dans l'étenderie pour retrouver son état d'équilibre moléculaire et éviter l'éclatement spontané (1) ». Cette allégation est contestée; mais, fût-elle même vraie, il est certain que si l'on avait proposé ce cas de dérogation aux délégués à la Conférence de Berne, ils n'auraient jamais admis qu'il rentrât dans leur texte. Le Conseil supérieur du travail belge a d'ailleurs donné un avis défavorable à la requête des maîtres de verrerie (2).

L'article relatif aux exceptions fut inséré aux « *Bases* » de la convention dans la forme suivante :

« Art. 3. — L'interdiction du travail de nuit pourra être levée :

1° En cas de force majeure, lorsque dans une entreprise se produit une interruption du travail impossible à prévoir et n'ayant pas un caractère périodique ;

2° Dans le cas où le travail s'applique à des matières susceptibles d'altération très rapide, chaque fois que cela sera nécessaire pour sauver ces matières d'une perte inévitable ».

L'exception suivante visait les industries « saisonnières ». La circulaire n'admettait pour elles que deux heures supplémentaires de travail de nuit : « Les industries saisonnières et celles dont les besoins sont analogues trouveront dans une disposition transitoire, qui fixe à dix heures la durée du grand repos de nuit, les heures supplémentaires dont elles peuvent avoir besoin dans l'état actuel de leur organisation ».

L'Allemagne demanda et obtint que l'exception pût être accordée « en cas de circonstances exceptionnelles » pour toute industrie, que le repos de nuit fût en tout

(1) *Lettre de l'Association des maîtres de verreries belges au ministre de l'industrie et du travail*, 10 novembre 1911.

(2) V. *Rapport présenté au Conseil supérieur du travail au nom de la Commission spéciale*, par M. V. Brants, 1912.

cas de dix heures et que le nombre de jours d'exception fût limité à soixante.

L'article devint l'article 4 des *Bases* de la convention : « Pour les industries soumises à l'influence des saisons, et, en cas de circonstances exceptionnelles, pour toute entreprise, la durée du repos ininterrompu de nuit pourra être réduite à dix heures, soixante jours par an »

Venait, enfin, la question des délais : « Des délais à déterminer pourront être accordés pour la réalisation des réformes ».

C'est ici que la délégation belge exposa les conditions spéciales de l'industrie lainière, et demanda pour elle un délai étendu. L'occasion fut ainsi offerte aux industriels de Verviers de plaider leur cause, et ils la gagnèrent sans difficulté, du moment qu'ils se bornaient à demander une exemption temporaire — tant on attachait d'importance à la consécration du principe.

Un premier vote accorda donc un délai spécial de dix ans à l'industrie lainière ; mais la Belgique étant seule à le désirer, on en subordonna l'inscription dans le texte à la condition que la Belgique renonçât à maintenir son vote précédent relatif à la durée totale du repos de nuit ; on lui demanda de se rallier aux onze heures. Nos délégués sollicitèrent de nouvelles instructions à leur gouvernement.

Ce n'est pas sans émotion qu'on attendit la réponse, d'autant plus que la délégation suisse, perdant patience et se laissant aller à un accès de désappointement, proposait de revenir au repos obligatoire de douze heures, préférant ainsi réduire à quelques États les signataires de la convention.

Il n'y avait pas à se dissimuler que, dans ce cas, la Conférence n'avait plus guère de portée. Quand on apprit que le gouvernement belge autorisait ses délégués à faire la concession demandée, moyennant une légère restriction, la satisfaction fut, au contraire, générale. Le délégué de l'Allemagne se leva le premier pour prendre acte de la concession de la Belgique qui permettait un accord unanime. Toutes les délégations, l'une après l'autre, s'associèrent à cette déclaration et admirent l'amendement belge. Le président se dit « heureux de voir couronnés de succès les constants efforts de la délégation belge pour arriver à une entente générale ». Voulant marquer encore son esprit de conciliation, la délégation belge renonça à demander l'exception pour le *tissage* de la laine, — où il n'y a guère de femmes — et se contenta du *peignage* et de la *filature*.

A côté de l'industrie lainière, on vit reparaître l'exception demandée par l'Autriche et la Hongrie pour l'industrie sucrière, et l'on en ajouta une nouvelle proposée par les mêmes puissances. Il existe en Autriche des mines dont la force motrice est fournie par des cours d'eau (torrents) qui gèlent une partie de l'hiver. Pour compenser ces chômages, on est obligé souvent de faire travailler la nuit. C'est pour ces mines qu'on obtint également une exception temporaire.

Voici donc ce que sont devenus, dans les bases de la convention, les deux articles dont le sort fut ainsi lié par l'attitude de la délégation belge :

« Art. 2. — Le repos de nuit visé à l'article précédent aura une durée minimum de onze heures consécutives ; dans les onze heures, quelle que soit la législation de chaque État, devra être compris l'intervalle de dix heures du soir à cinq heures du matin.

Toutefois, dans les États où le travail de nuit des femmes adultes employées dans l'industrie n'est pas actuellement réglementé, la durée du repos interrompu pourra, à titre transitoire et pour une période de trois ans au plus, être limitée à dix heures.

Art. 5. — Les ratifications de la convention à intervenir devront être déposées au plus tard le 31 décembre 1907.

Pour la mise en vigueur de la convention, il sera stipulé un délai de trois ans à dater du dépôt des ratifications.

Ce délai sera de dix ans :

1° Pour les fabriques de sucre brut de betterave;

2° Pour le peignage et la filature de la laine;

3° Pour les travaux au jour des exploitations minières, lorsque ces travaux sont arrêtés annuellement, quatre mois au moins, par des influences climatériques ».

Telles sont les bases de convention qui furent soumises à la Conférence diplomatique de 1906. Les puissances qui y étaient représentées étaient, naturellement, disposées à les adopter. Bien plus, l'Angleterre et la Suède, qui s'étaient abstenues au vote en 1906, y étaient ralliées. Mais la Norvège, par contre, faisait défaut.

Si l'accord était unanime sur le fond même de la convention, il n'en était plus de même sur les questions d'exécution que soulevaient les propositions anglaises.

La première fut, il est vrai, adoptée d'emblée et sans difficulté. Elle consistait à insérer dans la convention l'article suivant : « A chacun des États contractants incombe le soin de prendre les mesures administratives qui seraient nécessaires pour assurer sur son territoire l'exécution précise des dispositions de la présente convention ». Puis, la finale de l'article prévoyait l'échange diplomatique des lois et règlements.

En exposant les motifs de cette proposition qui s'appuyait sur un vœu de la Conférence de 1905, M. Herbert Samuel révéla bien la pensée maîtresse qui guidait le gouvernement britannique : il rappela que les textes légaux ne sont pas tout en matière de protection ouvrière, et que l'application de la loi est la chose capitale. Mainte loi — même en Angleterre, — est restée lettre morte tant qu'on n'a pas pris des mesures d'exécution suffisantes.

Aussi, la préoccupation du gouvernement anglais était si visible qu'elle aurait pu être interprétée comme un indice de défiance vis-à-vis des États contractants. C'est pourquoi, tout en appuyant la proposition, M. Fontaine crut devoir ajouter qu'il allait de soi qu'aucun gouvernement n'entendait se soustraire aux obligations résultant de la convention. Le texte anglais fut donc adopté à l'unanimité.

Vint alors la proposition relative à l'institution d'une commission permanente. Elle était rédigée ainsi :

« Les hautes parties contractantes conviennent de créer une commission chargée de surveiller l'exécution des dispositions de la présente convention.

» Cette commission sera composée de délégués des divers États contractants. Sa première réunion aura lieu à..... ; la commission choisit son président et le lieu de sa prochaine réunion.

» Chacune des hautes parties contractantes pourra être représentée à la commission par un délégué ou par un délégué et des délégués adjoints.

» L'Autriche et la Hongrie seront considérées séparément comme parties contractantes.

» La commission aura pour mission d'émettre un avis sur les questions litigieuses et les plaintes qui lui seront soumises.

» Elle n'aura qu'une mission de constatation et d'examen. Elle fera, sur toutes les questions et plaintes qui lui seront soumises, un rapport qui sera communiqué aux États intéressés.

» En dernier ressort, une question en litige sera, sur la demande d'une des hautes parties contractantes, soumise à l'arbitrage.

» Dans le cas où les hautes parties contractantes seraient disposées à réunir des conférences au sujet de la condition des travailleurs, la commission se chargera d'en discuter le programme et servira d'organe pour les échanges de vues préliminaires ».

C'est dans ces termes qu'était posée, devant la Conférence, la grave question de la sanction du traité de travail.

Dès le début, les mots « *surveiller* l'exécution de la convention », recevoir des « *plaintes* » furent considérés comme de nature à éveiller les susceptibilités de beaucoup d'États. Les attributions de la commission proposée paraissaient trop étendues. Le grand argument de la souveraineté et de l'indépendance nationales allait se dresser de nouveau, comme à Berlin en 1890. La délégation française le comprit immédiatement et présenta des amendements qui atténuaient considérablement les propositions anglaises. On y supprimait les mots « surveiller » et de « plaintes ». On réduisait le rôle de la commission à donner son avis, à la demande d'un ou de plusieurs signataires, sur les questions que pourrait soulever l'interprétation ou l'inexécution de la convention. L'arbitrage était présenté comme une espèce d'appel sur les avis émis par la commission.

M. Samuel défendit sa proposition avec beaucoup d'habileté. Il invoqua entre autres, comme un précédent, l'article 7 de la convention de Bruxelles du 5 mars 1902 sur le régime des sucres, qui institue une commission internationale ayant des pouvoirs extrêmement étendus (1). Il tira aussi argument des avantages qu'aurait une commission permanente pour l'interprétation des textes signés et la préparation des futures conventions. Il fut secondé avec zèle par la délégation française.

Mais tous les efforts se heurtèrent à l'opposition absolue de l'Allemagne. Dès que la proposition anglaise fut formulée, le chef de la délégation allemande, M. de Bülow, déclara que l'institution de la commission lui paraissait inacceptable : elle risquerait de contrecarrer les lois et les mesures administratives des différents États, et de porter atteinte à leur souveraineté. La commission finirait par être un véritable tribunal; pour émettre un avis, elle ferait des enquêtes et s'immiscerait ainsi dans un domaine qui relève de l'autonomie nationale.

Cette attitude, il faut le dire, est dans les traditions de l'Allemagne. A la Conférence de Berlin, déjà, c'est elle qui substitua à la proposition suisse de constituer un Bureau international, celle d'échanger simplement les rapports de l'inspection du travail. A Berne, en 1905, c'est encore elle qui fut la première à s'opposer à l'organe de surveillance que la Suisse proposait d'instituer pour la sanction de la convention relative au phosphore.

L'Autriche, la Hongrie et la Belgique vinrent se ranger du côté de l'Allemagne.

Pendant huit jours que dura la Conférence, les discussions continuèrent; au vote final, l'opposition resta irréductible. La proposition anglaise fut retirée et transformée en un vœu, qui fut signé par dix puissances (2).

---

(1) Les quatre premiers alinéas de la proposition anglaise étaient copiés de cet article 7, et l'idée même de la Commission y était empruntée. V. le texte de l'article 7, *infra*, section III.

(2) V. le texte à notre annexe n° XVIII.

Dans l'intervalle, deux autres questions retinrent l'attention de la conférence : celle de l'accession des colonies et celle des délais de validité de la convention.

La Conférence de 1905 n'avait pas songé à faire admettre la convention par des pays d'outre-mer. Il est clair cependant que, s'il n'est pas possible de faire régner les mêmes normes de travail dans des pays ayant des conditions climatériques très différentes, nous n'en avons pas moins un puissant intérêt à voir la réglementation du travail s'étendre aux colonies : d'abord, par raison d'humanité, ensuite, parce qu'elles savent faire à nos produits une très vive concurrence.

L'Angleterre proposait donc que les dispositions de la convention ne s'appliqueraient aux colonies, possessions et protectorats des États contractants, que quand ceux-ci en auraient fait l'objet d'une notification expresse; et elle demandait, en outre, que l'accession des colonies pût être dénoncée séparément.

Aucune opposition ne fut faite à cette proposition. M. Fontaine expliqua comment l'application intégrale de la convention dans les colonies était impossible et quel intérêt il y avait à y introduire graduellement des réformes et l'inspection du travail.

Elle est devenue les articles 6 et 7 de la convention :

« Art. 6. — Les dispositions de la présente convention ne seront applicables à une colonie, possession ou protectorat que dans le cas où une notification à cet effet serait donnée en son nom au Conseil fédéral suisse par le gouvernement métropolitain. Celui-ci, en notifiant l'adhésion d'une colonie, possession ou protectorat, pourra déclarer que la convention ne s'appliquera pas à telles catégories de travaux indigènes dont la surveillance serait impossible.

Art. 7. — Dans les États hors d'Europe, ainsi que

dans les colonies, possessions ou protectorats, lorsque le climat ou la condition des populations indigènes l'exigeront, la durée du repos ininterrompu de nuit pourra être inférieure aux maxima fixés par la présente convention, à la condition que des repos compensateurs soient accordés pendant le jour ».

La mise en vigueur de la convention, fixée, lors de la Conférence de 1905, à trois ans après la clôture du procès-verbal du dépôt des ratifications, qui devait avoir lieu le 31 décembre 1907, fut portée par l'article 8 à *deux* ans, après ladite clôture, qui était placée au 31 décembre 1908. Nous verrons plus loin à quelles difficultés ces dispositions donnèrent lieu.

Les articles 9 et 10 ouvrent la convention à l'adhésion des États non signataires et font courir les délais prévus par l'article 8 de la date de l'adhésion.

En ce qui concerne les délais de validité, on se trouvait en présence d'une proposition allemande et d'une proposition autrichienne, qui demandaient quinze ans à partir de l'échange des ratifications, et d'une proposition anglaise qui n'en demandait que cinq.

Le gouvernement des Pays-Bas, lui, ne voulait pas se lier pour plus de cinq ans en tout.

On finit par adopter le terme transactionnel de douze ans, ce qui est rationnel, puisque la convention remettait déjà pour certaines industries la mise à exécution de ses dispositions à dix ans.

C'est ce que consacre l'article 11 et dernier :

« Art. 11. — La présente convention ne pourra pas être dénoncée soit par les États signataires, soit par les États, colonies, possessions et protectorats qui adhéreraient ultérieurement, avant l'expiration d'un délai de douze ans à partir de la clôture du procès-verbal de dépôt des ratifications.

Elle pourra ensuite être dénoncée d'année en année.

La dénonciation n'aura d'effet qu'un an après qu'elle aura été adressée par écrit au Conseil fédéral suisse par le gouvernement intéressé, ou, s'il s'agit d'une colonie, possession ou protectorat, par le gouvernement métropolitain ; le Conseil fédéral la communiquera immédiatement au gouvernement de chacun des autres États contractants.

La dénonciation n'aura d'effet qu'à l'égard de l'État, colonie, possession ou protectorat au nom de qui elle aura été adressée ».

Telles sont les dispositions de la deuxième convention de Berne.

Elle fut accueillie avec joie par les partisans de la protection légale des travailleurs, notamment à l'Association internationale qui tenait sa session à Genève quelques jours après la signature des traités.

La ratification eut lieu successivement — avec un certain retard — pour les divers parlements, sauf en Suède. La convention y essuya un refus de ratification, chose rare dans l'histoire du droit des gens moderne. En effet, quand un gouvernement aujourd'hui appose sa signature au bas d'un instrument diplomatique, c'est d'ordinaire qu'il est sûr de ne pas être désavoué par le pouvoir législatif.

Le gouvernement suédois ne s'attendait certainement pas à l'événement qui le mit en posture plutôt fâcheuse vis-à-vis des États cocontractants, et qui faillit avoir une conséquence plus fâcheuse encore au sujet de la mise en vigueur de la convention elle-même.

C'est une campagne féministe qui fut la cause de l'échec (1). Le comité suédois « Yrkesforekomité »,

---

(1) V. le rapport du bureau de l'Association internationale à l'assemblée de Lucerne (*Compte rendu* de cette assemblée, p. 99 et suiv.).

institué pour préparer la révision de la législation du travail en vigueur, auquel le gouvernement suédois confia la préparation du projet de loi contenant interdiction du travail de nuit des femmes et l'approbation de la convention de Berne, avait accueilli les protestations d'une série d'associations féministes, notamment des Femmes socialistes et de la section de Stockholm de l'Association générale des imprimeurs de Suède. Le comité avait adopté leurs arguments : que les femmes ne voulaient pas de la loi, qu'elles étaient les égales des hommes, que le travail de nuit n'était pas répandu en Suède, et que, dans la seule profession où il était assez fréquent, dans l'imprimerie, les salaires étaient élevés et les conditions hygiéniques satisfaisantes.

Le conseiller du gouvernement, M. Pihlgren, répondit immédiatement à ces arguments en reprenant toutes les raisons qui justifient spécialement la protection légale des femmes. Il fit ensuite remarquer que, si le travail industriel de nuit des femmes était une exception en Suède, c'était une raison pour ne pas attendre de l'interdire.

Quand le projet fut présenté au parlement, le ministre ne manqua pas d'en fortement motiver les dispositions.

Mais la commission parlementaire chargée de l'examiner conclut au rejet par les arguments suivants :

a) « La supériorité de la force corporelle de l'homme n'est pas ici en cause, parce qu'en général on ne recourt pas au travail de la femme quand il s'agit de force corporelle; à d'autres points de vue, *la femme est l'égale de l'homme et lui est même supérieure* ».

b) L'interdiction du travail de nuit n'empêchera pas la femme de travailler trop pendant le jour. Le travail de jour est aussi destructeur de la vie de famille. Vaut-il mieux que la femme ne s'occupe de ses enfants et de son ménage que le soir quand elle est fatiguée par une journée de labeur ?

c) Le projet aura pour conséquence de mettre la femme dans une situation d'infériorité sur le marché du travail par rapport à l'homme.

d) Il poussera la femme à accepter du travail à domicile, lequel est plus mal payé que le travail industriel.

e) Enfin, les intéressées, loin de désirer l'interdiction, la repoussent.

Le projet vint le **23** mai **1908** devant la première chambre, qui le rejeta après un court débat. Le **27** mai, il arriva devant la seconde chambre, où la discussion paraît avoir été un peu plus longue. C'est dans cette discussion qu'un député affirma qu'après l'interdiction du travail de nuit des femmes en France, **5.000** femmes typographes s'étaient trouvées sans gagne-pain. Vainement défendu par l'inspection du travail, attaqué vivement par un député socialiste qui demandait l'extension de la réforme aux hommes, le projet fut rejeté par **114** voix contre **43**.

A l'assemblée de l'Association internationale à Lucerne, en septembre, on se contenta de féliciter le gouvernement suédois pour la défense courageuse du projet et d'émettre l'espoir qu'il pourrait le faire triompher à une seconde épreuve. Mais M. Keufer eut soin de rectifier les erreurs de fait produites au Parlement suédois en ce qui concerne les ouvrières typographes françaises.

L'affaire fut reprise l'année suivante à la fois à la première et à la seconde Chambre par des députés appartenant à la Section suédoise de l'Association internationale qui venait d'être fondée (1). Le **17** février

---

(1) V. *Bulletin de l'Office international du travail*, 1909, LXXXVII.

1909, après des débats approfondis et animés, où l'on fit état de l'adhésion de tous les pays industriels de l'Europe, l'approbation fut votée à la première Chambre par 63 voix contre 62, et à la seconde, le 19 avril, par 166 voix contre 24. La loi nationale interdisant le travail de nuit des femmes fut promulguée le 20 novembre 1909.

Le moment de l'entrée en vigueur de la convention et le point de départ des délais accordés à certaines industries ont fait l'objet de discussions entre les États signataires.

Nous avons vu que, en vertu de l'article 8, « les ratifications devaient être déposées le 31 décembre 1908 au plus tard auprès du Conseil fédéral suisse ». Mais, à cette date, l'Italie, l'Espagne, la Suède et le Danemark n'avaient pas encore ratifié la convention. Il est bon de dire que le Danemark n'avait donné sa signature que sous une réserve exprimée par son délégué dans la dernière séance de la Conférence; le gouvernement danois ne pouvait soumettre à la Diète un projet de loi sur le travail de nuit des ouvrières avant l'automne 1910, conjointement avec la revision de la loi du 11 avril 1901 sur le travail dans les fabriques. Il avait ajouté que, ne pouvant ratifier la convention dans le délai voulu, le gouvernement danois profiterait de la faculté d'adhésion ouverte par l'article 9.

Par une note du 19 mars 1909, le Conseil fédéral suisse proposait aux États signataires de compter, à partir du 1er janvier 1909, pour les États ayant déposé à temps les instruments de ratification, les délais prévus pour l'entrée en vigueur et la durée de la convention. Il lui paraissait aller de soi que les États *signataires* dont la ratification manquait seraient admis à *adhérer* plus tard.

L'Allemagne, l'Autriche, la France, la Grande-Bretagne, la Hongrie, le Luxembourg, les Pays-Bas et le Portugal adhérèrent à cette proposition.

La France demanda cependant qu'il fût bien entendu que le dépôt des ratifications des États retardataires intervînt avant l'entrée en vigueur de la convention, c'est-à-dire avant le 1er janvier 1911, et que la date à laquelle ce dépôt serait effectué n'eût pas d'influence sur le point de départ des autres délais, qui était le 1er janvier 1909.

Mais la Belgique fit des difficultés : elle ne voulait pas admettre le point de départ du 1er janvier 1909. L'article 8 de la convention indique la clôture du procès-verbal de dépôt des ratifications. « Jusque-là, disait la note belge, le sort de la convention est suspendu et les engagements des États signataires ne sont qu'éventuels. Voulant limiter la durée de cette période d'incertitude, les auteurs de la convention avaient stipulé que les ratifications devaient être échangées au plus tard le 31 décembre 1908. *Toutes les ratifications n'étant pas intervenues à cette date, chacun des États signataires pourrait se considérer comme dégagé.* Le gouvernement du Roi ne songe certes pas à observer cette attitude puisqu'il a antérieurement proposé de prolonger le délai fixé pour le dépôt des ratifications ». Mais il assurait ne pouvoir aller plus loin. La Belgique ne voulait mettre la convention en application que quand elle aurait la certitude que des mesures correspondantes seraient prises dans les pays industriels concurrents.

L'Italie déclara de son côté, le 29 décembre 1909, qu'elle adhérait — bien qu'État signataire — en vertu de l'article 9 ; la Suède fit, le 14 janvier 1910, la même déclaration, et l'Espagne, sans adhérer encore, promettait, à la date du 16 décembre 1909, de le faire plus tard, toujours en vertu de l'article 9. Or, aux États adhérents, l'article 10 de la convention ouvrait des délais plus étendus que pour les États signataires.

Le Conseil fédéral suisse fit alors la proposition formelle de faire courir la mise en vigueur de la convention pour tous les États ayant déposé leur ratification sans réserve (y compris la Belgique) du 1er janvier 1911, admettant, au contraire, que pour l'Italie et la Suède, simples adhérentes, c'était l'article 10 de la convention qui devait être appliqué.

Mais cette proposition ne fut pas acceptée par tous les États.

Tandis que l'Allemagne s'y ralliait, la Belgique, au contraire, protesta. Pour elle, l'Italie et la Suède n'ayant pas adhéré avant le 14 janvier 1910 (date de l'adhésion de la Suède), c'était cette dernière date qui devait fixer le point de départ du délai de deux ans prévu pour la mise en vigueur de la convention (art. 8). « En effet, disait-elle, les situations ne seraient plus égales si des États signataires, dont l'acquiescement a été une cause déterminante de celui des autres pays, jouissaient, par suite du fait qu'ils n'ont pu déposer à temps leurs ratifications, d'une prolongation de délai qui ne serait pas étendue aux autres parties contractantes ». Elle invoquait, en outre, la difficulté de faire voter une loi interdisant dans le royaume le travail de nuit des femmes avant le 1er janvier 1911. On était au 10 mars 1910.

La France répliqua longuement. Elle précisa sa première proposition qui avait été mal comprise par le gouvernement suisse : elle n'avait pas adhéré sans réserve à la proposition suisse de placer le point de départ au 1er janvier 1909. Cela eût été possible si tous les pays y avaient consenti. A présent, cette proposition ne pouvait être admise, notamment à cause des réserves de la Belgique. « Dans ces conditions, disait la note de M. Pichon, ministre des affaires étrangères, étant donnée l'importance qu'il y a pour la France à entraîner l'adhésion de la Belgique », il proposait de passer outre à l'adhésion du Danemark et de l'Espagne, à déclarer clos le procès-verbal des ratifications et à placer le point de départ du délai de la mise en vigueur au 14 janvier 1910, jour de l'adhésion de la Suède. Ce procédé consacrait, pour tous les pays qui n'étaient pas en règle pour l'application de la convention sur leur territoire, comme la Belgique, un délai de deux ans. « J'ajoute, disait le ministre français, qu'en faisant ces propositions, qui ont pour but de solidariser dans les présentes circonstances les grands États industriels de l'Europe, conformément à l'esprit de la convention de Berne, la France se préoccupe surtout des conditions de succès des futures conventions relatives au travail ».

Ensuite de cette consultation, le Conseil fédéral suisse retira sa proposition et se rallia à la proposition française, c'est-à-dire : faire courir du 14 janvier 1910 le délai de deux ans pour la mise en application de la convention dans les divers États (art. 8, alin. 3), le délai de dénonciation de douze ans prévu à l'article 11 et le délai de dix ans consenti aux trois catégories d'industries énumérées à l'article 8, alinéa 4.

C'est finalement cette proposition qui a été adoptée : tous les États ont donné leur consentement. L'Allemagne s'y est ralliée pour des raisons de convenance, et notamment en vue d'une conclusion satisfaisante de l'affaire. Mais, au point de vue juridique, elle maintenait que la date de l'entrée en vigueur devait être le 1er janvier 1909. « Si le gouvernement belge et le gouvernement français, pour appuyer la proposition belge, disait sa note, donnent à la disposition de l'article 8, alinéa 2 de la convention une interprétation suivant laquelle, par « clôture du procès-verbal de dépôt », il n'est pas absolument nécessaire d'entendre la date du 31 décembre 1908 mentionnée à l'alinéa 1er, d'où la possibilité de placer à une date ultérieure le point de départ du délai, il faut opposer à cette manière de voir la disposition du premier alinéa, suivant laquelle les ratifications devaient être déposées le 31 décembre 1908 *au plus tard*. En ce qui concerne le 14 janvier 1910 qui, suivant les propositions, doit être considéré comme la date de clôture du procès-verbal de dépôt, il faut faire observer notamment que la Suède n'a pas *ratifié*, mais, suivant sa déclaration expresse, s'est ralliée à la convention sous forme *d'adhésion* ».

Ces incidents portent leur enseignement au sujet de la conclusion des futures conventions. Il faudra y spécifier avec plus de clarté si et dans quelles conditions, les États *signataires* pourront ne pas ratifier, mais adhérer par la suite. Il faudra aussi déterminer dans quelle mesure le consentement — et par conséquent la ratification — de certains États ou de tous est la condition de l'engagement des autres. Peut-être conviendra-t-il d'éviter aussi de faire la situation plus avantageuse, au point de vue des délais d'exécution, aux États adhérents qu'aux États signataires.

A l'heure actuelle la convention est en vigueur en Allemagne, en Autriche, en Hongrie, en Belgique, en France (avec l'Algérie et la Tunisie), en Grande-Bretagne et dans ses colonies suivantes : Ceylan, les îles Fidji, Gibraltar, la Côte d'Or, les îles Leeward, la Nouvelle-Zélande, la Nigérie du Nord, Trinidad et l'Ouganda, en Italie, au Luxembourg, aux Pays-Bas, en Portugal, en Suède et en Suisse.

Le Danemark et l'Espagne ont aussi adhéré à la

Convention, mais n'ont pas encore de loi nationale la mettant à exécution.

Nous avons vu que dans beaucoup de pays signataires, l'interdiction du travail de nuit des femmes était déjà inscrite dans la législation. Cela n'empêche pas, cependant, qu'il fallut, dans plus d'un d'entre eux, mettre les dispositions légales en concordance avec celles de la convention, notamment au sujet des exceptions.

C'est ainsi qu'en Angleterre, la loi sur les fabriques et ateliers permettait de faire travailler exceptionnellement les femmes la nuit au teillage de lin, et que la loi sur les mines de 1887 permettait de leur faire commencer le travail le samedi huit heures seulement après la fin du travail du vendredi. Ces deux divergences ont disparu depuis la loi du 9 août 1907 (1).

La loi luxembourgeoise du 3 août 1907 a mis également la législation du Grand-Duché tout à fait d'accord avec la convention.

Il en a été de même en France, par la loi du 22 décembre 1911 ; en Autriche, par celle du 21 février 1911.

C'est en Belgique, nous l'avons dit, que la convention avait le plus d'importance. La loi du 10 août 1911 a passé dans notre corps de législation sans la moindre difficulté, comme d'ailleurs la loi ratifiant la convention, le 20 mai 1908. Il est à noter que la nouvelle loi belge, imitant d'ailleurs beaucoup d'autres lois étrangères, a été plus loin que la convention, en interdisant le travail de nuit dans tous les établissements industriels, sans distinguer s'ils emploient dix ouvriers ou moins. Il n'y a que les entreprises où ne sont employés

(1) *Bulletin de l'Office international du travail*, 1907, p. 100 et p. 1.

que les membres de la famille qui restent en dehors du champ d'application de la loi.

Nous avons signalé plus haut la dérogation temporaire obtenue par l'industrie de la soie artificielle, et celle demandée par l'industrie verrière.

SECTION III

LA SANCTION, LA NATURE ET LA PORTÉE DES TRAITÉS DE TRAVAIL

Les partisans aussi bien que les adversaires des traités de travail ne peuvent se désintéresser de la question de leur sanction. A l'étudier, d'ailleurs, on en pénètre mieux la nature et la portée.

A première vue, nous l'avons déjà dit, c'est une chose assez étrange que l'on exige pour l'exécution des traités de travail des sûretés et des garanties spéciales. C'est, à coup sûr, un problème intéressant que celui de la sanction des traités en général, puisque ce problème fait remonter à celui de l'existence du droit des gens. Mais on se demande pourquoi il est soulevé avec persistance à propos des traités de travail, alors qu'il n'est même pas soupçonné à propos de tant d'autres accords internationaux.

La sanction des traités de commerce se voit tout de suite : les engagements sont réciproques, équivalents ou sensés tels, et la dénonciation est une menace suffisante. Il en est ainsi pour un bon nombre de traités accordant des avantages matériels.

Pour les traités de paix, les traités politiques, on aperçoit déjà moins la sanction positive : elle est dans la crainte d'une guerre nouvelle, ou la perte d'avantages d'ordre moral.

Dans les traités juridiques proprement dits, elle

devient moins visible encore. Je prends pour exemple les conventions de La Haye relatives au droit international privé. Douze États s'y sont liés pour observer et consacrer dans leurs lois, des principes de nature à faire cesser une injustice, le conflit des lois. Mais on n'a pas pensé à y introduire des clauses de sanction. Ces conventions sont bien conclues pour un terme déterminé; mais la dénonciation ne créerait qu'un tort bien mince, bien relatif, à l'État envers lequel on en userait comme d'une sanction. Bien plus. Elle mettrait l'État dénonçant dans une fâcheuse posture : après avoir convenu qu'il devait reconnaître comme valables les mariages conclus dans telles conditions, il déclarerait que, puisque son cocontractant n'exécute pas la convention, il ne reconnaîtra plus, — dans aucun cas — la validité de ces mariages ! Après avoir admis, vis-à-vis du monde entier, une solution juridique comme juste, on reviendrait délibérément à l'injustice! Il y a là une impossibilité morale, plus forte, plus absolue peut-être que les impossibilités matérielles, et c'est cette impossibilité morale qui fait, en l'absence de toute sanction positive, la force même de ces traités.

Je dis tout de suite qu'il en est ainsi également des traités de travail.

Il faut reconnaître, toutefois, qu'étant donné l'état peu avancé de la conscience commune au sujet de la protection légale des travailleurs, étant donnés les sentiments d'hostilité que développe la concurrence industrielle, les fluctuations de l'opinion politique, tantôt pour, tantôt contre la classe ouvrière, on conçoit très bien une certaine défiance à l'égard de la bonne foi d'un gouvernement signataire d'un traité de travail. Il n'y a pas de raison pour qu'un gouvernement européen n'exécute pas de bonne foi une convention relative à l'abolition de l'esclavage, une convention réprimant la traite des blanches ; s'il les violait, la conscience universelle se soulèverait contre lui. On n'oserait pas dire qu'il en serait de même d'une violation d'un traité de travail, même cyniquement avouée. Il se trouverait toujours des partis et des intérêts pour en excuser, en approuver peut-être, la violation. Il y a encore des gens qui ne reconnaissent pas que le progrès de la législation du travail, c'est un progrès de la moralité. Certaine manière d'envisager l'industrie — comme une lutte contre l'étranger — justifierait tout échec à l'exécution d'une loi ouvrière. Disons même qu'il faut, aujourd'hui, un effort constant des gouvernements pour appliquer sérieusement leur législation du travail. Dès lors, sans aller jusqu'à la violation ouverte, la simple inertie, l'indifférence suffisent pour la rendre illusoire. Ce n'est donc pas assez de la bonne foi au moment de la signature du traité de travail, il faut encore de la vigilance, une active et persistante vigilance, pour en assurer l'exécution.

Ce sont ces circonstances qui ont fait imaginer divers systèmes de contrainte ou de garantie.

Un congrès de l'Association internationale des travailleurs tenu à La Haye, en 1889, avait été jusqu'à proposer une inspection internationale : « Pour assurer l'application des dispositions ci-dessus (relatives à la protection internationale) il sera institué des inspecteurs nationaux et internationaux élus par les travailleurs et rétribués par l'État. L'élection des inspecteurs internationaux sera notifiée par voie diplomatique et dans le délai d'un mois aux diverses puissances contractantes. Ces inspecteurs, au nombre de... par pays et nommés pour... années, auront tout pouvoir pour pénétrer en tout temps, dans tout atelier, usine, manufacture, chantier, etc., constater les infractions, dresser procès-verbal et faire condamner les contrevenants. Ce contrôle sera étendu à l'industrie domestique, pour la même raison d'hygiène sociale qui a fait armer du droit de visite la commission des logements insalubres » (1).

Après les socialistes, voici un catholique, le comte de Kuefstein qui disait, au Congrès des Œuvres sociales de Liége, en 1890 : « On pourrait instituer un service d'inspecteurs internationaux, auxquels les divers gouvernements concéderaient certains droits. Ces inspecteurs auraient à soumettre leurs rapports à chaque gouvernement et à une commission internationale, se rassemblant à des époques déterminées. Des commissions internationales et des inspecteurs internationaux seraient chargés de veiller avec l'appui et au moyen des consulats et des ambassades à une observation aussi stricte que possible des décisions prises » (2).

Un inspecteur du travail belge, M. Henrotte, trouvait aussi que « la nécessité d'un service international d'inspection apparaît comme une conséquence forcée de la législation internationale » (3).

Ces idées simplistes ne se discutent pas. Elles ne servent qu'à fournir des armes aux adversaires de la protection internationale. Bismarck s'est attaché à les persifler au Reichstag.

Devant la diplomatie, la question de la sanction des traités de travail a été agitée deux fois. A la Conférence de Berlin, deux propositions, nous l'avons vu, furent présentées : l'une de la Suisse, organisant un « organe spécial » de centralisation des renseignements et pré-

---

(1) Cité par Sinzot, *Traités internationaux*, p. 99 ; d'après Bechaux, *La réglementation du travail*. Paris, 1904, p. 88.

(2) *Ibid.*, p. 100.

(3) *Congrès de législation du travail de Bruxelles*, 1897, p. 139.

parant des conférences périodiques, l'autre de l'Allemagne, se contentant de l'échange de documents et de réunions des délégués des États participants.

A la seconde Conférence de Berne, nous avons vu l'Angleterre proposer l'institution d'une commission internationale chargée de surveiller l'exécution de la convention, de recevoir des dénonciations, de faire des enquêtes; enfin la formation d'un tribunal d'arbitrage chargé de juger les cas dans lesquels serait alléguée une non-observation des conventions.

Ces propositions se sont heurtées chaque fois au prétexte de la souveraineté nationale.

Plus d'une fois, on a proposé des sanctions douanières. On y arrive facilement quand on part de cette idée que la protection légale est une charge de l'industrie. Les pays dont la législation n'est pas avancée font aux autres une concurrence illicite : dès lors, le droit de douane paraît s'imposer comme une « compensation » équitable. La forme de la réalisation de cette sorte de sanction n'a pas été précisée. Parfois, on parle de lier le traité de travail au traité de commerce : c'est l'idée de ces clauses que nous avons relevées dans des traités de commerce. Parfois, on propose d'inscrire, au contraire, dans le traité de travail, qu'en cas de non-exécution, les articles de l'industrie où se produirait la violation du traité seraient frappés de droits déterminés (1) dans la convention de travail même.

Je considère cette solution comme inadmissible. Elle part d'abord d'une idée fausse, qui est que la protection est toujours une charge. Je reviendrai plus loin sur ce point. Ensuite, en supposant même qu'il en soit ainsi, le droit de douane ne peut pas être envisagé

(1) C'est la solution de M. Sinzot, *op. cit.*, p. 163.

comme un équivalent de cette charge. La raison en est simple : la législation du travail n'est pas révocable, comme le droit de douane. Une fois votée, elle est acquise pour toujours. Conçoit-on qu'un État ayant décrété la journée de dix heures, abroge sa loi sous quelque prétexte que ce soit ? Une fois une réforme sociale passée dans la législation — dans l'intérêt, ne l'oublions pas, des ouvriers *et de la nation entière* — elle est définitive. Le droit de douane, au contraire, est variable, facilement supprimé, augmenté, diminué. Il obéit d'ailleurs à tout un ensemble de considérations qui ne relèvent pas seulement de la législation du travail. Il a des répercussions infinies. Il ne peut pas se détacher du tarif tout entier. Pense-t-on qu'on aurait vraiment compensé la lacune de législation belge vis-à-vis de l'étranger en frappant partout les draps de Verviers d'un droit de douane spécial ?

Le droit de douane pénal ne serait pas un équivalent, mais une rétorsion, un acte de mauvais gré, qui peut avoir son utilité comme tel dans certains cas mais qui ne doit pas être représenté comme une contre-valeur d'un avantage dans la production.

Enfin, ce serait faire bon marché de la politique commerciale tout entière des divers États que de la mettre ainsi au service de leur rancune en matière sociale. En ce sens, on peut dire que le droit de douane pénal n'est pas à la portée de tout le monde. Il y a encore des États qui considèrent, avec raison, tout droit de douane comme un mal, comme une charge *pour les consommateurs* du produit taxé, — et qui, par conséquent, se refuseront à l'employer *à leur détriment.*

Pour ma part, je reste partisan d'une commission internationale, ou, à son défaut, de réunions périodiques des auteurs de la convention, je veux dire par là des chefs des départements du travail dans les États industriels.

Ce n'est pas, à vrai dire, une sanction *directe* du traité. Il y a quelque chose de légitime dans le scrupule qui veut mettre à l'abri de la pression des autres États l'autonomie administrative de chacun ; c'est pourquoi il faut se borner à donner à la commission un rôle *consultatif*, comme le fait le vœu adopté à Berne en 1906. Mais, tout indirecte qu'elle soit, cette sanction en est une, parce qu'elle participe de la nature même des conventions qu'il s'agit d'exécuter, qui est morale et juridique, et non matérielle ou financière.

Il faut abandonner complètement l'idée d'en faire un organe de défiance, avec un programme de tracasseries, de contraintes directes. Sous ce rapport, le rapprochement que l'on faisait à Berne avec la Commission des sucres créée à Bruxelles par la Conférence de 1902 n'était pas heureux, — ou du moins il ne devait être invoqué que comme argument pour montrer que les États savaient à l'occasion faire bon marché de leur souveraineté.

Les pouvoirs de la Commission des sucres, en effet, sont très étendus (1). Ce sont des pouvoirs souverains :

(1) Voici le texte de l'article 7 de la Convention du 5 mars 1902 : « Les Hautes Parties contractantes conviennent de créer une Commission permanente, chargée de surveiller l'exécution des dispositions de la présente Convention.

» Cette Commission sera composée de Délégués des divers États contractants et il lui sera adjoint un Bureau permanent. La Commission choisit son Président ; elle siégera à Bruxelles et se réunira sur la convocation du Président.

» Les Délégués auront pour mission :

» *a*) De constater si, dans les États contractants, il n'est accordé aucune prime directe ou indirecte à la production ou à l'exportation des sucres ;

» *b*) De constater si les États visés à l'article 6 [c'est-à-dire l'Espagne, l'Italie et la Suède] continuent à se conformer à la condition spéciale prévue audit article [de ne pas exporter de sucre] ;

la Commission peut constater, si, dans les États contractants, il n'est accordé aucune prime directe *ou indirecte*

» *c*) De constater l'existence des primes dans les États non signataires et d'en évaluer le montant en vue de l'application de l'article 4 [droit d'entrée spécial frappant les sucres originaires de pays accordant des primes];

» *d*) D'émettre un avis sur les questions litigieuses;

» *e*) D'instruire les demandes d'admission à l'Union des États qui n'ont point pris part à la présente Convention.

» Le Bureau permanent sera chargé de rassembler, de traduire, de coordonner et de publier les renseignements de toute nature qui se rapportent à la législation et à la statistique des sucres, non seulement dans les États contractants, mais également dans les autres États.

» Pour assurer l'exécution des dispositions qui précèdent, les Hautes Parties contractantes communiqueront par la voie diplomatique au Gouvernement Belge, qui les fera parvenir à la Commission, les lois, arrêtés et règlements sur l'imposition des sucres qui sont ou seront en vigueur dans leurs pays respectifs, ainsi que les renseignements statistiques relatifs à l'objet de la présente Convention.

» Chacune des Hautes Parties contractantes pourra être représentée à la Commission par un Délégué ou par un Délégué et des Délégués-Adjoints.

» L'Autriche et la Hongrie seront considérées séparément comme Parties contractantes.

» La première réunion de la Commission aura lieu à Bruxelles, à la diligence du Gouvernement Belge, trois mois au moins avant la mise en vigueur de la présente Convention.

» La Commission n'aura qu'une mission de constatation et d'examen. Elle fera, sur toutes les questions qui lui seront soumises, un rapport qu'elle adressera au Gouvernement Belge, lequel le communiquera aux États intéressés et provoquera, si la demande en est faite par une des Hautes Parties contractantes, la réunion d'une Conférence qui arrêtera les résolutions ou les mesures nécessitées par les circonstances.

» Toutefois, les constatations ou évaluations visées aux littéras *b* et *c* auront un caractère exécutoire pour les États contractants; elles seront arrêtées par un vote de majorité, chaque État contractant disposant d'une voix, et elles sortiront leurs effets au plus tard à l'expiration du délai de deux mois. Au cas où l'un des États contractants croirait devoir faire appel d'une décision de la Commission, il devra, dans la huitaine de la notification qui lui sera faite de ladite décision, provoquer une nouvelle délibération de la Commission; celle-ci se réunira d'urgence et statuera définitivement dans le délai d'un mois à dater de l'appel. La nouvelle décision sera exécutoire, au plus tard, dans les deux mois de sa date. — La même procédure sera suivie en ce qui concerne l'instruction des demandes d'admission prévue au littéra *e*.

» Les frais résultant de l'organisation et du fonctionnement du Bureau permanent et de la Commission — sauf le traitement ou les indemnités des Délégués, qui seront payés par leurs pays respectifs — seront supportés par tous les États contractants et répartis entre eux d'après un mode à régler par la Commission ».

à l'exportation des sucres, si des États nommément désignés (l'Espagne, l'Italie et la Suède), se conforment à l'engagement pris de ne pas exporter de sucre et de mettre leur législation, dans le délai d'un an, en harmonie avec la convention, si des primes existent dans les États non signataires et en évaluer le montant. Bien plus, certaines de ces contestations — qui ont des conséquences positives fixées dans la convention — ont « un caractère exécutoire pour les États contractants et sont arrêtées par un vote de majorité ». Bref, la défiance réciproque était de mise à Bruxelles parce qu'il ne s'agit *que* d'intérêts économiques, de concessions qui peuvent être retirées à tout moment, et il fallait d'autant mieux assurer l'exécution des engagements que rien n'était plus facile — et plus préjudiciable aux autres États — que de les tourner.

Rien de semblable ne peut convenir à propos d'une convention de travail. Il faut commencer par admettre que les États signataires sont non seulement de bonne foi, mais de bonne volonté, et c'est pour soutenir cette bonne volonté, régler les détails de la mise à exécution, les difficultés d'interprétation, étendre les possibilités d'application prévue — par exemple aux colonies — que la commission internationale pourrait avoir son utilité.

Sans doute, cette utilité est faible quand il s'agit de l'exécution de deux conventions aussi limitées que celles de Berne. Et cependant, l'expérience a montré que des difficultés d'interprétation se sont élevées (1). Mais si les traités de travail se multiplient, s'ils portent sur des points plus complexes de la législation ouvrière, on finira fatalement par arriver à la constitution de la

(1) V. plus haut, p. 261 et suiv., p. 272 et suiv. et p. 287 et suiv.

commission. Si elle existait déjà à l'heure présente, il est vraisemblable qu'elle aurait préparé un traité uniforme au sujet des assurances-accidents.

Il me paraît que présentée ainsi comme un organe de secours, d'aide, d'appui en faveur des États bien intentionnés, la commission serait acceptable à tous et qu'on trouverait aisément la formule qui la définirait.

L'idée qui a prévalu jusqu'à présent dans la sanction des traités de travail est celle d'une menace contre les États qui n'exécuteraient pas. Il faut y substituer l'idée d'une assistance commune de *tous* les États signataires pour la meilleure, la plus uniforme exécution du traité, et aussi une assistance réciproque contre les forces qui s'opposent à la stricte exécution des lois de travail. Nous disions plus haut qu'il faut de la vigilance chez un gouvernement pour faire exécuter les lois ouvrières. La sanction du traité ne doit pas être autre chose que le regard de l'étranger pour soutenir et sanctionner cette vigilance. L'exemple du traité franco-italien de 1904 est là pour montrer que cela est possible.

A défaut de centre permanent, des réunions périodiques auraient encore une utilité, parce que le simple contact des personnes responsables de l'exécution des lois est déjà en soi profitable. Il faut avoir vu avec quel souci de sa réputation, de son bon renom, chacun se présente devant une assemblée internationale compétente, pour en comprendre l'effet salutaire.

De quoi s'agit-il, en définitive ? De constituer une manifestation de la conscience juridique commune, ou, si l'on veut, un tribunal de l'opinion publique, vraie et seule gardienne des traités, de la foi entre nations. C'est cela, et cela seul que des réunions de délégués des États ou une commission peuvent réaliser, et cela suffit. Il ne faut pas chercher un illusoire contrôle du détail, ni un système de compensations, de pénalités ou de contraintes. Il faut et il suffit que chaque État ait le souci de ne pas *paraître même* manquer à sa parole.

Ces considérations nous amènent à caractériser la nature et la portée des traités de travail.

On a pu voir qu'ils occupent une place à part dans le droit international. S'il faut les assimiler à d'autres, c'est des traités juridiques qu'il faut les rapprocher, plutôt que des traités purement économiques.

Retournons à leurs motifs, aux raisons fondamentales qui les font adopter, nous verrons qu'ils participent de la nature des traités de droit international privé, par exemple. Comme ceux-ci, ils tendent à apporter un ordre, une communauté de droit, là où il y a diversité, désordre, discordance. Comme eux aussi, c'est au nom des intérêts supérieurs de la société des nations et de l'humanité qu'ils sont conclus : les intérêts directs des États, des gouvernements, des territoires, sont secondaires. Il s'agit de garantir des intérêts privés de particuliers, — sans doute, au profit de tous, au profit de la moralité et du bien-être général.

On aime à voir souvent leur raison d'être *primordiale* dans la concurrence internationale. En faisant travailler leurs ouvriers plus d'heures par jour, en permettant le travail de substances toxiques sans précautions hygiéniques, en autorisant une exploitation plus inhumaine des forces des travailleurs, certains pays font aux autres une concurrence illicite sur le marché mondial. Inversement, toute loi de protection légale — assurances, limitation du travail entre autres — se traduit par une charge, une dépense pour le capital, qui a pour conséquence une augmentation du prix de revient, c'est-à-dire une inégalité par rapport aux concurrents des autres États n'ayant pas la même législation. Les traités de travail auraient pour effet de rétablir l'équilibre des conditions de lutte.

Cette idée, très répandue et depuis longtemps, contient une part de vérité. Il est incontestable que certains capitalistes peuvent tirer des profits plus ou moins considérables de l'absence de lois protectrices du travail, et inversement, que les frais généraux des industries soumises à des lois ouvrières rigoureuses sont augmentés.

Mais la vraie question est de savoir dans quelle mesure il en est ainsi et dans quelle mesure ces avantages d'un côté, ces charges de l'autre, affectent les conditions de la lutte économique internationale.

Tout d'abord, il est évident qu'ils ne sont pas décisifs. La loi des dix heures dans les industries textiles anglaises (1850), loin d'avoir atteint les facultés de concurrence de l'industrie, en a marqué, favorisé l'essor. Les lois d'assurances n'ont à coup sûr pas empêché celui de l'Allemagne. La loi Millerand-Colliard n'a certes pas tué l'exportation des produits des industries touchées.

Mais, dira-t-on, sans tuer l'industrie, la protection légale des ouvriers l'affaiblit, l'anémie. Encore une fois, ce n'est pas ce que montrent les faits. L'industrie lainière anglaise est-elle plus faible, plus anémique que l'industrie de Verviers ? La métallurgie, les industries chimiques allemandes ont-elles fléchi sous le poids des lois ouvrières ?

Mais si les traits généraux des industries assujetties à la protection légale ne suffisent pas à montrer une infériorité dans la lutte internationale, on ne manquera pas d'alléguer, pour chacune, des circonstances *particulières* : ici le protectionnisme, là les conditions naturelles, ailleurs l'organisation commerciale ou financière, etc.

C'est précisément là ce qui ruine le raisonnement qui fait de la concurrence étrangère la raison *primordiale* de la protection légale internationale.

En effet, si toutes ces circonstances ont une action compensatrice aux charges de la protection légale, c'est justement parce qu'elles sont prépondérantes et infiniment plus décisives.

Le prix de revient d'un produit, le coût de production dans une industrie déterminée, est la résultante d'un grand nombre de facteurs, dont les uns dépendent de conditions naturelles, les autres de conditions techniques et humaines. Le prix de revient varie non seulement de pays à pays, mais de région à région et même d'établissement à établissement. De sorte que l'égalisation du prix de revient, surtout internationalement, est une chimère, que même les tarifs douaniers les mieux étudiés ne parviennent pas à réaliser.

Dès lors, nous avons le droit de mettre en regard des charges de la protection légale, les compensations que toutes les autres circonstances y apportent. Ainsi, il est hors de doute qu'une classe ouvrière travaillant moins d'heures par jour, peut avoir un effet utile plus considérable que celle qui est épuisée par de longues journées. La réduction de la journée a des effets sur l'outillage : la loi des dix heures en Angleterre a conduit à un renouvellement de la technique ; celle des neuf heures dans les mines en Autriche et en Belgique a aussi des conséquences heureuses à ce point de vue.

On objecte l'évidence des charges financières dues aux assurances ouvrières. On peut chiffrer et on chiffre par millions les sacrifices faits par les capitalistes — et les ouvriers — à ce sujet. Mais je demande si l'on a mesuré la répercussion qu'ils ont eue sur les salaires.

Les salaires ont augmenté, et considérablement, depuis que les assurances sont en vigueur. Mais sait-on s'ils n'auraient pas augmenté davantage sans elles? Croit-on que quand les frais généraux de l'établissement industriel augmentent d'un côté, l'employeur ne cherche pas à les compenser d'un autre?

Tout cela doit entrer en ligne de compte pour mesurer les charges dues à la protection légale et les positions respectives dans la concurrence internationale.

La capacité d'adaptation de l'industrie est merveilleuse et étonnante. Ce qui apparaît à première vue comme un obstacle, un empêchement, une gêne, devient l'occasion d'un progrès et d'un essor. Personne n'oserait affirmer que les législations du travail, en créant de nouveaux problèmes aux techniciens et aux ouvriers eux-mêmes, n'ont pas eu des contre-coups heureux.

Une chose est certaine : c'est qu'elles ont amélioré les capacités productrices de la classe ouvrière. L'expérience est, sous ce rapport, universelle. Des ouvriers ayant plus de bien-être, ou moins déprimés ou moins fatigués, sont de meilleurs ouvriers. Dès lors, cela aussi doit avoir eu son effet sur le prix de revient.

Sans nier que les lois de protection ouvrière occasionnent parfois des charges à l'industrie, il n'est pas douteux, à mon sens, que ces charges sont, ou bien insignifiantes en présence des autres éléments du prix de revient, ou bien sont compensées de quelque autre manière. Prises dans leur ensemble, elles doivent, au contraire, développer la capacité productrice du pays.

Je me refuse donc à voir dans la concurrence étrangère la raison *fondamentale* de la protection internationale. Il est à remarquer d'ailleurs qu'elle a toujours été invoquée par les adversaires des lois ouvrières. Quand, tout au début du XIXe siècle, les filateurs anglais s'opposaient aux modestes premières restrictions légales, ils le faisaient au nom de la concurrence étrangère, et ils reprochaient au gouvernement britannique de ne pas imiter l'exemple de Napoléon qui encourageait les industriels en les décorant de la Légion d'honneur ! A chaque pas, à chaque progrès de la législation du travail, dans tous les pays, on a opposé ce même obstacle. Puis, dès qu'il fut question de protection légale internationale, on l'a réclamée comme une condition de l'avancement des lois nationales. C'était déjà le cas du temps de Daniel Le Grand. Avec plus d'insistance aujourd'hui encore que jadis, nous voyons des industriels essayer de barrer la route aux lois ouvrières, tant que la réforme n'est pas étendue ailleurs par traité De sorte que la protection internationale est devenue la dernière cartouche de ceux qui combattent toute protection légale. C'est une raison pour ne pas la faire reposer uniquement ou principalement sur la concurrence étrangère.

Ne voit on pas, d'ailleurs, que s'il en était ainsi les traités de travail seraient tout simplement des pièges. Des États avancés y attireraient des États en retard pour leur lier les bras et les empêcher de leur faire la concurrence ! Le fond de la politique serait donc là aussi de faire des dupes !

Heureusement, les États ne considèrent pas toujours la protection légale comme dépendante d'un accord international, et c'est bien la preuve qu'elle n'est pas une charge définitive et importante. Les législations se sont développées et ont progressé sans attendre ni l'exemple des autres nations, ni leur consentement à des réformes identiques. En Angleterre d'abord avec les lois relatives aux femmes et aux enfants, en Allemagne avec les lois d'assurances, en France avec les lois limitant les heures de travail des adultes, le législateur s'est reconnu le droit d'intervenir, pour des raisons impérieuses et générales, qu'il ne subordonnait à la volonté d'aucun autre État. C'est donc que la protection ouvrière a une base autre que la concurrence internationale.

Il en est de même des traités de travail. Ils reposent sur le même fondement que les législations du travail nationales. Ils sont un mode nouveau de solidarité sociale. Ils sont commandés par la perception d'un nouveau devoir envers les sujets de chaque État, et il faut dire qu'ils garantissent aussi un intérêt national : celui que chaque État possède, pour le maintien de sa législation protectrice, à ce que les autres soient aussi protectrices : c'est la consolidation des principes déposés dans les lois ouvrières. C'est aussi la généralisation du sentiment que l'existence humaine, — telles que les conditions de la vie moderne la font, avec ses besoins de sécurité, de dignité, de culture et de développement, — soit mise à l'abri des atteintes de l'intérêt privé.

Ainsi les traités de travail rentrent entièrement dans le cadre de la protection légale : eux aussi, ils cherchent à définir le *minimum* d'exigences au-dessous duquel les besoins de l'ouvrier moderne ne doivent pas descendre. Et avec cette force immanente qui entraîne les nations à former de plus en plus une *société*, ils contribuent à resserrer les liens qui les unissent en élevant, dans tous les pays, le niveau de la classe ouvrière au niveau d'une humanité plus cultivée, plus puissante et plus libre.

CONCLUSION

Nous avons parcouru, rapidement et sommairement, le domaine du droit international ouvrier. Nous espérons en avoir fait sentir tout l'intérêt et toute la variété. Il est hors de doute que ce domaine s'étendra de plus en plus. D'une part, les relations plus fréquentes et plus nombreuses des sujets des divers États, les échanges continuels de populations laborieuses, en multipliant les contacts, multiplieront les problèmes de la protection légale appliquée aux ouvriers étrangers. D'autre part, les traités de travail se répéteront en s'appliquant à de nouveaux objets, et le droit conventionnel s'enrichira à son tour. Déjà, l'Association internationale pour la protection légale des travailleurs soumet aux puissances deux projets de traité : l'un portant interdiction du travail de nuit pour les adolescents ; l'autre, d'une portée plus vaste, édictant la journée normale de dix heures pour les femmes. Elle prévoit, pour un avenir plus lointain, la conclusion d'un traité instituant la journée de huit heures dans les grandes industries à marche continue. La réglementation des industries dangereuses est destinée aussi à provoquer des accords internationaux.

C'est la naissance d'une nouvelle branche du droit international. Il n'y a pas là un groupement arbitraire ou artificiel de matières. Il y a un phénomène d'ordre juridique, qui doit s'étudier en lui-même : c'est l'arrivée à la conscience juridique internationale des devoirs de l'État vis-à-vis des ouvriers. Qu'on l'approuve ou qu'on le regrette, ce phénomène existe et est en plein développement. Dès lors, ne vaut-il pas la peine d'un examen attentif et isolé ?

Ce prolongement de l'économie politique dans le droit des gens et le droit international privé, nous paraît de nature à attirer la jeunesse studieuse. Dans des recherches variées et distinctes, elle prendrait plaisir à retrouver une unité fondamentale. Elle travaillerait aussi au rapprochement des peuples et des classes, à la paix sociale et à la paix générale entre les nations.

Nous nous considérerions comme récompensé de nos efforts si cette modeste étude avait la bonne fortune de l'y engager.

ANNEXES

ANNEXES

ANNEXE I

ARRANGEMENT DU 31 MAI 1882 ENTRE LA FRANCE ET LA BELGIQUE AU SUJET DES CAISSES D'ÉPARGNE (1).

Le gouvernement de la République française et le gouvernement de S. M. le Roi des Belges, désirant assurer des facilités nouvelles aux déposants de la Caisse d'épargne et de retraite de Belgique,

Sont convenus de ce qui suit :

ARTICLE PREMIER. — Les fonds versés à titre d'épargne, soit à la Caisse d'épargne postale de la France, soit à la Caisse générale d'épargne et de retraite de Belgique, pourront, sur la demande des intéressés, et jusqu'à concurrence d'un maximum de 2.000 francs, être transférés sans frais, de l'une des caisses dans l'autre, et réciproquement, par l'entremise des administrations des postes des deux pays contractants.

Les demandes de transferts internationaux seront reçues en France et en Belgique, dans tous les bureaux de postes ou agences chargés, dans ces pays, du service de la Caisse d'épargne postale.

Les fonds transférés seront, notamment en ce qui concerne le taux et le calcul des intérêts, des conditions de remboursement, d'achat de rente ou d'acquisition de carnets

(1) *Moniteur belge*, 14 juillet 1882, p. 2689.

de rentes viagères, soumis aux lois, décrets, arrêtés et règlements régissant le service de l'administration dans la caisse de laquelle ces fonds auront été transférés.

Art. 2. — Les personnes affiliées à la Caisse d'épargne postale de France ou à la Caisse générale d'épargne et de retraite de Belgique pourront obtenir, sans frais, par l'entremise des administrations postales des deux pays, le remboursement, dans l'un de ces pays, des sommes déposées par eux à la Caisse d'épargne de l'autre pays.

Les demandes de remboursements internationaux pourront, d'un point quelconque de l'un des deux pays, être adressées par l'intéressé à l'administration centrale détentrice de ces fonds dans l'autre pays. Ces demandes, rédigées par l'intéressé au moyen de formules spéciales mises à la disposition du public, seront déposées par lui entre les mains du chef de bureau ou du receveur des postes de sa résidence qui les fera parvenir, en franchise de port, à l'administration centrale détentrice des fonds.

Les ordres de remboursement auxquels donneront lieu ces demandes seront payables seulement dans les établissements de postes ou autres chargés du service de la Caisse d'épargne.

Art. 3. — Chaque administration se réserve le droit de rejeter les demandes de transferts ou de remboursements internationaux qui ne rempliraient pas les conditions exigées par ses règlements intérieurs.

Art. 4. — Les sommes transférées d'une caisse dans l'autre porteront intérêt, à charge de l'administration primitivement détentrice des fonds, jusqu'à la fin du mois pendant lequel cette demande s'est produite, et à charge de l'administration qui accepte le transfert, à partir du premier jour du mois suivant.

Art. 5. — Il sera établi, à la fin de chaque mois, par chacune des deux administrations des postes de France et de Belgique, un décompte des sommes qu'elles se doivent respectivement du chef des opérations faites pour le service de la Caisse d'épargne en vertu des dispositions du présent arrangement, et après vérification contradictoire de ces décomptes, l'administration reconnue débitrice se libérera dans le plus court délai possible, envers l'autre administration, au moyen de traites sur Paris ou sur Bruxelles

Art. 6. — Les administrations des postes de France et de Belgique arrêteront, d'un commun accord, les mesures de détail et d'ordre nécessaires pour l'exécution du présent arrangement.

Art. 7. — Chaque partie contractante se réserve la faculté, dans le cas de force majeure ou de circonstances graves, de suspendre le service des transferts et des remboursements internationaux.

Avis devra en être donné à l'administration correspondante par la voie diplomatique.

L'avis fixera la date à partir de laquelle le service international cessera de fonctionner.

Art. 8. — Le présent arrangement aura force et valeur à partir du jour dont les offices postaux dans les deux pays conviendront, dès que la promulgation en aura été faite d'après les lois particulières à chacun des deux États, et il demeurera obligatoire jusqu'à ce que l'une des deux parties contractantes ait annoncé à l'autre, six mois au moins à l'avance, son intention d'en faire cesser les effets.

Pendant ces six derniers mois, l'arrangement continuera d'avoir son exécution pleine et entière, sans préjudice de la liquidation et du solde des comptes entre les administrations des postes des deux pays, après l'expiration dudit terme.

En foi de quoi, les soussignés, Président du Conseil, ministre des Affaires étrangères de la République Française et Envoyé extraordinaire et ministre plénipotentiaire de S. M. le Roi des Belges à Paris, dûment autorisés, ont signé le présent arrangement et y ont apposé le sceau de leurs armes.

Fait à Paris, en double original, le 31 mai 1882.

Signé : C. de Freycinet.

Signé : Beyens.

ANNEXE II

CONVENTION DU 4 MARS 1897 ENTRE LA FRANCE ET LA BELGIQUE AU SUJET DES CAISSES D'ÉPARGNE (1).

Le gouvernement de la République française et le gouvernement de S. M. le Roi des Belges, ayant jugé utile d'apporter des modifications de détail à l'arrangement conclu entre les deux pays, le 31 mai 1882, pour assurer des facilités aux déposants de la Caisse nationale d'épargne de France et aux déposants à la Caisse générale d'épargne et de retraite de Belgique, ont résolu de substituer audit arrangement la convention dont la teneur suit :

ARTICLE PREMIER. — Les fonds versés à titre d'épargne, soit à la Caisse nationale d'épargne de France, soit à la Caisse générale d'épargne et de retraite de Belgique, pourront, sur la demande des intéressés et jusqu'à concurrence d'un maximum de mille cinq cents francs (1.500 francs), être transférés sans frais de l'une des caisses dans l'autre et réciproquement.

Les demandes de transferts internationaux seront reçues en France et en Belgique dans tous les bureaux de poste ou agences chargés, dans ces pays, du service de la Caisse d'épargne.

Les fonds transférés seront, notamment en ce qui concerne le taux et le calcul des intérêts, les conditions de remboursement, d'achat et de revente de rente ou d'acquisition de carnets de rentes viagères, soumis aux lois, décrets, arrêtés et règlements régissant le service de l'administration dans la caisse de laquelle ces fonds auront été transférés.

ART. 2. — Les titulaires des livrets de la Caisse nationale d'épargne de France ou de la Caisse générale d'épargne et

(1) *Moniteur belge*, 6-7 septembre 1897, p. 3409.

de retraite de Belgique pourront obtenir sans frais le remboursement, dans l'un de ces pays, des sommes déposées par eux à la Caisse d'épargne de l'autre pays.

Les demandes de remboursements internationaux, rédigées sur des formules spéciales mises à la disposition du public, seront déposées par les intéressés entre les mains du chef de bureau ou du receveur des postes de leur résidence qui les fera parvenir en franchise de port à la Caisse d'épargne détentrice des fonds.

Les remboursements seront effectués en vertu d'ordres de paiement qui ne pourront excéder mille cinq cents francs (1.500 francs) chacun. Toutefois, jusqu'au 31 décembre 1900, chaque ordre de paiement pourra atteindre le chiffre de deux mille francs (2.000 francs).

Les ordres de remboursement seront payables seulement dans les établissements de poste ou autres chargés du service de la Caisse d'épargne. Ils seront adressés directement et en franchise de port par la Caisse d'épargne qui les aura délivrés aux bureaux désignés pour le paiement.

Art. 3. — Chaque administration se réserve le droit de rejeter les demandes de transferts ou de remboursements internationaux qui ne rempliraient pas les conditions exigées par ses règlements intérieurs.

Art. 4. — Les sommes transférées d'une caisse dans l'autre porteront intérêt, à charge de l'administration primitivement détentrice des fonds, jusqu'à la fin du mois pendant lequel cette demande s'est produite, et à charge de l'administration qui accepte le transfert à partir du premier jour du mois suivant.

Art. 5. — Il sera établi, à la fin de chaque mois, par la Caisse nationale d'épargne de France et par la Caisse générale d'épargne et de retraite de Belgique, un décompte des sommes qu'elles se doivent respectivement, du chef des opérations faites pour le service de la Caisse d'épargne, et, après vérification contradictoire de ces décomptes, la Caisse reconnue débitrice se libérera, dans le plus bref délai possible, envers l'autre Caisse, au moyen de traites ou de chèques sur Paris ou sur Bruxelles.

Art. 6. — La Caisse d'épargne de chacun des pays contractants pourra correspondre directement et en franchise, par la voie postale, avec la Caisse de l'autre pays.

Art. 7. — Les bureaux de poste des deux pays se prêteront réciproquement concours pour le retrait des livrets à régler ou à vérifier.

L'échange des livrets entre la Caisse d'épargne de chaque pays et les bureaux de poste ou agences de l'autre pays aura lieu en franchise.

Art. 8. — La Caisse nationale d'épargne de France et la Caisse générale d'épargne et de retraite de Belgique arrêteront, d'un commun accord, après entente avec les administrations des postes des deux pays, les mesures de détail et d'ordre nécessaires pour l'exécution de la présente convention.

Art. 9. — Chaque partie contractante se réserve la faculté, dans le cas de force majeure ou de circonstances graves, de suspendre en tout ou en partie les effets de la présente convention.

Avis devra en être donné à l'administration correspondante par la voie diplomatique.

L'avis fixera la date à partir de laquelle le service international cessera de fonctionner.

Art. 10. — La présente convention aura force et valeur à partir du jour dont les Caisses d'épargne des deux pays conviendront, dès que la promulgation en aura été faite d'après les lois particulières à chacun des deux États, et elle demeurera obligatoire jusqu'à ce que l'une des deux parties contractantes ait annoncé à l'autre, six mois au moins à l'avance, son intention d'en faire cesser les effets. Pendant les six derniers mois, la convention continuera d'avoir son exécution pleine et entière, sans préjudice de la liquidation et du solde des comptes entre les caisses d'épargne des deux pays après l'expiration dudit terme.

Art. 11. — La présente convention sera ratifiée et les ratifications seront échangées à Paris aussitôt que faire se pourra.

En foi de quoi, les plénipotentiaires : le Ministre des Affaires étrangères de la République française, d'une part, et l'Envoyé extraordinaire, Ministre plénipotentiaire de S. M. le Roi des Belges, d'autre part, ont signé la présente convention, qu'ils ont revêtue de leurs cachets.

Fait à Paris, en double exemplaire, le 4 mars 1897.

Signé : G. Hanotaux.

Signé : Baron d'Anethan.

ANNEXE III

CONVENTION FRANCO-ITALIENNE DU TRAVAIL SIGNÉE A ROME LE 15 AVRIL 1904 (1).

Le Président de la République française et S. M. le Roi d'Italie désirant, par des accords internationaux, assurer à la personne du travailleur des garanties de réciprocité analogues à celles que les traités de commerce ont prévues pour les produits de travail et particulièrement : 1° faciliter à leurs nationaux travaillant à l'étranger la jouissance de leurs épargnes et leur ménager le bénéfice des assurances sociales ; 2° garantir aux travailleurs le maintien des mesures de protection déjà édictées en leur faveur et concourir au progrès de la législation ouvrière, ont résolu de conclure à cet effet une convention et ont nommé pour leurs plénipotentiaires :

Le Président de la République française : S. Exc. M. Camille Barrère, ambassadeur de France près S. M. le Roi d'Italie ; M. Arthur Fontaine, directeur du travail au ministère du Commerce de France ;

S. M. le Roi d'Italie : S. Exc. M. Tomaso Tittoni, son ministre des Affaires étrangères ; S. Exc. M. Luigi Luzzatti, son ministre du Trésor ; S. Exc. M. Luigi Rasa, son ministre de l'Agriculture, de l'Industrie et du Commerce ; S. Exc. M. le comte Enrico Stelluti Scala, son ministre des Postes et Télégraphes ;

Lesquels, après avoir échangé leurs pleins pouvoirs, trouvés en bonne et due forme, sont convenus des articles suivants :

ARTICLE PREMIER. — Des négociations seront engagées à Paris, après la ratification de la présente convention, pour

---

(1) *Bulletin de l'Office international du travail,* 1904, p. 518.

la conclusion d'arrangements fondés sur les principes énoncés ci-après et destinés à régler le détail de leur application, exception faite pour l'arrangement relatif à la Caisse nationale d'épargne postale d'Italie, prévu sous le paragraphe *a*) ci-dessous, qui sera annexé à la convention.

a) Les fonds versés à titre d'épargne, soit à la Caisse nationale d'épargne de France, soit à la Caisse d'épargne postale d'Italie, pourront, sur la demande des intéressés, être transférés sans frais de l'une des caisses à l'autre, chacune de ces caisses appliquant aux dépôts ainsi transférés les règles générales qu'elle applique aux dépôts effectués chez elle par les nationaux.

Un régime de transfert, sur des bases analogues, pourra être institué entre diverses caisses d'épargne privées de France et d'Italie, ayant leur siège dans de grandes agglomérations industrielles ou dans les villes-frontières. Sans comporter la gratuité absolue des transferts, ce régime stipulera le concours des administrations postales, soit gratuit, soit à tarif réduit.

b) Les deux gouvernements faciliteront, par l'entremise tant des administrations postales que des caisses nationales, le versement des cotisations des Italiens résidant en France à la Caisse nationale de prévoyance d'Italie, et des Français résidant en Italie à la Caisse nationale des retraites de France. Ils faciliteront de même le paiement en France des pensions acquises, soit par des Italiens, soit par des Français, à la Caisse nationale italienne et réciproquement.

c) L'admission des ouvriers et employés de nationalité italienne à la constitution de retraites de vieillesse et peut-être d'invalidité, dans le régime général des retraites ouvrières, actuellement élaboré par le Parlement français, ainsi que la participation des ouvriers et employés de nationalité française au régime des retraites ouvrières en Italie, seront réglées aussitôt après le vote de dispositions législatives dans les pays contractants.

La part de pension correspondant aux versements de l'ouvrier ou employé ou aux retenues faites sur son salaire lui sera acquise intégralement.

En ce qui concerne la part de pension correspondant aux contributions patronales, il sera statué par l'arrangement dans des conditions de réciprocité.

La part de pension à provenir éventuellement de subventions budgétaires sera laissée à l'appréciation de chaque État et payée sur ses ressources à ses nationaux ayant acquis une retraite dans l'autre pays.

Les deux États contractants faciliteront, par l'entremise tant des administrations postales que de leurs caisses de retraites, le paiement en Italie des pensions acquises en France et réciproquement.

Les deux gouvernements étudieront, pour les ouvriers et employés ayant travaillé successivement dans les deux pays pendant des périodes minima à déterminer, sans remplir dans aucun des deux les conditions requises pour les retraites ouvrières, un régime spécial d'acquisition de retraite.

d) Les ouvriers et employés de nationalité italienne, victimes en France d'accidents par le fait ou à l'occasion du travail, ainsi que leurs représentants résidant en France, auront droit aux mêmes indemnités que les Français et réciproquement.

Les Italiens bénéficiaires de rentes, cessant de résider en France, ainsi que les représentants de la victime qui ne résideraient pas en France au moment de l'accident, auront droit à des indemnités à déterminer. Les capitaux constitutifs de ces indemnités, évalués d'après un tarif annexé à l'arrangement, pourront être versés à la Caisse nationale italienne de prévoyance, à charge par elle d'assurer le service des rentes. La Caisse nationale italienne d'assurance contre les accidents du travail acceptera également, suivant tarif conventionnel, pour le risque d'indemnité aux représentants ne résidant pas en France des ouvriers italiens victimes d'accidents, les réassurances des assureurs français désireux de se faire décharger éventuellement de toutes recherches et démarches à cet égard. Des avantages équivalents seront réservés, par réciprocité, pour les Français victimes d'accidents du travail en Italie.

e) L'admission des ouvriers et employés italiens, en France, à des institutions d'assurances ou de secours contre le chômage, subventionnées par les pouvoirs publics, l'admission des ouvriers et employés français en Italie, aux institutions de même nature, seront réglées, le cas échéant, après le vote dans les deux pays de dispositions légales relatives à ces institutions.

f) Les arrangements prévus au présent article seront conclus pour une durée de cinq années Les deux parties contractantes devront se prévenir mutuellement une année à l'avance, si leur intention est d'y mettre fin à l'expiration de ce terme. A défaut d'un tel avis, l'arrangement sera prorogé d'année en année, pour un délai d'un an, par tacite reconduction.

Art. 2. - *a*) Les deux gouvernements détermineront, pour éviter les erreurs ou les fausses déclarations, la nature des pièces à présenter aux consulats italiens par les jeunes Italiens embauchés en France, ainsi que la forme des certificats à fournir aux mairies par les dits consulats, avant délivrance aux enfants des livrets prescrits par la législation du travail des enfants. Les inspecteurs du travail se feront représenter les certificats à chaque visite ; ils retireront les livrets indûment détenus.

b) Le gouvernement français organisera des comités de patronage comprenant, autant que possible, des Italiens parmi leurs membres, pour les régions industrielles où seront employés en grand nombre de jeunes Italiens logés en dehors de leurs familles par des intermédiaires.

c) Les mêmes mesures seront prises pour la protection des jeunes ouvriers français en Italie.

Art. 3. — Au cas où l'initiative serait prise par l'un des deux États contractants ou par un des deux États avec qui ils entretiennent des relations diplomatiques, de convoquer divers gouvernements à une conférence internationale dans le but d'unifier, par des conventions, certaines dispositions des lois protectrices des travailleurs, l'adhésion de l'un des deux gouvernements au projet de la conférence entraînerait, de la part de l'autre gouvernement, une réponse favorable en principe.

Art. 4. — Au moment de signer cet accord, le gouvernement italien prend l'engagement de compléter l'organisation dans tout le royaume, et particulièrement dans les régions où le travail industriel est développé, d'un service d'inspection fonctionnant sous l'autorité de l'État et offrant, pour l'application des lois, des garanties analogues à celles que présente le service de l'inspection du travail en France. Les inspecteurs feront observer les lois en vigueur sur le tra vail des femmes et des enfants, et notamment les prescriptions qui concernent : 1° l'interdiction du travail de nuit; 2° l'âge d'admission du travail dans les ateliers industriels; 3° la durée du travail journalier; 4° l'obligation du repos hebdomadaire.

Le gouvernement italien s'engage à publier un rapport annuel détaillé sur l'application des lois et règlements relatifs au travail des femmes et des enfants.

Le gouvernement français prend le même engagement.

Le gouvernement italien déclare, en outre, qu'il a l'intention de mettre à l'étude et de réaliser graduellement la réduction progressive de la durée du travail journalier des femmes dans l'industrie.

Art. 5. — Chacune des deux parties contractantes se réserve la faculté de dénoncer à toute époque la présente convention et les arrangements prévus à l'article 1er, en faisant connaître son intention un an d'avance, s'il y a lieu de reconnaître que la législation relative au travail des femmes et des enfants n'a pas été respectée par l'autre partie, sur les points énoncés spécialement à l'article 4, alinéa 2, faute d'une inspection suffisante, ou par suite de tolérances contraires à l'esprit de la loi, ou que le législateur aura diminué sur les mêmes points la protection édictée en faveur des travailleurs.

Art. 6. — La présente convention sera ratifiée et les ratifications seront échangées à Rome aussitôt que possible.

En foi de quoi les plénipotentiaires ont signé la présente convention, et y ont apposé leurs cachets.

PROTOCOLE

Au moment de procéder à la signature de la convention en date de ce jour, les plénipotentiaires soussignés, se référant à l'article 5 de cette convention, ont d'un commun accord déclaré ce qui suit :

La loi française sur le travail des enfants et des femmes, visée par l'article 5 de la convention, est celle du 2 novembre 1892, modifiée par l'article 1er de la loi du 30 mars 1900. Toutefois, il est entendu que, éventuellement, les modifications à ladite loi déjà votées par le Sénat français à la date du 24 mars 1904, dans la mesure où elles prendraient force légale par le vote des deux Chambres, se substitueraient aux dispositions actuellement en vigueur pour l'appréciation prévue à l'article 5 de ladite convention.

La loi italienne sur le travail des femmes et des enfants, visée par l'article 5 de la convention, est celle du 29 juin 1902. Il sera tenu compte, pour les appréciations prévues audit article 5 : en France, des avis de la Commission supérieure du travail dans l'industrie, établie par la loi du 2 novembre 1892 et du Conseil supérieur du travail; en Italie, de l'avis du Conseil supérieur du travail, organisé par la loi du 29 juin 1902.

Fait en double expédition à Rome, le 15 avril 1904.

(*suivent les signatures*).

ARRANGEMENT

Le gouvernement de la République française et le gouvernement de S. M. le Roi d'Italie, désirant assurer des facilités nouvelles aux déposants à la Caisse nationale d'épargne de France et à la Caisse d'épargne postale d'Italie, sont convenus de ce qui suit :

Article premier. — Les fonds versés à titre d'épargne soit à la Caisse nationale d'épargne de France, soit à la Caisse d'épargne postale d'Italie, pourront, sur la demande des intéressés et jusqu'à concurrence d'un maximum de 1.500 fr., être transférés sans frais de l'une des caisses dans l'autre, et réciproquement.

Les demandes de transferts internationaux sont reçues, en France et en Italie, dans tous les bureaux de poste chargés, dans ces pays, du service de la Caisse d'épargne.

Les fonds transférés seront, notamment en ce qui concerne le taux et le calcul des intérêts, les conditions de remboursement, d'achat et de revente de rentes ou d'acquisition de carnets de rentes viagères, soumis aux lois, décrets, arrêtés et règlements régissant le service de l'administration dans la caisse de laquelle ces fonds auront été transférés.

Art. 2. — Les titulaires de livrets de la Caisse nationale d'épargne de France ou de la Caisse d'épargne postale d'Italie pourront obtenir sans frais le remboursement, dans l'un de ces pays, des sommes déposées par eux à la caisse d'épargne de l'autre pays.

Les demandes de remboursements internationaux, rédigées sur des formules spéciales mises à la disposition du public, seront déposées par les intéressés entre les mains du chef de bureau ou du receveur des postes de leur résidence qui les fera parvenir en franchise de port à la Caisse d'épargne détentrice des fonds.

Les remboursements seront effectués en vertu d'ordres de paiement qui ne pourront excéder 1.500 francs chacun.

Les ordres de remboursement seront payables seulement dans les établissements de poste ou autres chargés du service de la Caisse d'épargne. Ils seront adressés directement et en franchise de port par la Caisse d'épargne qui les aura délivrés aux bureaux désignés pour le paiement.

Art. 3. — Chaque administration se réserve le droit de rejeter les demandes de transferts ou de remboursements internationaux qui ne rempliraient pas les conditions exigées par ses règlements intérieurs.

Art. 4. — Les sommes transférées d'une Caisse dans l'autre porteront intérêt à charge de l'administration primitivement détentrice des fonds jusqu'à la fin du mois pendant lequel cette demande s'est produite et à charge de l'administration qui accepte le transfert à partir du premier jour du mois suivant.

Art. 5. — Il sera établi à la fin de chaque mois, par la Caisse nationale d'épargne de France et la Caisse d'épargne postale d'Italie, un décompte des sommes qu'elles se doivent respectivement du chef des opérations faites pour le service de la caisse d'épargne et, après vérification contradictoire de ces décomptes, la Caisse reconnue débitrice se libérera, dans le plus court délai possible, envers l'autre Caisse au moyen de traites ou chèques sur Rome ou Paris.

Art. 6 — La Caisse d'épargne de chacun des pays contractants pourra correspondre directement et en franchise par la voie postale avec la Caisse de l'autre pays.

Art. 7. — Les bureaux de poste des deux pays se prêteront réciproquement concours pour le retrait des livrets à régler ou à vérifier.

L'échange des livrets entre la Caisse d'épargne de chaque

pays et les bureaux de poste ou agences de l'autre pays aura lieu en franchise.

Art. 8. — La Caisse nationale d'épargne de France et la Caisse d'épargne postale d'Italie arrêteront d'un commun accord, après entente avec les administrations des postes des deux pays, les mesures de détail et d'ordre nécessaires pour l'exécution du présent arrangement, y compris celles relatives au change.

Art. 9. — Chaque partie contractante se réserve la faculté, dans le cas de force majeure ou de circonstances graves, de suspendre en tout ou en partie les effets de la présente convention.

Avis devra en être donné à l'administration correspondante par la voie diplomatique.

L'avis fixera la date à partir de laquelle le service international cessera de fonctionner.

Art. 10. — Le présent arrangement aura force et valeur à partir du jour dont les Caisses d'épargne des deux pays conviendront, dès que la promulgation en aura été faite d'après les lois particulières à chacun des deux États.

Sauf les cas prévus à l'article 5 de la convention en date de ce même jour, il demeurera obligatoire pendant une durée de cinq années. Les deux parties contractantes devront se prévenir mutuellement, une année à l'avance, si leur intention est d'y mettre fin à l'expiration de ce terme. A défaut d'un tel avis, il sera prorogé d'année en année, pour un délai d'un an, par tacite reconduction.

Lorsque l'une des deux parties contractantes aura annoncé à l'autre son intention d'en faire cesser les effets, l'arrangement continuera d'avoir son exécution pleine et entière pendant les douze derniers mois, sans préjudice de la liquidation et du solde des comptes entre les caisses d'épargne des deux pays après l'expiration dudit terme.

En foi de quoi, les soussignés, à ce dûment autorisés, ont dressé le présent acte auquel ils ont apposé leurs signatures et leurs cachets.

Fait en double expédition, à Rome, le 15 avril 1904.

(Suivent les signatures).

ANNEXE IV

ARRANGEMENT FRANCO-ITALIEN DU 20 JANVIER 1906, RELATIF AU TRANSFERT DES DÉPÔTS DES CAISSES D'ÉPARGNE ORDINAIRES DES DEUX PAYS (1).

Le gouvernement de la République française et le gouvernement de S. M. le Roi d'Italie, désirant assurer des facilités nouvelles aux déposants aux caisses d'épargne ordinaires, conformément aux principes énoncés dans l'article 1er, § *a*, de la convention signée à Rome, le 15 avril 1904, entre la France et l'Italie, sont convenus de ce qui suit :

ARTICLE PREMIER. — L'autorité compétente de chacun des deux États contractants notifiera à l'autorité compétente de l'autre la liste des caisses d'épargne ordinaires qui, ayant leur siège dans de grandes agglomérations industrielles, ou dans des villes-frontières seront chargées, sur leur demande, d'effectuer les transferts des dépôts aux conditions et avec les facilités indiquées dans les articles suivants.

Les modifications à la liste initiale seront notifiées de même avec indication des dates auxquelles elles commenceront ou cesseront d'avoir effet.

ART. 2. — Les sommes versées à titre d'épargne à une des caisses d'épargne susvisées existant en Italie pourront, sur la demande de l'intéressé et jusqu'à concurrence de 1.500 francs, être transférées sans frais à une caisse d'épargne susvisée existant en France, et réciproquement.

La demande de transfert sera rédigée par l'intéressé en triple exemplaire dans la forme qui devra être concertée entre les administrations compétentes des deux pays. Elle sera remise ou adressée à la caisse d'épargne dépositaire ou bien à ses succursales ou caisses filiales.

(1) *Bulletin de l'Office international du travail*, 1906, p. 348.

Art. 3. — Les fonds transférés seront soumis, notamment en ce qui concerne le taux et le calcul des intérêts, ainsi que les conditions de remboursement, aux lois, décrets, instructions et statuts régissant à cet égard la caisse à laquelle les fonds auront été transférés.

Art. 4. — A chaque transfert de fonds, la caisse expéditrice devra transmettre à la caisse destinataire un des exemplaires de la demande formulée par l'intéressé. Elle lui fera parvenir en même temps la somme correspondante par mandat de poste international.

Art. 5. — Par application de l'article 8 de l'arrangement international de Washington du 15 juin 1897 sur le service des mandats de poste, il est entendu que les mandats de poste délivrés pour le transport des fonds entre les caisses ordinaires d'épargne en France et en Italie seront considérés comme « mandats d'office, exempts de toute taxe. L'administration du pays d'origine n'aura pas à tenir compte à l'administration du pays destinataire de la part des droits prévus au § 2 de l'article 3 de l'arrangement susmentionné.

Art. 6. — Les demandes de transfert sont envoyées aux caisses destinataires par les caisses expéditrices et à leur charge, sans frais pour les intéressés.

Art. 7. — La caisse destinataire, dès qu'elle aura reçu la somme et la demande mentionnée dans l'article 4, devra en informer la caisse expéditrice par l'envoi d'un avis dont la forme sera concertée entre les administrations compétentes des deux pays. Elle devra pourvoir immédiatement au remboursement, s'il a été régulièrement demandé, ou bien à la délivrance du livret.

Art. 8. — Chaque partie contractante se réserve la faculté dans le cas de force majeure ou de circonstances graves, de suspendre en tout ou en partie les effets du présent arrangement.

Avis devra en être donné à l'administration compétente de l'autre État par la voie diplomatique. L'avis fixera la date à partir de laquelle les dispositions qui font l'objet du présent arrangement cesseront d'avoir effet.

Art. 9. — Les administrations compétentes des deux pays arrêteront d'un commun accord, après entente avec les administrations postales, les mesures de détail et d'ordre nécessaires pour l'exécution dudit arrangement.

Art. 10. — Le présent arrangement aura force et valeur à partir du jour dont les administrations compétentes des deux États conviendront, dès que la promulgation en aura été faite d'après les lois particulières à chacun des deux États. Sauf le cas prévu à l'article 5 de la convention du 15 avril 1904, le présent arrangement demeurera obligatoire pendant une durée de cinq années.

Les deux parties contractantes devront se prévenir mutuellement une année à l'avance, si leur intention est d'y mettre fin à l'expiration de ce terme.

A défaut d'un tel avis, l'arrangement sera prorogé d'année en année pour un délai d'un an, par tacite reconduction.

Lorsqu'une des deux parties contractantes aura annoncé à l'autre son intention d'en faire cesser les effets, l'arrangement continuera d'avoir son exécution pleine et entière pendant les douze premiers mois.

En foi de quoi, les soussignés, dûment autorisés à cet effet, ont dressé le présent arrangement qu'ils ont revêtu de leurs cachets.

Fait en double expédition à Paris, le 20 janvier 1906.

Signé : G. Tornielli. *Signé :* Rouvier.

Signé : V. Magaldi. *Signé :* Georges Trouillot.

ANNEXE V

ARRANGEMENT DU 9 AOÛT 1910 ENTRE LA FRANCE ET L'ITALIE RELATIF AUX VERSEMENTS AUX CAISSES NATIONALES DE RETRAITES (art. 1er, § 6, de la convention du 15 avril 1904) (1).

Le Président de la République française et S. M. le Roi d'Italie, désirant assurer aux travailleurs de leurs deux pays l'application des dispositions inscrites à l'article 1er, § *b*, de la convention signée à Rome, le 15 avril 1904, par la France et l'Italie et qui a notamment pour objet de faciliter aux nationaux respectifs travaillant à l'étranger le bénéfice des assurances sociales,

Ont résolu de conclure, à cet effet, un arrangement et ont nommé pour leurs plénipotentiaires :

Le Président de la République française :

M. Stéphen Pichon, sénateur, ministre des Affaires étrangères ;

M. René Viviani, député, ministre du Travail et de la Prévoyance sociale,

Et S. M. le Roi d'Italie :

S. Ex. M. Tittoni, son ambassadeur extraordinaire et plénipotentiaire près le gouvernement de la République française ;

M. V. Magaldi, directeur général du Crédit et de la Prévoyance sociale au ministère royal de l'Agriculture, de l'Industrie et du Commerce,

Lesquels, après s'être communiqué leurs pleins pouvoirs trouvés en bonne et due forme, ont arrêté les dispositions suivantes.

---

(1) Chambre des députés, 10e législature, session de 1911, annexe du projet de loi n. 1018 (séance du 8 juin 1911).

Article premier. — Les dispositions prévues à l'article 1er, § *b*, de la convention du 15 avril 1904, seront appliquées dans les conditions déterminées par les articles ci-après.

Art. 2. — En ce qui concerne les pensions échues ou différées dues par la Caisse nationale italienne de prévoyance aux personnes soit françaises, soit italiennes, qui auront fixé leur domicile en France, celle-ci, à la demande des intéressés, aura la faculté de se libérer par le versement à la Caisse nationale française des retraites de la réserve mathématique correspondante. Ce versement sera employé au profit exclusif du titulaire quand même il y aurait un conjoint pour la constitution d'une rente immédiate ou différée, telle qu'elle résultera du tarif en vigueur pour la Caisse nationale française des retraites au moment du versement et dont le montant annuel ne devra en aucun cas être supérieur à 1.200 francs. Ainsi, la Caisse nationale française des retraites sera substituée à la Caisse nationale italienne de prévoyance dans ses rapports avec les assurés pour une rente différée et avec les bénéficiaires des pensions.

Art. 3. — Réciproquement, en ce qui concerne les pensions échues ou différées dues aux personnes de nationalité française ou italienne qui auront fixé leur domicile en Italie par la Caisse nationale française des retraites, celle-ci, à la demande des intéressés, aura la faculté de se libérer par le versement à la Caisse nationale italienne de prévoyance de la réserve mathématique correspondante. Ce versement sera employé à la constitution d'une rente immédiate ou différée telle qu'elle résultera du tarif en vigueur pour la Caisse nationale italienne de prévoyance au moment du versement. Ainsi, la Caisse nationale italienne de prévoyance sera substituée à la Caisse nationale française des retraites dans ses rapports avec les assurés pour une rente différée et avec les bénéficiaires des pensions.

Art. 4. — Les fonds transférés et les rentes correspondantes seront, notamment en ce qui concerne les conditions d'échéance, de suspension et de prescription des arrérages, d'incessibilité et d'insaisissabilité, soumis aux lois, décrets, arrêtés et règlements régissant les services de la caisse dans laquelle ces fonds auront été transférés.

Art. 5. — Les ouvriers italiens résidant en France qui voudront s'inscrire à la Caisse nationale italienne de prévoyance pour l'invalidité et la vieillesse des ouvriers, en vue de bénéficier des avantages qui leur sont accordés par la législation italienne, pourront effectuer leurs versements à la Caisse nationale française des retraites pour la vieillesse dans les conditions générales de la loi du 20 juillet 1886. Cette caisse adressera chaque année à la Caisse nationale italienne un état des comptes concernant lesdits ouvriers.

Art. 6. — L'ouvrier italien qui aura atteint l'âge fixé pour l'entrée en jouissance de la rente pourra demander le transfert de son compte à la Caisse nationale italienne. Cette demande sera acceptée par la Caisse nationale française des retraites sous des conditions à déterminer dans le règlement prévu à l'article 10 du présent arrangement et le transfert sera effectué par le versement à la Caisse nationale italienne du montant de la réserve mathématique calculée au jour de l'opération et telle qu'elle résultera des tarifs en vigueur à la Caisse nationale française au moment des versements opérés par l'ouvrier.

Art. 7. — Les ouvriers italiens résidant en France, ayant un compte ouvert à la Caisse nationale française des retraites pour la vieillesse lors de l'entrée en vigueur du présent arrangement et qui désireront bénéficier pour l'avenir des avantages accordés par la législation italienne, auront à souscrire, à cet effet, une déclaration spéciale à l'appui du prochain versement.

Le transfert des comptes de ces déposants pourra être opéré dans les conditions fixées à l'article précédent.

Art. 8. — Par application de l'article 8 de l'arrangement international de Rome du 26 mai 1906 sur le service des mandats de poste, il est entendu que les mandats de poste délivrés pour le transport des fonds entre la Caisse nationale française des retraites et la Caisse nationale italienne de prévoyance, ou réciproquement, seront considérés comme mandats d'office, exempts de toute taxe. L'administration du pays d'origine n'aura pas à tenir compte à l'administration du pays destinataire de la part de droits prévue au § 2 de l'article 3 de l'arrangement susmentionné.

Art. 9. — Chaque partie contractante se réserve la

faculté, dans le cas de force majeure ou de circonstances graves, de suspendre en tout ou en partie les effets du présent arrangement.

Avis devra en être donné à l'administration compétente de l'autre État par la voie diplomatique. L'avis fixera la date à partir de laquelle les dispositions qui font l'objet du présent arrangement cesseront d'avoir effet.

ART. 10. — Les administrations compétentes des deux pays arrêteront, d'un commun accord, après entente avec les administrations postales, les mesures de détail et d'ordre nécessaires pour l'exécution du présent arrangement.

ART. 11. — Le présent arrangement aura force et valeur du jour dont les administrations compétentes des deux États conviendront, dès que la promulgation en aura été faite d'après les lois particulières à chacun des deux États. Sauf le cas prévu à l'article 5 de la convention du 15 avril 1904, le présent arrangement demeurera obligatoire pendant une durée de cinq années.

Les deux parties contractantes devront se prévenir mutuellement une année à l'avance, si leur intention est d'y mettre fin à l'expiration de ce terme.

A défaut d'un tel avis, l'arrangement sera prorogé d'année en année pour un délai d'un an par tacite reconduction.

Lorsqu'une des deux parties contractantes aura annoncé à l'autre son intention d'en faire cesser les effets, l'arrangement continuera d'avoir son exécution pleine et entière pendant les douze premiers mois.

En foi de quoi, les soussignés, dûment autorisés à cet effet, ont dressé le présent arrangement qu'ils ont revêtu de leurs cachets.

Fait à Paris, en double exemplaire, le 9 mai 1910.

L. S. *Signé :* S. PICHON.
L. S. *Signé :* René VIVIANI.
L. S. *Signé :* J. TITTONI.
L. S. *Signé :* V. MAGALDI.

ANNEXE VI

ARRANGEMENT FRANCO-ITALIEN DU 9 JUIN 1906 AU SUJET DE LA RÉPARATION DES ACCIDENTS DU TRAVAIL (1)

Le gouvernement de S. M. le Roi d'Italie et le gouvernement de la République française, également animés du désir d'assurer à leurs nationaux respectifs le bénéfice réciproque de la législation en vigueur sur la réparation des dommages résultant des accidents du travail, conformément aux principes énoncés dans l'article 1er, § *d*, de la convention signée à Rome, le 15 avril 1904, entre l'Italie et la France, sont convenus de ce qui suit :

Article premier. — Les ouvriers ou employés de nationalité italienne, victimes d'accidents par le fait ou à l'occasion du travail sur le territoire français, ou leurs représentants, auront droit aux mêmes indemnités que celles qui sont accordées aux ouvriers ou employés de nationalité française ou à leurs représentants, et réciproquement.

Art. 2. — Ces dispositions sont également applicables, dans les conditions prévues aux articles ci-après, aux ayants droit qui ne résidaient pas sur le territoire du pays où s'est produit l'accident lorsqu'il est survenu, ou qui ont postérieurement cessé d'y résider.

Art. 3. — En cas d'accidents donnant lieu à enquête, avis de la clôture de l'enquête doit être immédiatement donné à l'autorité consulaire du ressort dans l'étendue duquel se trouvait la résidence de la victime au moment de l'accident,

---

(1) *Annuaire de la législation du travail*, 1907, p. 391.

afin qu'elle puisse prendre connaissance de ladite enquête dans l'intérêt des ayants droit.

Art. 4. — Les chefs d'entreprise et les assureurs de chaque pays auront la faculté de se libérer des arrérages de rentes ou des indemnités dues par eux entre les mains de l'autorité consulaire de l'autre pays visée à l'article précédent, à laquelle il appartiendra de produire les pièces d'identité et certificats de vie, ainsi que de pourvoir à l'envoi des arrérages ou des indemnités à ceux de ses nationaux qui résidaient dans son ressort au moment de l'accident.

Art. 5. — La Caisse nationale italienne d'assurances contre les accidents assurera, suivant le tarif conventionnel annexé au présent arrangement, le risque d'indemnité aux représentants ne résidant pas en France des ouvriers italiens victimes d'accidents, au profit des assureurs français désireux de se décharger de toutes recherches et démarches éventuelles à cet égard.

Ce tarif établi à titre provisoire, sera aussitôt que possible révisé par les administrations compétentes des deux pays d'après les données techniques à recueillir.

Art. 6. — Lorsque le chef d'entreprise ou l'assureur aura constitué à la Caisse nationale française des retraites pour la vieillesse les rentes dues à des ouvriers italiens ou à leurs représentants, les arrérages, à la demande de ces derniers, leur en seront servis par les soins de la Caisse nationale italienne de prévoyance pour l'invalidité et la vieillesse des ouvriers. Dans ce cas, la Caisse nationale française se libérera vis-à-vis de la Caisse nationale italienne par l'envoi trimestriel du montant des arrérages échus qu'elle eût payés en France.

En ce qui concerne les rentes dont la quotité est devenue définitive, la Caisse nationale française pourra se libérer vis-à-vis de la Caisse nationale italienne par le versement en capital de leur valeur actuelle d'après le tarif auquel la rente aura été acquise; ce versement sera employé à la constitution d'une rente, telle qu'elle résultera du tarif en vigueur pour la Caisse nationale italienne au moment du versement.

Art. 7. — Lorsque le chef d'entreprise ou l'assureur aura versé à la Caisse nationale italienne de prévoyance les indemnités dues à des ouvriers français, cette dernière, sur leur demande, leur enverra par mandats postaux le montant des sommes qu'elle leur eût payées en Italie.

En ce qui concerne les rentes dont la quotité est devenue définitive, elle pourra se libérer par le versement à la Caisse nationale française des retraites de leur valeur actuelle en capital, d'après le tarif auquel la rente aura été acquise; ce versement sera employé à la constitution d'une rente, telle qu'elle résultera du tarif en vigueur pour la Caisse nationale française au moment du versement.

Les indemnités allouées à la suite d'accidents mortels survenus à des ouvriers français en Italie pourront être versées globalement à la Caisse des dépôts et consignations de France qui en tiendra le montant à la disposition des intéressés, sous justification de leurs droits.

Art. 8. — Les mandats postaux prévus au premier alinéa de l'article 7, ainsi que les envois de fonds par la Caisse nationale française des retraites à la Caisse nationale italienne de prévoyance, ou réciproquement, en exécution des deux articles précédents, feront l'objet de mandats d'office dans les conditions spécifiées à l'article 5 de l'arrangement relatif aux transferts de fonds entre les Caisses d'épargne ordinaires des deux pays.

Art. 9. — Les deux Caisses nationales garderont toujours le droit de modifier pour l'avenir leurs tarifs respectifs.

Art. 10. — L'exemption des taxes et des avantages fiscaux actuellement accordés par la loi française pour les documents à présenter afin d'obtenir le paiement des indemnités seront appliqués aussi dans le cas où ces documents seraient réclamés pour le paiement d'une indemnité conformément à la loi italienne et réciproquement.

Art. 11. — Dans le cas où un ouvrier italien ne résidant point en France ne recevrait pas à échéance les arrérages auxquels il aurait droit et ferait appel au fonds de garantie institué par la loi française, les attributions dévolues en cette matière à l'autorité municipale seraient remplies, à son égard, par l'autorité consulaire italienne à Paris, dans les conditions concertées entre les administrations compétentes des deux pays.

Art. 12. — Chaque partie contractante se réserve la

faculté, dans le cas de force majeure ou de circonstances graves de suspendre en tout ou en partie les effets du présent arrangement, en ce qui concerne les services respectivement confiés aux Caisses nationales des deux pays. Avis en devra être donné aux administrations compétentes de l'autre État par la voie diplomatique ; l'avis fixera la date à partir de laquelle les dispositions relatives auxdits services cesseront d'avoir effet.

Art. 13. — Les administrations compétentes des deux pays détermineront de concert les justifications à produire dans les cas prévus par les articles 4, 5, 6 et 7 ainsi que les conditions d'application desdits articles aux victimes d'accidents ou à leurs représentants qui résideraient ailleurs qu'en France et en Italie.

Elles arrêteront en même temps toutes les mesures de détail et d'ordre nécessaires pour l'exécution du présent arrangement.

Art. 14. — Le présent arrangement aura force et valeur à partir du jour dont les deux États conviendront dès que la promulgation en aura été faite d'après les lois particulières à chacun d'eux.

Sauf le cas prévu par la Convention du 15 mai 1904, le présent arrangement restera en vigueur pendant la durée de cinq années. Les deux parties contractantes devront se prévenir mutuellement une année à l'avance, si leur intention est d'y mettre fin à l'expiration de ce terme. A défaut d'un tel avis, l'arrangement sera prorogé d'année en année pour un délai d'un an, par tacite reconduction.

Art. 15. — Lorsque l'une des deux parties contractantes aura annoncé à l'autre son intention d'en faire cesser les effets, l'arrangement continuera d'avoir son exécution pleine et entière en ce qui concerne les droits des victimes ou de leurs représentants vis-à-vis de leurs employeurs, pour tous les accidents survenus jusqu'à l'expiration de l'arrangement. Il cessera au contraire d'avoir effet, dès cette expiration, en ce qui concerne les attributions dévolues aux autorités consulaires et les obligations ou facultés prévues pour les Caisses nationales des deux pays, sauf le règlement de comptes alors en cours contre elle et le service de tous les arrérages des rentes dont elles auraient antérieurement reçu les capitaux constitutifs.

En foi de quoi, les soussignés dûment autorisés à cet effet ont dressé le présent arrangement qu'ils ont revêtu de leurs cachets.

Fait en double expédition à Paris, le 9 juin 1906.

Signé : Léon Bourgeois,
Gaston Doumergue,
G. Tornielli.
V. Magaldi.

ANNEXE VII

ARRANGEMENT FRANCO-ITALIEN DU 15 JUIN 1910 POUR LA PROTECTION DES JEUNES OUVRIERS FRANÇAIS TRAVAILLANT EN ITALIE ET DES JEUNES OUVRIERS ITALIENS TRAVAILLANT EN FRANCE (1).

ARTICLE PREMIER. — Les dispositions du présent arrangement se réfèrent, d'une part, aux prescriptions de la loi française du 2 novembre 1892, d'autre part, aux prescriptions de la loi italienne du 10 novembre 1907 (texte unique) et ont pour but de mieux assurer la protection des jeunes Italiens en France et celle des jeunes Français en Italie.

Sous réserve des équivalences prévues pour les certificats d'études primaires à l'article 4 ci-après et nonobstant les sanctions spéciales édictées plus loin, toutes les dispositions de la loi française précitée, notamment en ce qui concerne les âges et les pénalités, restent appliquées aux jeunes Italiens travaillant en France. De même, les dispositions de la loi italienne susvisée demeurent appliquées aux jeunes Français en Italie.

ART. 2. — Les jeunes Italiens en France et les jeunes Français en Italie devront, pour obtenir le livret d'admission au travail prévu par les lois du 2 novembre 1892 et du 10 novembre 1907 ou par les lois ultérieures qui réglementeraient la matière dans les deux pays, présenter à l'autorité municipale un certificat, conforme au modèle (document A), délivré par le consul compétent. Toutefois ce certificat ne sera exigé ni des jeunes Italiens, dont la naissance a été inscrite sur les registres de l'état civil français, ni des jeunes Français, dont la naissance a été inscrite sur les registres de l'état civil italien.

(1) *Bulletin de l'office international du travail*, 1910, p. 479.

Les maires, tant en France qu'en Italie, ne délivreront le livret que si on leur présente le certificat muni, soit d'une photographie du titulaire, timbrée par le consul sur le certificat même, soit de la signature du titulaire apposée en présence du consul ; ce certificat sera visé par le maire, revêtu du cachet de la commune et annexé au livret dont il fera partie intégrante.

Les consuls tiendront un état des certificats consulaires délivrés par eux mentionnant les nom et prénoms, sexe, âge et lieu de naissance de l'enfant, la date de délivrance du certificat et les pièces au vu desquelles ils l'ont accordé. Ces états, à la fin de chaque année, feront l'objet d'une statistique et d'un rapport qui seront transmis par eux soit à l'ambassade de France à Rome, soit à l'ambassade d'Italie à Paris. Les ambassades feront parvenir ces documents aux administrations compétentes des deux pays.

Les maires tiendront un état des livrets délivrés par eux, mentionnant les nom et prénoms, sexe, âge de l'enfant, la date du certificat consulaire et la date de la délivrance du livret.

Art. 3. — Pour obtenir le certificat consulaire, le jeune ouvrier devra se présenter au consul avec ses père, mère ou tuteur et présenter le livret d'admission au travail dans son pays d'origine.

Il pourra également se présenter avec un autre parent majeur ou avec le patron qui a l'intention de l'employer, mais dans l'un et dans l'autre de ces cas, s'il est âgé de moins de quinze ans, il devra fournir, en outre, un acte de consentement de la personne dont il dépend civilement, ledit acte dûment légalisé. Cet acte restera déposé au consulat.

Lorsque le jeune ouvrier ne pourra pas présenter le livret d'admission au travail émanant de son pays d'origine, cette pièce sera remplacée par son acte de naissance ou un bulletin de naissance conforme au modèle (document B) et par une attestation d'identité, donnée par deux de ses compatriotes connus de l'autorité consulaire compétente, sans préjudice éventuellement de l'acte de consentement visé au paragraphe précédent.

Art. 4. — En ce qui concerne l'admission au travail en

France des jeunes ouvriers italiens de douze à treize ans, le certificat prévu par la loi italienne du 15 juillet 1877, n° 3961, pourra remplacer le certificat d'études primaires institué par la loi française du 28 mars 1882. Il en sera de même en ce qui concerne les jeunes Français de douze à treize ans, travaillant en Italie, pour lesquels le certificat prévu par la loi française remplacera celui prévu par la loi italienne. Au-dessus de treize ans, les certificats susvisés ne seront exigés ni des jeunes ouvriers italiens en France ni des jeunes ouvriers français en Italie.

Pour utiliser en France le certificat d'études italien, le jeune ouvrier devra le présenter au consul italien en même temps que les pièces prévues à l'article 3 ci-dessus, et il en sera alors fait mention dans le certificat consulaire modèle A. Réciproquement les mêmes formalités seront accomplies en Italie pour utiliser le certificat d'études français.

Art. 5. — Les pièces au vu desquelles le certificat consulaire aura été délivré et qui seraient rendues aux intéressés doivent être revêtues par le consul d'un cachet spécial (timbre humide) portant la mention qu'elles ont servi à obtenir un certificat en vue de l'admission au travail.

Art. 6. — Le certificat consulaire modèle A, le bulletin de naissance modèle B et l'acte de consentement des parents seront exempts de tous droits et taxes, ainsi qu'il est prévu déjà par les législations des deux pays pour le livret de travail et les pièces nécessaires à son obtention.

Toutes les diligences, démarches, correspondances ou légalisations d'actes incombant à l'autorité consulaire en exécution du présent arrangement seront gratuites au regard des jeunes ouvriers italiens ou français.

Art. 7. — Le livret pendant toute la durée de l'emploi du jeune ouvrier restera déposé chez le patron qui l'occupe et il devra être restitué quand l'emploi cessera.

Les inspecteurs du travail et les officiers de police judiciaire examineront, à l'occasion de leurs visites aux établissements industriels, tous les livrets de travail et les certificats consulaires et confisqueront ceux qui seraient reconnus comme ayant été délivrés irrégulièrement ou étant en la possession d'un enfant autre que le titulaire.

Un avis conforme au modèle C, faisant connaître cette

confiscation sera, dans un délai de trois jours, envoyé au préfet qui, dans le même délai, devra le transmettre au consul dans la circonscription duquel est située la commune où a lieu la confiscation. Le consul fera parvenir copie de cet avis, avec la lettre modèle D, à tous ses collègues italiens en France, ou français en Italie, dans le but de les prévenir, à toutes fins utiles, de la confiscation des livrets et certificats susvisés. Chaque consul ou agent consulaire tiendra une liste des livrets et certificats confisqués.

Les personnes reconnues coupables de falsification, d'altération, de cession ou d'usage illicite de livret seront déférées à l'autorité judiciaire.

ART. 8. — L'emploi dans les industries insalubres et dangereuses est réglé par la loi du pays dans lequel a lieu le travail.

En ce qui concerne les verreries et cristalleries, les travaux dangereux et insalubres, interdits aux enfants en Italie à la date de la signature du présent arrangement, seront interdits aux enfants en France et réciproquement.

Mais, en raison des différences existant entre la loi française du 2 novembre 1892 et la loi italienne du 10 novembre 1907 sur les âges limites auxquels s'étend la protection légale, les décrets rendus dans chacun des deux pays en vertu de sa loi respective, spécifieront les âges auxquels ces travaux doivent être interdits.

Les deux gouvernements feront tous leurs efforts pour arriver, par voie de réglementation intérieure, à unifier ces âges dans les deux pays. A cet effet, ils provoqueront, s'il le faut, un accord international comme il est prévu à l'article 3 de la Convention du 15 avril 1904.

ART. 9. — Les gouvernements des deux pays organiseront dans les grands centres industriels des comités de patronage dont les fonctions seront gratuites et dont feront partie, là où ce sera possible, des représentants de la nationalité des jeunes ouvriers. Le sous-préfet ou un conseiller de préfecture, le maire de la commune où siégera le comité et l'inspecteur du travail dont dépend cette commune, d'une part, le consul, d'autre part, font de droit partie de ces comités.

Dans un délai de six mois après la ratification du présent arrangement, un comité au moins sera créé dans tout arrondissement français comprenant plus de cinquante enfants italiens employés dans l'industrie.

Les comités veilleront :

1° A la stricte application des lois et règlements relatifs au travail des jeunes ouvriers italiens ou français. A cet effet, ils signaleront aux inspecteurs du travail toutes les infractions qui parviendraient à leur connaissance, et tout spécialement les cas où les jeunes ouvriers seraient chargés d'un travail excédant leurs forces ;

2° A l'observation rigoureuse : en France, des prescriptions relatives à la délivrance des certificats d'aptitude physique visés aux §§ 3, 4 et 5 de l'article 2 de la loi du 2 novembre 1892; en Italie, des prescriptions relatives tant au certificat médical visé à l'article 2 de la loi du 10 novembre 1907 qu'aux visites et conditions d'aptitude physique édictés par les règlements italiens pris en vertu de cette loi ;

3° A l'application aux jeunes ouvriers italiens et à leurs parents des dispositions de la loi française du 28 mars 1882 sur l'enseignement primaire obligatoire, ainsi qu'à l'application aux jeunes ouvriers français et à leurs parents de la loi italienne du 15 juillet 1877.

Les comités s'assureront également avec l'appui de l'autorité compétente et dans les conditions prévues par les lois nationales respectives, qu'un traitement équitable et humain est appliqué aux jeunes ouvriers logés en dehors de leur propre famille, et que l'hygiène et la moralité sont respectées en ce qui les concerne. Dans le cas où les conditions d'alimentation, d'habillement ou de logement seraient reconnues défectueuses, et en cas de sévices ou de mauvais traitements, les comités déféreront les faits aux autorités locales qui aviseront suivant les circonstances.

Enfin ces comités pourront, le cas échéant, étendre leur patronage aux ouvriers de tout âge, italiens en France et français en Italie.

Art. 10. — Les administrations compétentes des deux pays arrêteront en même temps toutes les mesures d'ordre et de détail qu'elles jugeront nécessaires pour l'exécution du présent arrangement.

Art. 11. — Il est entendu que toutes les opérations dont les consuls sont chargés en vertu du présent arrangement peuvent être effectuées également par les agents consulaires.

Art. 12. — Le présent arrangement sera soumis dans les deux pays à l'approbation du parlement, sera ratifié et mis en vigueur un mois après l'échange des ratifications qui aura lieu à Paris. Il sera valable pour une durée de cinq ans; s'il n'est pas dénoncé six mois avant l'échéance, il sera valable pour une nouvelle période de cinq ans et ainsi de suite.

Annexes : Modèles A, B, C et D.

ANNEXE VIII

ARRANGEMENT ENTRE LA BELGIQUE ET LE GRAND-DUCHÉ DE LUXEMBOURG AU SUJET DE LA RÉPARATION DES DOMMAGES RÉSULTANT DES ACCIDENTS DU TRAVAIL (15 AVRIL 1905) (1)

ARTICLE PREMIER. — Les ouvriers belges victimes d'accidents du travail dans le grand-duché de Luxembourg, ainsi que leurs ayants droit, seront admis au bénéfice des mêmes indemnités et des mêmes garanties que les sujets luxembourgeois. Par réciprocité, les ouvriers luxembourgeois victimes d'accidents du travail en Belgique, ainsi que leurs ayants droit, seront admis au bénéfice des mêmes indemnités et des mêmes garanties que les sujets belges.

ART. 2. — Il sera fait cependant exception à la règle précédente lorsqu'il s'agira d'ouvriers, sans distinction de nationalité, qui sont occupés passagèrement, c'est-à-dire pendant six mois au plus, sur le territoire de celui des deux États contractants où l'accident est survenu, mais qui sont attachés à une entreprise située sur le territoire de l'autre État, auquel cas la législation de ce dernier État sera seule applicable.

ART. 3. — Les dispositions de l'article 48, n° 2, et de l'article 49, alinéa 4, de la loi luxembourgeoise du 5 avril 1902 sont suspendues expressément au profit des ayants droit de nationalité belge.

ART. 4. — Les dispositions des articles 1, 2 et 3 de la présente convention seront semblablement applicables aux personnes que les lois de chacun des États contractants assimilent aux ouvriers, en ce qui concerne la réparation des dommages résultant des accidents du travail.

(1) *Moniteur belge, Bulletin de l'office international du travail*, 1905. p. 337.

Art. 5. — Les exemptions prononcées en matière de timbre, de greffe et d'enregistrement, et la délivrance gratuite stipulée par la législation belge sur les accidents du travail, seront étendues aux actes, certificats et documents visés par cette législation qui seront passés ou délivrés aux fins d'exécution de la loi luxembourgeoise. Réciproquement les exemptions prononcées et la délivrance gratuite stipulée par la législation grand-ducale sont étendues aux actes, certificats et documents visés par cette législation et qui seront passés ou délivrés aux fins d'exécution de la loi belge.

Art. 6. — Les autorités belges et luxembourgeoises se prêteront mutuellement leurs bons offices en vue de faciliter de part et d'autre l'exécution des lois relatives aux accidents du travail.

Art. 7. - La présente convention sera ratifiée et les ratifications seront échangées à Bruxelles le plus tôt possible.

Elle entrera en vigueur dix jours après la publication dans les formes prescrites par la législation des deux pays, et demeurera obligatoire jusqu'à l'expiration d'une année à partir du jour où l'une ou l'autre des parties contractantes l'aura dénoncée.

Convention additionnelle à la convention du 15 avril 1905 relative à la réparation des accidents du travail conclue à Bruxelles le 22 mai 1906, entre la Belgique et le grand-duché de Luxembourg.

Article premier. — La disposition ci-après est ajoutée comme second alinéa à l'article 2 de la Convention du 15 avril 1906.

« Il en sera de même pour les personnes attachées à des entreprises de transport et occupées de façon intermittente, dans le pays autre que celui où les entreprises ont leur siège ».

ANNEXE IX

ARRANGEMENT ENTRE L'EMPIRE D'ALLEMAGNE ET LE GRAND-DUCHÉ DE LUXEMBOURG AU SUJET DE L'ASSURANCE-ACCIDENTS (2 SEPTEMBRE 1905) (1).

ARTICLE PREMIER. — A défaut d'autres accords intervenus entre les assureurs compétents des deux États et ratifiés par le gouvernement du grand-duché de Luxembourg et le chancelier de l'Empire allemand, les exploitations assurées obligatoirement d'après les lois d'assurance-accidents des deux États (exception faite pour les exploitations agricoles et forestières), sont soumises en ce qui concerne les personnes employées dans la partie de l'exploitation qui étend passagèrement son activité sur le territoire de l'autre État et pour la durée de leur emploi, à l'assurance-accidents de l'État dans lequel se trouve le siège de la principale entreprise ou de l'entreprise totale.

N'est considérée au sens de l'arrangement comme « partie d'exploitation étendant passagèrement son activité » que celle dont la durée probable ne dépasse pas six mois. Pour chaque partie de l'exploitation, ce laps de temps est compté séparément.

Doivent aussi être considérés comme passagèrement occupés : le personnel des chemins de fer qui franchit la frontière avec les trains qui la traversent et les personnes qui, sans changer le siège de leurs fonctions, sont, en cas d'urgence, envoyées moins de six mois dans le domaine de l'autre État, pour les besoins du service des chemins de fer.

ART. 2. — S'il s'élève des doutes sur le point de savoir si, après les dispositions de l'article 1er, les lois d'assurance contre les accidents de l'un ou de l'autre État doivent être

(1) *Bulletin de l'Office international du travail,* 1905, p. 338.

appliquées, — à défaut d'entente entre les assureurs des deux pays entre eux et avec l'entrepreneur de l'exploitation et aussi au cas de procédure d'indemnité avec l'ayant droit, — les autorités de l'État dans lequel auront été accomplis les travaux de l'exploitation, cause du différend, — en l'occurrence pour le Luxembourg, le gouvernement, — pour l'Empire allemand, l'administration impériale des assurances — tranchent la difficulté avec compétence exclusive et en dernier ressort.

La décision rendue conformément au § 1er s'applique aux assureurs dans l'autre État. et sert de règle sans effet rétroactif pour la procédure à suivre et notamment aux questions de contribution d'indemnité et pour savoir si les organisations dans l'un ou l'autre pays sont compétentes pour le traitement ultérieur de l'affaire.

Avant la décision dont il est question au § 1er, l'assureur intéressé, l'entrepreneur, et, en cas de procédure d'indemnité, l'ayant droit, peuvent être entendus ; la décision intervenue doit être signifiée à l'intéressé.

Art. 3. — S'il s'agit d'un accident donnant sans aucun doute lieu à indemnité, mais que des difficultés subsistent sur le point de savoir s'il incombe aux assureurs de l'un ou de l'autre État, le premier assureur, saisi de l'affaire conformément aux prescriptions légales valables pour lui, doit, en attendant, prendre soin de l'ayant droit.

La charge définitive en incombe à l'assureur désigné à bref délai comme tenu d'indemniser.

Art. 4. — Si, d'après les principes de cet arrangement, des exploitations isolées ou des parties d'exploitation ont à passer de l'assurance-accidents d'un pays à celle d'un autre, cette mutation n'a lieu qu'à la fin de l'exercice courant. S'il y a entente entre les assureurs des deux États, la mutation avec effets de droit pour tous les intéressés peut être reportée au moment de l'entrée en vigueur du présent arrangement (art. 7). Les obligations résultant d'accidents qui se sont produits avant l'époque de la mutation doivent être remplies par celui des assureurs chez lequel l'exploitation était assurée avant la mutation.

Art. 5. — Dans l'application des règles de l'assurance-accidents — en particulier, dans les constatations d'accidents qui incombent à l'assurance-accidents d'un pays, mais qui se produisent sur le territoire de l'autre État — les organisations et juridictions compétentes se prêteront une aide mutuelle, sans préjudice de leurs obligations de constater d'office ces accidents.

Art. 6. — Les mesures précédentes sont applicables à ceux des employés de l'empire d'Allemagne, de l'un des États de l'Union allemande, employés dans les exploitations assurées obligatoirement et de l'espèce désignée à l'article 1er pour lesquels existent toutefois (à la place de l'assurance-accidents allemande) des mesures de secours au cas d'accidents, au sens du § 7 de la loi allemande d'assurance contre les accidents industriels. Dans ces cas, à la place de l'administration impériale d'assurance appelée à décider aux termes de l'article 2, prennent la décision pour les employés impériaux, le chancelier impérial ; pour les employés d'État et les employés des circonscriptions administratives, l'autorité centrale des États particuliers.

Dans l'application des lois allemandes de protection contre les accidents, les prescriptions de ces lois concernant la mise en valeur de tous autres droits nés d'accidents et fondés d'après les lois allemandes sont aussi valables pour les recours provoqués par un accident arrivé en territoire luxembourgeois et fondés d'après les lois du Luxembourg.

Art. 7. — Cet arrangement entrera en vigueur au commencement du mois qui suivra sa conclusion. Il peut, de part et d'autre, être dénoncé le 1er janvier de chaque année, pour ladite dénonciation produire son effet à partir du 1er janvier de l'année suivante.

ANNEXE X

ARRANGEMENT FRANCO-BELGE RELATIF A LA RÉPARATION DES ACCIDENTS DU TRAVAIL (21 FÉVRIER 1906) (1)

ARTICLE PREMIER. — Les sujets belges, victimes d'accidents du travail en France, ainsi que leurs ayants droit, seront admis au bénéfice des indemnités et des garanties attribuées aux citoyens français par la législation en vigueur sur la responsabilité des accidents du travail.

Par réciprocité, les citoyens français, victimes d'accidents du travail en Belgique, ainsi que leurs ayants droit, seront admis au bénéfice des indemnités et des garanties attribuées aux sujets belges par la législation en vigueur sur la réparation des dommages résultant des accidents du travail.

ART. 2. — Il sera toutefois fait exception à cette règle lorsqu'il s'agira de personnes détachées à titre temporaire et occupées depuis moins de six mois sur le territoire de celui des deux États contractants où l'accident est survenu, mais faisant partie d'une entreprise établie sur le territoire de l'autre État. Dans ce cas, les intéressés n'auront droit qu'aux indemnités et garanties prévues par la législation de ce dernier Etat.

Il en sera de même pour les personnes attachées à des entreprises de transport et occupées de façon intermittente, même habituelle, dans le pays autre que celui où les entreprises ont leur siège.

ART. 3. — Les exemptions prononcées en matière de timbre, de greffe et d'enregistrement et la délivrance gratuite stipulées par la législation belge sur les accidents du travail sont étendues aux actes, certificats et documents

(1) *Bulletin de l'office international du travail,* 1906, p. 165.

visés par cette législation, qui seront passés ou délivrés aux fins d'exécution de la loi française.

Réciproquement, les exemptions prononcées et la délivrance gratuite stipulées par la législation française sont étendues aux actes, certificats et documents visés par cette législation, qui seront passés ou délivrés aux fins d'exécution de la loi belge.

Art. 4. — Les autorités françaises et belges se prêteront mutuellement leurs bons offices en vue de faciliter de part et d'autre l'exécution des lois relatives aux accidents du travail.

Art. 5. — La présente convention sera ratifiée et les ratifications seront échangées à Paris, le plus tôt possible.

Elle entrera en vigueur en France et en Belgique un mois après qu'elle aura été publiée dans les deux pays, suivant les formes prescrites par leur législation respective.

Elle demeurera obligatoire jusqu'à l'expiration d'une année à partir du jour où l'une ou l'autre des parties contractantes l'aura dénoncée.

ANNEXE XI

ORDONNANCE DU CONSEIL FÉDÉRAL ALLEMAND EN FAVEUR DES SUJETS BELGES DU 22 FÉVRIER 1906 (1)

Article premier. — Les dispositions du § 94, n° 2, de la loi d'assurance contre les accidents dans l'industrie, et du § 37, alinéa 1er, de la loi d'assurance contre les accidents dans les entreprises de construction, relatives à la suspension de la rente à l'égard des étrangers qui n'ont pas leur résidence habituelle dans le pays, ne s'appliquent pas aux ressortissants du royaume de Belgique, même lorsque les titulaires de rentes n'ont pas leur résidence habituelle dans les districts du royaume de Belgique qui, en vertu de la résolution du Conseil fédéral en date du 13 octobre 1900 (voir ordonnance du 16 octobre 1900, *Zentral Blatt.*, p. 540) doivent être considérés comme territoire frontière au sens des dispositions précitées.

Le droit de toucher la rente est subordonné toutefois à la condition que le titulaire, aussi longtemps qu'il ne réside pas en territoire allemand ou dans un arrondissement étranger considéré, en vertu d'une résolution du Conseil fédéral, comme territoire frontière au sens des dispositions susvisées, se conforme aux prescriptions décrétées ou à décréter pour les nationaux par l'office impérial des assurances, d'après le § 94, n° 3, de la loi d'assurance contre les accidents dans l'industrie. A l'égard de ces titulaires de rentes, le jour de l'entrée en vigueur de la présente résolution est considéré comme jour d'entrée en vigueur des prescriptions de l'office impérial des assurances en date du 5 juillet 1901.

Art. 2. — Les dispositions du § 21 de la loi d'assurance contre les accidents dans l'industrie et du § 9 de la loi d'as-

(1) *Annuaire de législation du travail,* 1906, p. 1.

surance contre les accidents dans les entreprises de construction, relatives à l'exclusion du droit à la rente pour les survivants (ayants droit) ne s'appliquent pas aux ressortissants du royaume de Belgique, même lorsqu'ils n'ont pas, au moment de l'accident, leur résidence habituelle, dans les districts du royaume de Belgique considérés comme territoire frontière, en vertu de la résolution du Conseil fédéral en date du 13 octobre 1900.

Art. 3. — Les dispositions qui précèdent ont un effet rétroactif à partir du 1er juillet 1905, pour autant que la demande d'indemnité n'ait pas fait l'objet d'une décision passée en force de chose jugée, lors de l'entrée en vigueur de la présente résolution.

Art. 4. — La présente résolution entrera en vigueur le 1er mars 1906.

ANNEXE XII

CONVENTION DU 27 AOUT 1907 ENTRE L'EMPIRE ALLEMAND ET LES PAYS-BAS SUR L'ASSURANCE-ACCIDENTS (1)

ARTICLE PREMIER. — Les entreprises assujetties à l'assurance-accidents, conformément à la législation des deux États contractants, et qui, ayant leur siège sur le territoire de l'un de ces États, sont exclusivement soumises, pour les travaux exécutés sur le territoire de l'un des ces États, aux lois sur l'assurance-accidents en vigueur dans cet État, sous réserve toutefois des exceptions prévues par les articles 2 et 3.

Si une entreprise ayant son siège sur le territoire de l'un des deux États contractants a des parties soumises, en vertu de l'alinéa 1er, à la législation de l'autre État, ces parties sont considérées comme une entreprise distincte au sens de cette législation. Quant aux autres dispositions à prendre pour l'exécution de la présente convention, il appartient à chacun des deux États, dans la mesure où sa législation sur l'assurance-accidents exige de telles dispositions, de les prendre lui-même ; pour l'Allemagne, ces dispositions seront prises par le chancelier de l'Empire ou par les autorités qu'il désignera ; pour les Pays-Bas, par les organes compétents selon le cas. Les deux gouvernements se communiqueront mutuellement les mesures prises en vertu du présent alinéa.

ART. 2. — Les entreprises de transport qui s'étendent à la fois sur les deux pays sont exclusivement soumises, en ce qui concerne la partie ambulante de l'entreprise et sans tenir compte de l'importance relative des parties exploitées dans l'un et l'autre pays à la législation sur l'assurance-

(1) *Bulletin de l'Office international du travail*, 1907, p. 454.

accidents du pays dans lequel l'entreprise a son siège. Le personnel de la partie ambulante reste assujetti à cette assurance, même s'il est occupé dans les parties de l'entreprise de transport exploitées dans l'autre pays.

Art. 3. — Pour les entreprises de toute nature et sans préjudice des dispositions de l'article 2, les lois sur l'assurance-accidents du pays où une entreprise a son siège, continuent à s'appliquer exclusivement, pendant les six premiers mois de leur exploitation, à l'ensemble des parties de cette entreprise exploitée dans l'autre pays, en ce qui concerne les personnes qui, avant d'être occupées dans ce dernier pays, ont travaillé dans la partie de cette entreprise soumise à l'assurance-accidents du premier pays. Si l'exploitation de l'entreprise dans l'autre pays n'est pas interrompue pendant plus de trente jours, la durée de l'interruption est comptée dans le délai de six mois ci-dessus. Si la durée de l'interruption excède trente jours, le délai de six mois cesse de courir, et à la fin de l'interruption commence à courir un nouveau délai de six mois. Le temps écoulé avant la mise en vigueur de la convention n'entre pas en ligne de compte pour l'application des dispositions précédentes.

Art. 4. — Dans les cas où la législation sur l'assurance-accidents de l'un des deux pays s'applique, les dispositions de cette législation sur la mise en action des droits à l'indemnité ouverts à la suite d'accident en vertu de cette législation s'appliquent également aux droits ouverts à la suite d'un accident survenu dans l'autre pays en vertu de la législation de ce dernier pays.

Art. 5. — Les autorités administratives compétentes se prêtent mutuellement assistance pour la constatation des faits intéressant l'exécution de l'assurance-accidents.

Si, au cours d'une procédure relative à une affaire d'assurance-accidents, les autorités de l'un des pays estiment nécessaire l'audition sous serment de témoins et d'experts se trouvant dans l'autre pays, il est donné satisfaction à leur requête communiquée par la voie diplomatique. Les autorités chargées de ce soin par le gouvernement de l'autre pays ou qui, même sans en être chargées spécialement seront compétentes, convoqueront officiellement les témoins et experts et, en cas de besoin, emploieront les moyens de contrainte employés dans leur propre pays dans une semblable procédure.

Art. 6. — Les dispositions de l'un des pays qui prévoient certaines dépenses de timbres et de droits en matière d'assurance-accidents s'appliquent au cas où il s'agit d'exécuter dans ce pays l'assurance-accidents de l'autre pays.

Art. 7. — Les chefs d'entreprises ne peuvent être astreints pour l'assurance-accidents dans l'un des pays à des cotisations ou des primes majorées parce que leur entreprise a son siège dans l'autre pays.

Art. 8. — Les dispositions des articles 4 à 7 s'appliquent aux entreprises soumises à l'assurance-accidents de l'un des deux pays, même lorsque les conditions de l'article 1er ne sont pas remplies.

Art. 9. — Les dispositions de la présente convention s'appliquent aux fonctionnaires de l'Empire allemand, d'un État fédéré allemand ou d'une union communale allemande qui sont employés dans des entreprises assujetties à l'assurance-accidents, mais qui bénéficient, au lieu de l'assurance-accidents allemande, d'une institution de prévoyance en cas d'accident au sens de la législation allemande.

Art. 10. — Si, pour l'application de la législation sur l'assurance-accidents de l'un des deux pays, il y a lieu de calculer un salaire exprimé en monnaie de l'autre pays, cette conversion se fait en prenant en général comme base une valeur moyenne qui est fixée par chacun des deux gouvernements pour l'application de la législation de son pays et qui est communiquée à l'autre pays.

Art. 11. — La présente convention est soumise à ratification et les ratifications doivent être échangées aussitôt que possible. La convention entre en vigueur un mois après le 1er du mois qui suit l'échange des ratifications.

La convention peut être dénoncée en tout temps par l'une ou l'autre des parties contractantes, mais elle ne cesse son effet qu'à l'expiration de l'année civile qui suit la dénonciation.

Les obligations découlant d'accidents survenus avant la mise en vigueur de la convention continuent à être remplies par l'établissement d'assurance auquel était assurée jusque-là la partie de l'entreprise. De même, au cas où la convention cesserait son effet, les obligations découlant des accidents survenus pendant sa mise en vigueur continueront à être remplies par l'établissement d'assurance responsable en vertu de la convention.

En foi de quoi les plénipotentiaires ont signé la présente convention en double exemplaire et y ont apposé leurs sceaux.

ANNEXE XIII

CONVENTION SIGNÉE A PARIS, LE 3 JUILLET 1909, ENTRE LA FRANCE ET LA GRANDE-BRETAGNE, AU SUJET DE LA RÉPARATION DES DOMMAGES RÉSULTANT DES ACCIDENTS DU TRAVAIL (1)

ARTICLE PREMIER. — Les sujets britanniques, victimes d'accidents du travail en France, ainsi que leurs ayants droit, seront admis au bénéfice des indemnités et des garanties attribuées aux citoyens français par la législation en vigueur sur les responsabilités des accidents du travail.

Par réciprocité, les citoyens français, victimes d'accidents du travail dans le Royaume-Uni de la Grande-Bretagne et d'Irlande, ainsi que leurs ayants droit, seront admis au bénéfice des indemnités et des garanties attribuées aux sujets britanniques par la législation en vigueur sur la réparation des dommages résultant des accidents du travail, complétée à leur égard, dans les conditions spécifiées à l'article 5 ci-après.

ART. 2. — Toutefois la présente convention ne sera point applicable aux personnes détachées à titre temporaire et occupées, depuis moins de six mois, dans celui des États contractants où l'accident est survenu, mais faisant partie d'une entreprise établie sur le territoire de l'autre État. Dans ce cas, les intéressés n'auront droit qu'aux indemnités et garanties prévues par la législation de ce dernier État.

Il en sera de même pour des personnes attachées à des entreprises de transport et occupées de façon intermittente, même habituelle, dans le pays autre que celui où les entreprises ont leur siège.

---

(1) *Bulletin de l'Office international du travail*, 1909, p. 299.

Art. 3. — Les autorités françaises et britanniques se prêteront mutuellement leurs bons offices en vue de faciliter de part et d'autre l'exécution des lois relatives aux accidents du travail.

Art. 4. — La présente convention sera ratifiée et les ratifications seront échangées à Paris le plus tôt possible.

Elle sera applicable en France et dans le Royaume-Uni de la Grande-Bretagne et d'Irlande pour tous les accidents survenus un mois après qu'elle aura été publiée dans les deux pays, suivant les formes prescrites par la législation respective, et elle demeurera obligatoire jusqu'à l'expiration d'une année à partir du jour où l'une ou l'autre des parties contractantes l'aura dénoncée.

Art. 5. — Toutefois la ratification prévue à l'article précédent ne pourra intervenir que lorsque la législation du Royaume-Uni de la Grande-Bretagne et d'Irlande sur les accidents du travail actuellement en vigueur aura été complétée en ce qui concerne les accidents du travail survenus à des Français, par des dispositions spécifiant :

a) Que les indemnités dues seront, dans tous les cas, obligatoirement fixées par la cour de Comté ;

b) Qu'en cas de rachat de ces indemnités, la somme due, toutes les fois qu'elle représentera le capital constitutif d'une rente supérieure à 100 francs (4 livres sterling) devra être versée à la cour, pour être employée, par ses soins, à la constitution d'une rente viagère au profit des bénéficiaires ;

c) Que dans les cas où le capital représentatif de l'indemnité aura été versé par le chef de l'entreprise à la cour de Comté, si la victime d'accident revient résider en France ou bien si ses représentants y résidaient au moment de sa mort ou reviennent y résider ultérieurement, le montant dû à la victime ou à ses représentants sera, par les soins de la cour, versé à la Caisse nationale française des retraites pour la vieillesse qui en emploiera le montant à la constitution de rentes d'après son tarif au moment du versement, et que dans le cas où le capital n'aura pas été versé à la cour, et où la victime d'accident reviendra résider en France, l'indemnité sera remise au bénéficiaire par les soins de la cour à des époques et dans des conditions dont conviendront les administrations compétentes des deux pays ;

d) Que pour tous les actes accomplis par la cour de Comté en vertu de la législation sur les accidents du travail aussi bien qu'en exécution de la présente convention, les Français seront exempts de tous frais, impôts et taxes ;

e) Qu'il sera produit au début de chaque année, au Département du travail et de la prévoyance sociale par le principal secrétaire d'État de S. M. Britannique pour le « Home Department » copie de toutes les décisions judiciaires rendues pendant l'année précédente, à la suite des accidents survenus à des Français dans le Royaume-Uni de la Grande-Bretagne et d'Irlande.

ANNEXE XIV

CONVENTION DU 19 SEPTEMBRE 1909 ENTRE L'ITALIE ET LA HONGRIE CONCERNANT L'ASSURANCE DES OUVRIERS CONTRE LES ACCIDENTS DU TRAVAIL (1)

ARTICLE PREMIER. — Les ouvriers et employés de nationalité italienne victimes, en Hongrie, d'un accident dans un travail soumis à l'obligation de l'assurance au sens de l'article de loi hongroise XIX de l'année 1907 et des autres lois hongroises, qui, dans l'avenir, pourront modifier la loi susdite, ont droit, ainsi que leurs ayants droit à qui reviennent des indemnités, au même traitement et aux mêmes indemnités que celles que l'article de loi hongrois XIX de l'année 1907 et les autres lois hongroises qui, dans l'avenir, pourront modifier la loi susdite, accordent, en cas d'accident du travail, aux citoyens hongrois.

Réciproquement, les ouvriers et employés de nationalité hongroise victimes, en Italie, d'un accident dans un travail sujet à l'obligation de l'assurance au sens de la loi italienne (texte unique) du 31 janvier 1904 et des autres lois italiennes qui, dans l'avenir, pourront modifier la loi susdite, ont droit, ainsi que leurs ayants droit à qui reviennent des indemnités, aux mêmes traitements et aux mêmes indemnités qui reviennent aux citoyens italiens sur la base de la loi italienne (texte unique) susdite et des autres lois italiennes qui, dans l'avenir, pourront la modifier.

La réciprocité prévue à l'alinéa précédent s'étend aussi aux ouvriers et employés occupés, dans des travaux sujets à l'obligation de l'assurance, par des entreprises ayant leur siège ou une représentation permanente sur le territoire de

---

(1) *Bulletin de l'Office internationaldu travail*, 1910, p. 1.

l'un des deux États et qui sont victimes d'accidents du travail en dehors du territoire des deux États, sauf le cas où de tels ouvriers et employés bénéficient de la loi sur les accidents du travail en vigueur dans l'État où ils ont été victimes de l'accident.

Ont droit également aux indemnités les ayants droit d'une personne susdite, victime d'accident du travail, qui ne se trouveraient pas au moment de l'accident sur le territoire de celui des deux États où l'accident est survenu.

En outre, continuent à jouir de leurs indemnités les ouvriers ou employés victimes d'accidents qui, depuis l'accident, seraient revenus résider dans leur pays d'une façon stable.

Enfin, ont également la jouissance de leurs indemnités les ayants droit d'un ouvrier ou employé, victime d'accident du travail, aussi bien dans le cas où ils n'ont jamais séjourné sur le territoire de l'État où l'accident est survenu que dans le cas où, après y avoir séjourné, ils s'en vont résider à l'étranger d'une façon stable.

Art. 2. — L'autorité compétente de l'un des deux États, chargée de procéder à une enquête sur un accident du travail dont a été victime un ouvrier ou employé de l'autre État, doit communiquer à l'autorité consulaire compétente à raison du lieu où s'est produit l'accident, copie du procès-verbal de l'enquête, dans les huit jours de la clôture de celle-ci.

Art. 3. — Les autorités italiennes compétentes, à la requête des autorités consulaires austro-hongroises, prêteront leur concours en vue de constater si les personnes résidant en Italie, qui jouissent d'une rente en vertu de l'article 1er de la présente convention, continuent à remplir les conditions auxquelles est subordonné le droit à la jouissance de la rente ou en vue de constater si des changements sont intervenus qui puissent modifier la quotité de l'indemnité liquidée, et réciproquement, les autorités hongroises prêteront leur concours à la requête des autorités consulaires italiennes ayant le même but.

Art. 4. — Les citoyens italiens à qui sont attribués des indemnités en vertu de l'article 1er de la présente convention, sont tenus, quand ils ne résident pas en Hongrie, d'observer les prescriptions qui seront édictées pour ce cas par les caisses compétentes en Hongrie, et réciproquement.

Art. 5. — La caisse compétente en Italie qui est tenue de payer une rente, en vertu de la loi italienne, à un citoyen hongrois résidant en Hongrie peut se libérer en versant à la caisse compétente en Hongrie le capital qui au jour du versement et sur la base des tarifs de cette dernière caisse, correspond à la rente dont il s'agit. Dans ce cas, la caisse compétente en Hongrie assure le paiement de la rente aux conditions et suivant les règles qui seront établies d'accord avec la caisse compétente en Italie.

Réciproquement, la caisse compétente en Hongrie qui est tenue de payer une rente, en vertu de la loi hongroise, à un citoyen italien résidant en Italie, peut se libérer en versant à la caisse compétente en Italie le capital qui, au jour du versement et sur la base des tarifs de cette dernière caisse, correspond à la rente dont il s'agit. Dans ce cas, la caisse compétente en Italie assure le paiement de la rente aux conditions et suivant les règles qui seront établies d'accord avec la caisse compétente en Hongrie.

La caisse compétente en Italie peut aussi charger la caisse compétente en Hongrie de payer à sa place au citoyen hongrois résidant en Hongrie, aux conditions et suivant les règles qui seront établies d'accord entre les deux caisses, les arrérages des rentes dues en vertu de la loi italienne, et réciproquement.

Les accords entre les caisses compétentes en Italie et en Hongrie, pourront s'étendre également aux envois de fonds qui se feront par la poste entre les mêmes caisses pour le paiement des indemnités.

Art. 6. — Les caisses compétentes en Italie et en Hongrie auront la faculté de modifier les prescriptions indiquées à l'article 4. Elles auront également la faculté de modifier les tarifs indiqués à l'article 5 de la présente convention, pourvu que soït toujours assurée l'égalité de traitement aux citoyens des deux États.

Art. 7. — Dans les articles précédents, on entend : par la caisse compétente en Italie, la « Caisse nationale italienne de prévoyance pour l'invalidité et la vieillesse des ouvriers » (Cassa nazionale italiana di previdenza per la invalidità e per la vecchiaia degli operai); par la caisse compétente en Hongrie, la « Caisse nationale de secours pour les ouvriers infirmes et d'assurances contre les accidents (Orsàgos Munkkàsbetegse gèlyzö ès Balcsetbiztositò Pènztàr) » de Budapest ou de Zagabria, suivant que la personne victime d'accident est inscrite à l'une ou l'autre caisse.

Art. 8. — L'exemption de taxes ou de droits et toutes autres immunités fiscales concédées par la loi de l'un des deux États pour les documents à présenter en vue d'obtenir le paiement des indemnités seront également applicables au cas où ces documents servent dans l'autre État à obtenir le paiement des indemnités en vertu de la loi en vigueur dans cet État.

Art. 9. — Les différends qui surgiraient entre les deux États sur l'interprétation ou l'application de la présente convention seront, si l'un d'eux le demande, réglés par arbitrage.

Pour chaque différend, le tribunal arbitral sera constitué de la manière suivante : chacun des deux États nommera comme arbitres, parmi ses concitoyens, deux personnes compétentes et ceux-ci se mettront d'accord pour le choix d'un surarbitre appartenant à un troisième État ami. Les deux États se réservent la faculté de désigner, par anticipation et pour une période de temps à déterminer, la personne qui exercera, en cas de différend, la fonction de surarbitre.

Pour le premier cas d'arbitrage, le tribunal siégera sur le territoire de l'État qui sera convenu ; pour le second cas, sur le territoire de l'autre État, et ainsi de suite, alternativement, sur le territoire de chacun des deux États. L'État, dans lequel se réunira le tribunal, en désignera le siège ; il devra fournir les locaux, les employés et le personnel de service nécessaire pour le fonctionnement du tribunal. Le tribunal sera présidé par le surarbitre. Les décisions seront prises à la majorité des voix.

Les deux États se mettront d'accord, soit pour chaque cas, soit pour tous les cas d'arbitrage, sur la procédure que le tribunal devra suivre. A défaut d'accord, la procédure sera fixée par le tribunal lui-même. La procédure pourra avoir lieu par écrit, si aucun des deux États n'y fait d'objection.

Dans ce cas, les dispositions de l'alinéa précédent pourront être modifiées.

Pour la transmission des citations à comparaître devant le tribunal arbitral et pour les commissions rogatoires émanées de ce tribunal, les autorités de chacun des deux États, à la requête du tribunal arbitral adressée au gouvernement compétent, prêteront leur assistance comme elles le feraient s'il s'agissait d'une requête des tribunaux civils du pays.

Art. 10. — La présente convention entrera en vigueur le trentième jour qui suivra l'échange des ratifications pour une période de sept ans au moins. Après cette période, la présente convention pourra être abrogée par une dénonciation préalable. Mais, bien que dénoncée, elle restera en vigueur jusqu'au 31 décembre de l'année qui suivra celle dans laquelle la dénonciation a été faite.

Même dans le cas de dénonciation, la présente convention sera appliquée sans limite de temps en ce qui concerne les droits des personnes victimes d'accident du travail ou de leurs ayants droit, à qui les caisses indiquées dans la présente convention doivent verser des indemnités en raison d'accidents du travail survenus jusqu'au 31 décembre de l'année qui suivra celle dans laquelle la dénonciation a été faite.

A la même date cesseront les attributions conférées aux autorités consulaires, ainsi que les droits et obligations des caisses dans leurs rapports réciproques prévus dans la présente convention, sauf le règlement des comptes qui seront alors pendants entre ces caisses et sauf le service de toutes les rentes dont elles auront reçu précédemment les capitaux constitutifs.

Art. 11. — Les dispositions des articles 1 à 8 de la présente convention auront un effet rétroactif à dater du 1er juillet de l'année 1908.

Art. 12. — La présente convention sera ratifiée et les ratifications seront échangées à Rome le plus tôt possible.

ANNEXE XV

TRAITÉ DE COMMERCE ENTRE L'EMPIRE D'ALLEMAGNE ET L'ITALIE DU 3 DÉCEMBRE 1904

L'article 4 contient la disposition suivante qui s'ajoute au traité de 1901 comme article 2 *a*.

Art. 2 *a*. — Les parties contractantes s'engagent à examiner d'un accord commun et amical le traitement des ouvriers italiens en Allemagne et des ouvriers allemands en Italie à l'égard des assurances ouvrières dans le but d'assurer, par des arrangements opportuns, aux ouvriers des nations respectives dans l'autre pays, un traitement qui leur accorde des avantages autant que possible équivalents.

Ces arrangements seront consacrés, indépendamment de la mise en vigueur du présent traité, par un acte séparé.

ANNEXE XVI

TRAITÉ DE COMMERCE ENTRE L'EMPIRE D'ALLEMAGNE ET L'AUTRICHE-HONGRIE DU 19 JANVIER 1905

Art. 6. — Les parties contractantes s'engagent à examiner, d'un accord amical, le traitement des ouvriers de l'une des parties travaillant dans le territoire de l'autre à l'égard de la protection des travailleurs et des assurances ouvrières dans le but d'assurer réciproquement à ces ouvriers, par des arrangements opportuns, un traitement qui leur accorde des avantages autant que possible équivalents.

Ces arrangements seront consacrés, indépendamment de la mise en vigueur du présent traité, par un acte séparé.

ANNEXE XVII

CONVENTION INTERNATIONALE SUR L'INTERDICTION DE L'EMPLOI DU PHOSPHORE BLANC (JAUNE) DANS L'INDUSTRIE DES ALLUMETTES (1)

ARTICLE PREMIER. — Les Hautes Parties contractantes s'engagent à interdire sur leur territoire la fabrication, l'introduction et la mise en vente des allumettes contenant du phosphore blanc (jaune).

ART. 2. — A chacun des États contractants incombe le soin de prendre des mesures administratives qui seraient nécessaires pour assurer sur son territoire la stricte exécution des dispositions de la présente convention.

Les gouvernements se communiqueront par la voie diplomatique les lois et règlements sur la matière de la présente convention qui sont ou seront en vigueur dans leurs pays, ainsi que les rapports concernant l'application de ces lois et règlements.

ART. 3. — Les dispositions de la présente convention ne seront applicables à une colonie, possession ou protectorat que dans le cas où une notification à cet effet serait donnée en son nom au Conseil fédéral suisse par le gouvernement métropolitain.

ART. 4. — La présente convention sera ratifiée et les ratifications en seront déposées le 31 décembre 1908 au plus tard auprès du Conseil fédéral suisse.

Il sera dressé de ce dépôt un procès-verbal, dont une copie, certifiée conforme, sera soumise par la voie diplomatique à chacun des États contractants.

---

(1) V. *Actes de la Conférence diplomatique pour la protection ouvrière, réunie à Berne du 17 au 26 septembre 1906*. Berne, Stämpfli, 1906, 1 vol. in-8.

La présente convention entrera en vigueur trois ans après la clôture du procès-verbal de dépôt.

Art. 5. — Les États non signataires de la présente convention sont admis à déclarer leur adhésion par un acte adressé au Conseil fédéral suisse, qui le fera connaître à chacun des autres États contractants.

Le délai prévu par l'article 4 pour la mise en vigueur de la présente convention est porté à cinq ans pour les États non signataires, ainsi que pour les colonies, possessions ou protectorats, à compter de la notification de leur adhésion.

Art. 6. — La présente convention ne pourra pas être dénoncée soit par les États signataires, soit par les États, colonies, possessions ou protectorats qui adhéreraient ultérieurement, avant l'expiration d'un délai de cinq ans à partir de la clôture du procès-verbal de dépôt des ratifications.

Elle pourra ensuite être dénoncée d'année en année.

La dénonciation n'aura d'effet qu'un an après qu'elle aura été adressée par écrit au Conseil fédéral suisse par le gouvernement intéressé, ou, s'il s'agit d'une colonie, possession ou protectorat par le gouvernement métropolitain; le Conseil fédéral la communiquera immédiatement au gouvernement de chacun des autres États contractants.

La dénonciation n'aura d'effet qu'à l'égard de l'État, colonie, possession ou protectorat au nom de qui elle aura été adressée.

ANNEXE XVIII

CONVENTION INTERNATIONALE SUR L'INTERDICTION DU TRAVAIL DE NUIT DES FEMMES EMPLOYÉES DANS L'INDUSTRIE (1)

ARTICLE PREMIER. — Le travail de nuit sera interdit à toutes les femmes, sans distinction d'âge, sous réserve des exceptions prévues ci-après.

La présente convention s'applique à toutes les entreprises industrielles où sont employés plus de dix ouvriers et ouvrières; elle ne s'applique en aucun cas aux entreprises où ne sont employés que les membres de la famille.

A chacun des États contractants incombe le soin de définir ce qu'il faut entendre par entreprises industrielles. Parmi celles-ci seront, en tout cas, comprises les mines et carrières ainsi que les industries de fabrication et de transformation des matières; la législation nationale précisera sur ce dernier point la limite entre l'industrie d'une part, l'agriculture et le commerce d'autre part.

ART. 2. — Le repos de nuit visé à l'article précédent aura une durée minimum de onze heures consécutives; dans ces onze heures, quelle que soit la législation de chaque État, devra être compris l'intervalle de dix heures du soir à cinq heures du matin.

Toutefois, dans les États où le travail de nuit des femmes adultes employées dans l'industrie n'est pas encore réglementé, la durée du repos ininterrompu pourra, à titre transitoire et pour une période de trois ans au plus, être limitée à dix heures.

ART. 3. — L'interdiction du travail de nuit pourra être levée :

(1) V. *Actes de la Conférence diplomatique pour la protection ouvrière, réunie à Berne du 17 au 26 septembre 1906.* Berne, Stämpfli, 1 vol. in-8.

1° En cas de force majeure, lorsque dans une entreprise se produit une interruption d'exploitation impossible à prévoir et n'ayant pas un caractère périodique ;

2° Dans le cas où le travail s'applique soit à des matières premières, soit à des matières en élaboration qui seraient susceptibles d'altération très rapide, lorsque cela est nécessaire pour sauver ces matières d'une perte inévitable.

Art. 4. — Dans les industries soumises à l'influence des saisons, et en cas de circonstances exceptionnelles pour toute entreprise, la durée du repos ininterrompu de nuit pourra être réduite à dix heures soixante jours par an.

Art. 5. — A chacun des États contractants incombe le soin de prendre les mesures administratives qui seraient nécessaires pour assurer sur son territoire la stricte exécution des dispositions de la convention.

Les gouvernements se communiqueront par la voie diplomatique les lois et règlements sur la matière de la présente convention qui sont ou seront en vigueur dans leur pays, ainsi que les rapports périodiques concernant l'application de ces lois et règlements.

Art. 6. — Les dispositions de la présente convention ne seront applicables à une colonie, possession ou protectorat, que dans le cas où une notification à cet effet serait donnée en son nom au Conseil fédéral suisse par le gouvernement métropolitain.

Celui-ci, en notifiant l'adhésion d'une colonie, possession ou protectorat, pourra déclarer que la convention ne s'appliquera pas à telles catégories de travaux indigènes dont la surveillance serait impossible.

Art. 7. — Dans les États hors d'Europe, ainsi que dans les colonies, possessions ou protectorats, lorsque le climat ou la condition des populations indigènes l'exigeront, la durée du repos ininterrompu de nuit pourra être inférieure aux minima fixés par la présente convention, à la condition que des repos compensateurs soient accordés pendant le jour.

Art. 8. — La présente convention sera ratifiée et les ratifications en seront déposées, le 31 décembre 1908 au plus tard, auprès du Conseil fédéral suisse.

Il sera dressé de ce dépôt un procès-verbal, dont une

copie, certifiée conforme, sera remise par la voie diplomatique à chacun des États contractants.

La présente convention entrera en vigueur deux ans après la clôture du procès-verbal de dépôt.

Le délai de mise en vigueur est porté de deux à dix ans :

1° Pour les fabriques de sucre brut de betteraves.

2° Pour le peignage et la filature de la laine.

3° Pour les travaux au jour des exploitations minières, lorsque ces travaux sont arrêtés annuellement, quatre mois au moins, par des influences climatériques.

Art. 9. — Les États non signataires de la présente convention sont admis à déclarer leur adhésion par un acte adressé au Conseil fédéral suisse qui le fera connaître à chacun des autres États contractants.

Art. 10. — Les délais prévus par l'article 8 pour la mise en vigueur de la présente convention partiront, pour les États non signataires ainsi que pour les colonies, possessions ou protectorats, de la date de leur adhésion.

Art. 11. — La présente convention ne pourra pas être dénoncée soit par les États signataires, soit par les États, colonies, possessions ou protectorats qui adhéreraient ultérieurement, avant l'expiration d'un délai de douze ans à partir de la clôture du procès-verbal de dépôt des ratifications.

Elle pourra ensuite être dénoncée d'année en année.

La dénonciation n'aura d'effet qu'un an après qu'elle aura été adressée par écrit au Conseil fédéral suisse par le gouvernement intéressé, ou s'il s'agit d'une colonie, possession ou protectorat par le gouvernement métropolitain ; le Conseil fédéral la communiquera immédiatement au gouvernement de chacun des autres États contractants.

La dénonciation n'aura d'effet qu'à l'égard de l'État, colonie, possession ou protectorat au nom de qui elle aura été adressée.

ANNEXE XIX

VŒU ADOPTÉ PAR DIX ÉTATS A LA CONFÉRENCE DE BERNE DE 1906, AU SUJET DE LA SANCTION DES CONVENTIONS DE TRAVAIL (1)

Au moment de procéder à la signature de la convention sur le travail de nuit des femmes, les délégués du Danemark, de l'Espagne, de la France, de la Grande-Bretagne, de l'Italie, du Luxembourg, des Pays-Bas, du Portugal, de la Suède et de la Suisse, convaincus de l'utilité d'assurer la plus grande unité possible à la réglementation qui sera édictée en conformité de la présente convention,

Emettent le vœu que les diverses questions ayant trait à ladite convention, que celle-ci aurait laissées dans le doute, puissent être, par une ou plusieurs des parties contractantes, soumises à l'appréciation d'une commission où chaque État cosignataire serait représenté par un délégué ou par un délégué et des délégués adjoints.

Cette commission aurait une mission purement consultative. En aucun cas, elle ne pourrait se livrer à aucune enquête ni s'immiscer en quoi que ce soit dans les actes administratifs ou autres des États.

Elle ferait sur les questions qui lui seraient soumises un rapport qui serait communiqué aux États contractants.

Cette commission pourrait, en outre, être appelée :

1° A donner son avis sur les conditions d'équivalence auxquelles peuvent être acceptées les adhésions des États hors d'Europe, ainsi que des possessions, colonies, protec-

---

(1) V. *Actes de la Conférence diplomatique pour la protection ouvrière, réunie à Berne du 17 au 26 septembre 1906*. Berne, Stämpfli, 1906, p. 147 et 148.

torats, lorsque le climat ou la condition des indigènes exigeront des modifications de détail de la convention.

2° Sans préjudicier à l'initiative de chaque État contractant à servir d'organe pour l'échange de vues préliminaires, au cas où les Hautes Parties contractantes seraient d'accord sur l'utilité qu'il y aurait à réunir de nouvelles conférences au sujet de la condition des travailleurs.

La commission se réunirait sur la demande de l'un des États contractants, mais pas plus d'une fois par année, sauf entente entre les États contractants pour une réunion supplémentaire en raison de circonstances exceptionnelles. Elle s'assemblerait dans chacune des capitales des États contractants d'Europe successivement et dans l'ordre alphabétique.

Il serait entendu que les États contractants se réserveraient la faculté de soumettre à l'arbitrage, conformément à l'article 16 de la Convention de La Haye, les questions que soulèverait la convention en date de ce jour, même si elles avaient été l'objet d'un avis de la commission.

Les délégués précités demandent au gouvernement suisse, qui accepte, de vouloir bien, jusqu'à la clôture du procès-verbal de dépôt des ratifications de la convention, continuer les pourparlers pour l'adhésion au présent vœu des États dont les délégués ne l'auraient pas signé.

Ce vœu serait transformé en convention par les États contractants, à la diligence du gouvernement suisse, dès qu'il aurait reçu l'adhésion de tous les États signataires de la convention.

ANNEXE XX

CONVENTION ENTRE LA BELGIQUE ET L'EMPIRE D'ALLEMAGNE CONCLUE A BERLIN LE 6 JUILLET 1912, ET RELATIVE A L'ASSURANCE CONTRE LES ACCIDENTS DU TRAVAIL (1).

Au moment où nous corrigeons les dernières épreuves de cet ouvrage, nous parvient le texte de la nouvelle convention relative aux accidents du travail, conclue entre la Belgique et l'Allemagne, à laquelle nous avons fait allusion à plus d'une reprise. Bien que signé en juillet, ce document n'a été livré à la publicité que le 12 novembre, jour de la rentrée des chambres belges.

La convention est intéressante à plus d'un point de vue.

On s'étonnera peut-être de ne pas la voir commencer par une déclaration d'assimilation des nationaux des deux États. C'est que cette déclaration est devenue inutile depuis l'ordonnance du Conseil fédéral du 22 février 1906 (V. plus haut annexe XI) qui reste naturellement en vigueur. On sait que la loi belge du 24 décembre 1903 ne contient aucune restriction à l'égard des étrangers.

La convention a principalement pour objet de résoudre les conflits de lois. Les articles 1 à 8 y sont consacrés.

Les difficultés s'élèvent principalement pour les établissements qui étendent leur activité sur les deux territoires, ce que les Allemands appellent : *die übergreifende Betriebe*. L'article 1er rappelle pour ces entreprises « le principe qui domine les deux législations, à savoir le principe de la territorialité. Il résulte de ce principe que la réparation doit se régler d'après la loi du pays où l'accident est arrivé, abstraction faite du lieu où le contrat de travail a été formé; toute intention contraire exprimée par les parties serait ino-

(1) Chambre des représentants de Belgique, *Document* n° 19, séance du 12 nov. 1912.

pérante, puisque nous sommes en matière d'ordre public ». Ainsi s'exprime l'Exposé des motifs du gouvernement belge. Nous sommes heureux de voir confirmer dans cette convention encore l'opinion que nous avons défendue dans le cours de cet ouvrage.

A ce principe, les articles 2 à 4 apportent des dérogations. La première est relative aux agents ayant un caractère public qui sont occupés dans les entreprises exploitées par l'État, les provinces, les communes et autres pouvoirs publics; ces agents restent soumis à la loi du siège de l'entreprise. L'exception se justifie « par des raisons d'ordre administratif; il ne s'agit plus ici de salariés qui n'ont, avec un chef d'entreprise, que des rapports de droit privé, au point de vue du droit public, l'unité de législation se concilie mieux avec l'unité de souveraineté ». En d'autres termes, les agents des chemins de fer de l'État belge, et ceux de l'État prussien, par exemple, resteront, à raison de leur caractère public, soumis à la loi de leur pays. Il y a lieu de remarquer que le terme allemand *Beamte* n'est pas exactement traduit par *fonctionnaire* mais par *agent ayant un caractère public*, dont le signe apparent est le serment prêté à l'entrée au service. Il en résulte que les ouvriers et gens de service ne sont pas des agents publics au sens de l'article 2 de la convention, et restent assimilés en tout point au personnel des entreprises privées.

Cette disposition est originale; elle ne se trouve dans aucune convention précédente.

L'article 3, au contraire, contient l'exception habituelle relative au personnel ambulant ou mobile des entreprises de transport. La fin de l'article est à remarquer : elle applique l'exception, même si l'accident survient à un moment où les agents du service ambulant sont occupés à des travaux se rattachant à d'autres sections de l'entreprise qui s'effectueraient sur le territoire de l'autre État.

Les articles 4, 5 et 6 se rapportent à une exception admise aussi par tous les traités : celle relative au cas où des ouvriers sont détachés temporairement sur le territoire étranger. On continue à appeler temporaire le travail qui ne dure pas plus de six mois. L'article 5 détermine le mode de calcul de ce délai. L'article 6 définit comme une entreprise, au sens de la législation sur la matière, « l'ensemble des travaux effectués au delà de la frontière ». De sorte qu'après l'expiration des six mois, ledit ensemble « sera traité comme une entreprise au point de vue des obligations imposées aux patrons par la loi territoriale ».

L'article 7 est une disposition qui s'est déjà rencontrée dans d'autres traités, par laquelle les institutions d'assurance définitivement déclarées débitrices doivent rembourser à celles de l'autre pays les indemnités que celles-ci ont été amenées à verser provisoirement.

L'article 8 vise un cas de conflit particulier : c'est celui où l'accident donne ouverture à des actions *en responsabilité civile* et non à la seule loi d'assurance. Tel est le cas pour l'accident « provoqué intentionnellement par le chef d'entreprise » (art. 21 de la loi belge). L'article 8 dispose que, en ce qui concerne les établissements exerçant leur activité sur les deux territoires, les mêmes règles s'appliqueront dans ce cas aussi bien que dans les cas d'application des lois d'assurances. « Cette solution très logique et très pratique, dit l'exposé des motifs, se recommandait notamment au point de vue belge par cette considération qu'aux termes de l'article 21 de notre loi du 24 décembre 1903, la portée de l'action en responsabilité civile peut se trouver limitée par l'exercice de l'action en paiement des indemnités forfaitaires : le droit commun et le droit forfaitaire se pénètrent donc dans une certaine mesure et ces influences réciproques justifient l'unité du régime. Aussi bien cette unité s'impose-t-elle pour les mêmes raisons, même lorsqu'il s'agit d'une entreprise qui n'est assujettie que dans l'un des deux pays aux lois de réparation forfaitaire en matière d'accidents du travail : si l'article 8, alinéa 2, le dit expressément, c'est que les autres dispositions de la première partie de la convention ne concernent et ne pouvaient concerner que les exploitations assujetties de part et d'autre au régime spécial de réparations. Un texte formel était donc nécessaire ».

A partir de l'article 9, la convention quitte le domaine du conflit des lois et dispose d'une manière générale, en vue de faciliter de part et d'autre l'exécution des lois d'accidents.

L'article 9, qu'on retrouve dans beaucoup d'autres traités, prévoit l'aide réciproque des administrations, l'article 10 établit la réciprocité des exemptions fiscales; les articles 11 et 12 facilitent le paiement des indemnités à l'étranger par l'intermédiaire des consuls; l'article 13 vise la conversion des monnaies pour exprimer la valeur du salaire de base. Quant à l'article 14, il consacre l'assimilation des allocations obtenues par les agents des services publics allemands avec indemnités d'accidents dues par les particuliers. Ce n'est qu'une juste interprétation de la loi allemande.

Les articles 15 à 17 ne sont que des dispositions transitoires.

Tel est le contenu de la convention qui est soumise à l'approbation du Parlement belge, et dont l'entrée en vigueur est placée au 1er février 1913, en concordance avec celle de la *Reichsversicherungs ordnung*.

Le texte officiel est à la fois en allemand et en français. Il faut dire que la confrontation des deux langues est parfois utile pour l'intelligence de la convention, les termes intraduisibles étant nombreux.

Voici le texte français.

CONVENTION

Le gouvernement de S. M. le Roi des Belges, représenté par le soussigné, M. le baron Beyens, envoyé extraordinaire et ministre plénipotentiaire de S. M. le Roi des Belges à Berlin, muni de pleins pouvoirs aux fins des présentes, et le chancelier de l'empire d'Allemagne, représenté par le soussigné, M. le conseiller actuel intime de légation Zimmermann, sous-secrétaire d'État au département des affaires étrangères, dûment autorisé à cet effet, pour régler les rapports entre la Belgique et l'empire d'Allemagne en matière d'assurance contre les accidents du travail, sont convenus de ce qui suit :

1. *Dispositions relatives aux entreprises étendant leur activité sur le territoire des deux pays.*

ARTICLE PREMIER. — Lorsque des entreprises ayant leur siège sur le territoire de l'une des parties contractantes et étendant leur activité sur le territoire de l'autre partie sont assujetties de part et d'autre aux lois de réparation obligatoire des suites dommageables des accidents du travail (assurance contre les accidents du travail), il y a lieu, sous réserve des exceptions prévues par les articles 2 à 4, d'appliquer exclusivement, en ce qui concerne ladite activité, la législation du pays où elle est exercée.

Cette règle s'applique, abstraction faite du lieu où le personnel a été engagé, pourvu qu'il s'agisse de travaux à effectuer, soit en Allemagne, soit en Belgique.

ART. 2. — Dans les entreprises exploitées soit par l'empire allemand, un État fédéré allemand, une commune allemande ou une association de communes allemandes, soit par l'État belge, une province belge, une commune belge ou une association de communes ou de provinces belges, la législation du pays où l'exploitation a son siège est exclusivement applicable même à l'activité exercée sur le territoire de l'autre pays par un agent public au service de ladite exploitation.

ART. 3. — Dans les entreprises de transports, en ce qui concerne les parties mobiles (ambulantes) de l'exploitation qui s'étendent d'un territoire à l'autre, quelle que soit d'ailleurs l'importance relative de l'activité exercée de part et d'autre, il est fait application exclusive de la législation en vigueur dans le pays où l'entreprise a son siège. Le personnel de la partie ambulante reste soumis à cette législation, même s'il est occupé à des travaux se rattachant à d'autres sections de l'entreprise et qui s'effectuent sur le territoire de l'autre pays.

ART. 4. — Sans préjudice des dispositions des articles 2 et 3, dans les entreprises de toute espèce, la législation du pays où l'entreprise a son siège reste exclusivement applicable au cours des six premiers mois pendant lesquels l'exploitation s'exerce sur le territoire de l'autre pays, en ce qui concerne les personnes qui, jusqu'à ce qu'elles fussent occupées dans ce dernier pays, étaient attachées à une partie de l'entreprise soumise à ladite législation.

ART. 5. — Pour la computation du délai pendant lequel l'entreprise s'exerce en dehors du pays où elle a son siège (art. 4), des travaux multiples effectués concurremment doivent être considérés comme ne formant qu'une seule et même activité qui s'étend depuis le commencement du premier de ces travaux jusqu'à l'achèvement du dernier.

La même règle s'applique lorsqu'il s'agit de travaux effectués les uns après les autres et qui ne sont pas séparés par un intervalle de plus de 30 jours. Si l'intervalle est de plus de 20 jours, un nouveau délai de six mois commence à partir de la reprise de l'activité.

Le temps antérieur à l'entrée en vigueur de la présente convention doit être compris dans le délai.

Art. 6. — Si, en vertu des articles 1 à 4, une entreprise ayant son siège dans l'un des pays est soumise à la législation de l'autre pays en ce qui concerne l'activité exercée sur le territoire de celui-ci, les travaux que cette activité comporte sont considérés comme une entreprise au sens de ladite législation.

Art. 7. — Lorsque, dans l'un des pays, des allocations ont été accordées à titre d'indemnité légale, relativement à un accident dont les suites doivent, en vertu de la présente convention, être réparées d'après la législation de l'autre pays, le débiteur est tenu du remboursement desdites allocations, par imputation sur l'indemnité dont il est redevable.

Art. 8. — Lorsqu'un accident, arrivé sur le territoire de l'un des pays, tombe sous l'application de la législation de l'autre pays relative à la réparation des dommages résultant des accidents du travail, il est également fait application des règles de cette législation en tant qu'il s'agit des actions en responsabilité civile auxquelles l'accident donnerait ouverture d'après les lois du premier pays.

Cette règle s'applique même lorsqu'une entreprise n'est assujettie que dans l'un des deux pays aux lois de réparation obligatoire des suites dommageables des accidents du travail.

II. *Dispositions concernant les rapports réciproques en matière de réparation des dommages résultant des accidents de travail en général.*

Art. 9. — Pour faciliter de part et d'autre l'exécution des lois relatives aux accidents du travail, les autorités administratives et judiciaires compétentes s'accorderont mutuelle assistance et se prêteront aide juridique d'après les dispositions en vigueur en matière civile et commerciale. Dans les cas urgents, les autorités procéderont, même d'office, aux mesures d'instruction nécessaires, comme s'il s'agissait de l'exécution de la loi nationale.

ART. 10. — Les prescriptions en vigueur dans l'un des pays, d'après lesquelles des exemptions de timbre et d'autres droits fiscaux, ou des avantages d'autre nature sont accordés en matière d'accidents du travail, sont applicables chaque fois qu'il s'agit de l'exécution dans ledit pays de la législation de l'autre pays.

ART. 11. — Lorsque le créancier de l'indemnité ne réside pas dans le pays du débiteur et est ressortissant de l'autre pays, le débiteur peut valablement effectuer les payements entre les mains de l'autorité consulaire du pays du créancier, dans le district de laquelle ledit débiteur a son domicile ou le siège de son établissement.

L'autorité consulaire doit servir d'intermédiaire pour la communication des certificats requis (certificats de vie, de veuvage, etc.).

ART. 12. — En ce qui concerne les questions prévues par l'article 11, la compétence territoriale et les districts des autorités consulaires sont déterminés par un arrangement à conclure entre les deux gouvernements.

ART. 13. — Lorsque, dans l'application de la législation sur les accidents du travail de l'un des pays, il y a lieu d'exprimer la valeur de la rémunération du travail dans la monnaie de l'autre pays, la conversion se fait sur la base d'une valeur moyenne déterminée par chacun des deux gouvernements pour l'application de sa législation et qu'il doit faire connaître à l'autre gouvernement.

ART. 14. — Le système de prévoyance adopté pour les agents publics allemands au lieu de l'assurance contre les accidents est assimilé à ladite assurance, au sens de la présente Convention.

III. *Dispositions transitoires et dispositions finales.*

ART. 15. — Les obligations résultant d'accidents antérieurs à l'entrée en vigueur de la présente Convention restent, même pour l'avenir, à la charge du débiteur jusque-là tenu des réparations.

Art. 16. — Les dispositions relatives à l'exécution de la présente Convention sont arrêtées par chacune des parties contractantes, dans leur autonomie respective, pour autant qu'il y ait nécessité quant à ce qui est de leur ressort, à savoir : en Allemagne, par le chancelier de l'empire ou par l'autorité qu'il détermine ; en Belgique, par l'autorité compétente selon les cas. Les deux gouvernements se communiqueront les dispositions ainsi prises.

Art. 17. — La présente Convention sera ratifiée par S. M. le Roi des Belges et S. M. l'Empereur d'Allemagne, et les ratifications seront échangées aussitôt que possible.

La Convention entrera en vigueur le 1er février 1913. Elle pourra être dénoncée en tout temps par les deux parties et cessera ses effets à l'expiration de l'année suivant la dénonciation.

En cas de dénonciation de la présente Convention, les obligations résultant d'accidents survenus pendant qu'elle était encore en vigueur continueront à être remplies par les débiteurs jusque-là tenus des réparations.

En foi de quoi, les représentants respectifs ont signé la présente Convention et l'ont revêtue de leurs sceaux.

Expédié en double original à Berlin, le 6 juillet 1912.

(L. S.) Bon Beyens.
(L. S.) Zimmermann.

TABLE DES MATIÈRES

33.765. — Bordeaux, imprimerie Cadoret, 17, rue Poquelin-Molière.

33.765. — Bordeaux, Imprimerie Y. Cadoret, rue Poquelin-Molière, 17.

www.ingramcontent.com/pod-product-compliance
Ingram Content Group UK Ltd.
Pitfield, Milton Keynes, MK11 3LW, UK
UKHW020607230726
13926UKWH00005B/2245

9 782013 583640